含弘学术

重庆市教育科学"十三五"规划2019年度重点有经费课题
"初中学校优质课程资源精准整合的实践研究"成果
（批准号：2019-07-065）

优质课程资源精准整合

李先全 编著

西南大学出版社
国家一级出版社 全国百佳图书出版单位

图书在版编目(CIP)数据

优质课程资源精准整合/李先全编著. -- 重庆：西南大学出版社，2023.10
ISBN 978-7-5697-2014-3

Ⅰ.①优… Ⅱ.①李… Ⅲ.①中小学—课程建设—研究 Ⅳ.①G632.3

中国国家版本馆CIP数据核字(2023)第192231号

优质课程资源精准整合

YOUZHI KECHENG ZIYUAN JINGZHUN ZHENGHE

李先全　编著

责任编辑：张　琳
责任校对：文佳馨
装帧设计：米可设计
排　　版：杜霖森
出版发行：西南大学出版社(原西南师范大学出版社)
　　　　　地址：重庆市北碚区天生路2号
　　　　　邮编：400715
　　　　　本社网址：http://www.xdcbs.com
　　　　　网上书店：https://xnsfdxcbs.tmall.com
印　　刷：重庆亘鑫印务有限公司
成品尺寸：170 mm×240 mm
印　　张：15.5
字　　数：262千字
版　　次：2023年10月　第1版
印　　次：2023年10月　第1次印刷
书　　号：ISBN 978-7-5697-2014-3
定　　价：59.00元

编 委 会
BIANWEIHUI

主　编：李先全

副主编：李英杰　王　睿　赵　静　王心月　张　霞　周　斌

编　委：蒋德民　曾　艳　吴　浩　张守胜　陶应宏　王熙蕾

　　　　丰春蕊　王　茜　李　月　蒋飞燕　吉仁慈　羊俊敏

　　　　王　蕾　佘小涵　何雅男　冉锦康　王　淼　陈　超

　　　　刘奎源　舒梁竹　蒲　进　李阿璇

前言

QIANYAN

2022年4月,教育部印发了"义务教育课程方案和课程标准(2022年版)",我和全国的义务教育阶段的教师一样,带着好奇心,迫不及待地想在教育部网站上第一时间下载官方文档。可是,由于网站太挤,直到第二天中午我才在网站上顺利下载。看来,全国义务教育阶段的教师都想第一时间学习新的课程标准。因为这个课程标准是今后一段时期学校依法办学、教师依规执教的行动纲领。课程标准提出了核心素养,明确了课程育人目标,研制了学业质量标准,提出了学段融合和跨学科融合的实践要求。这些正是本课题"初中学校优质课程资源精准整合的实践研究"的研究范畴。

我曾有15年的时间在高中教学和担任班主任,后来因为工作需要任教初中。直到参加重庆市市级骨干教师培训后我才发现,在我的教育梦想中,我强烈渴望能作为课题主持人来申报课题,发展专业能力。在申报课题的过程中,确定课题方向和题目不容易,团队成员多次进行头脑风暴,申报书也几易其稿。终于在2019年,申报的课题第一次成功列入重庆市教育科学"十三五"规划2019年度重点有经费课题。团队以育人课程问题为切入点,努力做到教学问题情景化、情景问题实践化、实践问题项目化、项目问题课题化,以问题为导向,以课题为牵引,发展教师的专业能力,为党育人,为国育才,落实立德树人根本任务,培育身心健康、全面发展、综合优秀、特色突出的有理想、有本领、有担当的时代新人,赋能学校高质量特色发展,办人民满意的优质教育。

教师是学校的第一优质资源,发展教师是学校的第一工作要务。课题驱动是学校特色办学的契机。早在1935年冬,迫于抗战形势的紧要,南开中学老校长张伯苓决定南下入川,在巴渝大地寻找一块合适的地方办学,继续"南开"的教育事业。当时把学校的校名定为南渝中学,寓意南开在重庆,1938年更名为重庆南开中学。到了2018年,南渝中学在桥北路恢复办学,坚持南开品质,传承南开"公能"的办学理念,构建优质课程体系,打造高品质创新型特色学校。同时,南渝中学有幸纳入南开中学共同体成员学校,而且沙坪坝区教委还成立了南渝中学集群校,把一千米之遥的重庆大学城第三中学纳入成员校集群化发展。感谢组织的信任,我有幸参与两所学校的工作。摆在我面前必须要思考的问题是,如何整合各成员校的课程资源,如何赋能教育优质均衡发展。所有人达成共识,整合优质课程资源是出路。所以,这个课题对集群校教师的成长、学校的发展有很大的意义和价值。

  什么是优质课程资源?如何整合优质课程资源?如何精准整合优质课程资源?本书从初中学校课程资源整合的理论逻辑、历史逻辑、实践逻辑、现实逻辑、制度逻辑共五重维度,阐述了概念内涵、总结了实践做法,既有优质课程资源整合的教学设计,也有项目化学习的实践案例,对广大基础教育工作者和在读师范生及区域集群化办学资源整合有一定的参考价值。

  限于水平和经验,本书还有很多缺点和不足。欢迎读者朋友对本书提出宝贵的意见,以便使之完善。

2023 年 10 月于津南村

目录

第一章 初中学校课程资源整合的理论逻辑……1
第一节 优质课程资源的内涵……3
第二节 整合优质课程资源的现状与必要性……5
第三节 课程资源视域下精准整合的意义……8

第二章 初中学校课程资源整合的历史逻辑……11
第一节 国外课程资源整合研究：理论研究与实践探索……13
第二节 国内课程资源整合研究：价值取向与路径发展……15

第三章 初中学校课程资源整合的实践逻辑……23
第一节 初中学校课程资源整合的基本维度……25
第二节 初中学校课程资源整合路径……28
第三节 "五育"并举课程资源整合课例分析与评价……68

第四章 初中学校课程资源整合的现实逻辑……75
第一节 初中学校课程资源的分类……77
第二节 初中教育教学与课程资源整合的关系……79
第三节 初中学校课程资源精准整合的目的……89
第四节 初中学校课程资源整合的要求……100
第五节 初中学校课程资源精准整合的原则……113
第六节 优质课程资源整合的教学设计案例……125

第五章 初中学校课程资源精准整合的制度逻辑……159

第一节 建立健全学校学科课程管理制度……161
第二节 提升教师课程资源整合意识与能力……169
第三节 营造助力学生课程资源整合实践开展的学习环境……175
第四节 实现师生课程资源整合自主学习……180
第五节 推动教师形成教学反思……187
第六节 项目化学习整合案例……195

参考文献……237

第一章

初中学校课程资源整合的理论逻辑

在当今教育高质量发展的背景下,精准整合优质课程资源已成为学校教育的重要任务。从学校、教师和学生的角度看,将各种育人资源以最佳方式整合在一起,为教学提供精准和高效的支持,不仅能够提升学生的核心素养,也能够促进教师的专业发展,从而推动学校落实立德树人的根本任务。本章将探讨课程资源视域下精准整合的理论逻辑,以期为后文初中学校课程资源整合教育改革和发展提供有益的启示和指导。

第一节　优质课程资源的内涵

一、优质课程资源的基本内涵

首先需要明确课程资源的概念。课程资源是指课程要素来源以及实施课程的必要而直接的条件。课程资源的结构包括校内课程资源和校外课程资源。校内课程资源，除了教科书以外，还有教师、学生。教师不同的教学策略，学生不同的学习方式和他们本身不同的经历、生活都是非常宝贵、直接的校内课程资源。校内各种专用教室和活动也是重要的课程资源。校外课程资源，主要包括校外图书馆、科技馆、博物馆、网络资源、乡土资源、家庭资源等。校内课程资源和校外课程资源都可以包括素材性课程资源和条件性课程资源。

基于此，课程资源同样是一个客观且复杂的概念，以至于学术界对于课程资源的概念至今仍未形成一个统一的说法。相关说法总结起来主要分为两种。一种是以吴刚平为代表的学者的主张，从课程实施的角度来理解课程资源，他认为课程资源的概念有广义与狭义之分。广义的课程资源指有利于实现课程目标的各种因素，狭义的课程资源仅指形成课程的直接因素来源。[1]据吴刚平的描述，素材性课程资源具有直接性的特点，是课程的直接组成要素，具有"素材"的物质特征，因此被称为素材性课程资源；而条件性课程资源是指能够直接决定如何进行课程教学、在哪里进行课程教学以及课程教学效果的条件因素集合，它们的特点是作用于课程却并不是直接形成课程本身的组成要素。另一种是以徐继存、崔允漷为代表的学者的主张，从课程开发全过程的角度来理解，他们认为课程资源指的是在课程设计、实施、评价等整个课程编制过程中，一切可以加以利用的人力、物力和自然资源的总和。[2]优质课程资源在整合过程中的行为主体大致可以分为教学者和学习者两类，而课程资源的创造者绝大部分是

---

[1] 吴刚平.课程资源的开发与利用[J].全球教育展望,2001(8):24.
[2] 徐继存,段兆兵,陈琼.论课程资源及其开发与利用[J].学科教育,2002(2):1.

教学者,因此根据广义的课程资源界定,接下来将主要从教学者的"教"以及教学配套设施两个方面对"优质课程资源"中的"优质"提出界定标准。

二、优质课程资源的实践内涵

首先,在教学者的"教"这个方面,主要分为教学队伍、教学方法与手段、教学内容。教学主体的"优质",也就是教师队伍的"优质"主要体现在:课程相应的教师教学理念一流,教学方法与手段及考核管理水平高,经验丰富,获得具备权威性的教学成果和教学表彰;具有较高的学术造诣;教师团队具有高度的团队凝聚力和责任心,知识结构合理;教师教学特色鲜明,在教学过程中思想活跃,富有创意。

教学方法与手段的"优质"主要体现在:教学具有丰富性和趣味性,摒弃单一传统的教学方式,教师能够熟练掌握各种现代教学方法,有效调动学生的学习动机,培养学生的兴趣,鼓励学生积极思考,激发学生的潜能,注重培养学生运用知识的能力;教学具有科学性和技术性,教师能够充分正确使用现代教学方法,并能够精简授课学时,教学效果好。

教学内容的"优质"主要体现在:课程内容的知识有深度,教学内容新颖,信息量大,能够覆盖课程的全部知识点,并且能够做到及时将学科最新研究成果与发展近况在课程中深入浅出地介绍给学生;课程的基础知识积累具有连续性和综合性,在课程标准、教材、典型案例、关键问题的教学讲解基础上,加入现代知识革新成果,同时做到在课程教学时能够与相关知识紧密联系,融会贯通,体现跨学科、全学科的课程综合育人要求;课程内容具有德育性,理论联系实际、课内结合课外,使学生在知识构建的同时提升能力和发展素养。

其次,在教学配套设施这个方面,主要体现在教学条件以及课程传播媒介上。教学条件的"优质"体现在:第一,在教学素材的选择上,优先使用学科教材或专业前沿高水平教学素材;第二,提供、选用与课程高度相关且在学科领域具有典型效应的文献资料;第三,实践教学环境和设备能够满足教学要求,能够进行多元化的教学。课程传播媒介的"优质"主要体现在:第一,录制的课程视频分辨率和清晰度高,并配有准确的字幕;第二,网络教学资源实时更新,具备运行机制良好的硬件环境。

立足研究实践,具体化研究主体,从狭义上来说本书的优质课程资源主要指重庆市南渝中学校及集群校各学科课程体系在初中阶段实施的教学目标、教学内容、教学管理的总和,课程类型分为必修课程、选修课程、活动课等。

第二节 整合优质课程资源的现状与必要性

经过文献梳理和调查实践,初中学校优质课程资源整合的研究呈现的总体态势为:内容比较散,体系化程度不高,可参考性有提高的空间。在相应的精准整合的实施策略上,能参考的大部分是硕博论文。其他具备权威性的期刊论文多集中在某一学科或是具体的教学内容上,成果覆盖面较小,对于庞大的多元化跨学科优质课程资源精准整合的可参考价值相对有限,这一部分亟待完善。

一、整合优质课程资源是政策落实的要求

在政策指引和落实要求方面,从优质课程资源整合的标准来看,精准整合的系统化标准相对缺乏;从优质课程资源整合的体系运作来看,优质课程资源管理维护的机制构建需要厘清;在具体落地实施时,精准整合的具体手段有待加强;在具体应用实施中,不同课型、不同学科、不同教学环节和平台中精准整合落实情况不平衡;持续性长时段研究略显不足。内容上精准整合多学科、多课型,时间上覆盖两年左右的中长教学学习时段,方法上将文献研究与个体研究、定量定性研究等多种研究方法综合得较少。由此可以看到,从优质课程资源精准整合的标准制定,到精准整合的评价,整个过程都存在着薄弱环节。科学有效地进行初中学校优质课程资源精准整合,能够对目前义务教育课程资源建设起到综合性的推动作用。在宏观外部层面上,缺乏精准整合的系统化标准,缺乏优质课程资源管理维护机制。整合优质课程资源是国家深化课程改革的必然要求,也是学校长期发展的重要立足点。整合优质课程资源能够减轻学生负担、提高教育质量。针对教育高质量发展的要求,如何正确选择和改造课程资源,实现最大的优化,是当前亟待解决的核心问题。

二、整合优质课程资源是课程改革的内在要求

整合优质课程资源是课程改革和发展的重要路径,是国家深化课程改革的必然要求。《国家中长期教育改革和发展规划纲要(2010—2020年)》(以下简称《纲要》)明确指出,提高义务教育质量,建立国家义务教育质量基本标准和监测制度,严格执行义务教育国家课程标准、教师资格标准。为此,深化课程与教学方法改革,推行小班教学,精准整合初中学校的优质课程资源,是时代发展的趋势,是教育变革的必经之路,是学校内涵发展的重要立足点。整合优质课程资源是落实"双减"政策,推进减负提质的有效途径。2021年7月,中共中央办公厅、国务院办公厅印发的《关于进一步减轻义务教育阶段学生作业负担和校外培训负担的意见》(以下简称《意见》)明确指出,要始终坚持以习近平新时代中国特色社会主义思想为指导,全面贯彻党的教育方针,落实立德树人根本任务,着眼建设高质量教育体系,强化学校教育主阵地作用,深化校外培训机构治理,坚决防止侵害群众利益行为,构建教育良好生态,有效缓解家长焦虑情绪,促进学生全面发展、健康成长。

随着教育的高质量发展,课程资源整合这一教学概念已经得到了大量的教学实践,但面对纷繁多样的学科课程资源,只有正确选择和合理改造这些课程资源,才能使一所学校的学科课程资源整合功能真正实现最大的优化。在学校整合教学的理念下,要准确把握好以生为本、立德树人的整合原则,从学生非常感兴趣、能够积极学习、持续学习三个方向入手,精准整合开发并分类利用学校优质课程资源。因此,教育者必须以《纲要》精神为指导,坚决落实"双减"意见,在大教育的背景下,加强优质课程资源整合的精准性、有效性研究,以期优化课程设置,提升优质课程资源整合的效率和质量。建构合理有效的整合模型,促使这些资源在运用上精准高效。把学校课程看作一个整体,充分发挥学校主阵地作用,坚持应教尽教,着力提高教学质量、作业管理水平和课后服务水平。把学校、社会、家庭等各方力量整合起来,形成工作合力,加强课后服务、减轻考试压力、完善质量评价、营造良好生态。

三、整合优质课程资源是学科融合的发展要求

从深化教学改革的长期要求来看,学科融合发展对优质课程资源整合的需求较为迫切。其一,学科间的边界模糊,传统的学科划分已经无法满足当今复

杂的现实需求,许多问题和挑战需要跨学科的综合解决方案。然而,目前学科之间的划分和教学资源整合并不充分,缺乏跨学科合作和融合的机会和实践。虽然传统的学科划分在过去的教育和研究历史中发挥着重要的作用,它们为知识和研究领域提供了基本的框架和结构,但是,随着社会、科技和经济的飞速发展,我们面临的问题和挑战变得越来越复杂,这就需要我们超越传统学科划分的界限,寻求跨学科的综合解决方案。跨学科课程实践已纳入"义务教育课程方案和课程标准(2022版)"的课程内容。基于核心素养的发展要求,我们要遴选重要观念、主题内容和基础知识,设计课程内容,增强内容与育人目标的联系,优化内容组织形式。设立跨学科主题学习活动,加强学科间相互关联,带动课程综合化实施,强化实践性要求。更具融合性的优质课程资源在未来的教育教学中显然极具实用价值和发展潜力。

其二,学科资源整合的挑战。学科资源整合是一个复杂且具有挑战性的任务,它需要解决许多问题并充分考虑不同学科的差异和教学目标。学科资源整合涉及不同学科的教材、教学方法、教师培训等多个方面。学科资源整合的第一个挑战是学科之间的协同合作与资源共享,这需要学科教师和教研团队密切合作,共同设计和开发跨学科的课程。在设计跨学科课程时,需要确保整合后的课程既有学科的连贯性,又能达到学科融合的效果。通过加强协同合作、优化课程设计和提升教师能力,可以逐步应对这些挑战,促进跨学科教学和学科融合的发展。最终,我们可以为学生提供更全面、综合和适应未来需求的教育资源。

四、整合优质课程资源是教育创新的重要动力

学科和课程资源的开放式创新离不开知识本身的韧性、迭代和突破式创新三个维度。首先,知识本身的韧性在开放式创新中扮演着重要的角色。它鼓励学科资源的灵活应用和迭代发展,以使其能够适应不断变化的现实需求。通过整合优质课程资源,学科能够汲取不同领域的最新知识和经验,进一步拓展学科的边界。例如,融合科学、技术、工程和数学(STEM)的课程能够帮助学生了解不同领域的概念并能应用其方法,培养学生跨学科的思维能力和解决复杂问题的能力。此外,将人文学科与科学学科进行整合,可以帮助学生更好地理解科学与社会关系,加深他们对科学与社会关系的认识。

其次，优质课程资源整合能够促进课程迭代式创新，不断提升课程的教学质量和效果。迭代式创新是一个反复迭代的过程，通过不断的试验、评估和改进，逐步优化学科的教学资源。在整合优质课程资源时，可以根据学生的反馈和实际教学效果，对课程内容进行调整和优化。基于优质课程资源的持续创新，学科教学的质量和效果可以不断提升。整合与创新的双重要求，也需要教师和教育机构具备创新的思维和实践能力。教师应该保持开放的心态，勇于尝试新的教学方法和教学评价。学校也应该提供各种资源，鼓励教师进行创新实践，并为他们提供专业发展的机会和平台。此外，政策制定者和教育管理者也需要加强对迭代式创新的引导，为教师和学科发展提供相应的政策和资源。

最后，在整合优质课程资源的过程中，力求实现突破式创新。突破式是开放式创新中的一种重要形式，通过引入全新的理念、方法和技术，试图打破传统学科的边界和教学方式的限制。在整合优质课程资源的过程中，探索引入新兴学科的内容，例如人工智能、区块链等，以培养学生对未来发展方向和趋势的认知。此外还可以引入先进的技术手段，如虚拟现实、增强现实等，创造更具有沉浸感和互动性的学习环境，激发学生的探索兴趣，培养他们的创新思维。前沿的创新模式为学科的发展提供了全新的视角和可能性，挑战了传统的学科边界和教学方式。在整合优质课程资源的过程中，我们应积极抓住探索突破式创新的机会，引入新的理念、方法和技术，以培养学生的创新思维和解决复杂问题的能力。

综上所述，学科的开放式创新是整合优质课程资源的重要方面。通过知识本身的韧性、迭代和突破式创新，学科能够适应不断变化的现实需求，提供更具创新性和适应性的教育内容和方法。这种开放式创新需要教育界和政策制定者的共同努力，以推动学科的发展，培养具有创新能力和适应能力的人才。

第三节　课程资源视域下精准整合的意义

关于"课程资源"的研究，尤其是开发、建设、共享等，一直是课程改革以来的热点和重点。关于课程资源整合的研究目前在课程资源研究中的热度越来越高，聚焦探讨整合的方式方法、优化途径，以及整合的效果，这表明研究课程资源整合具有理论和现实意义。优质课程资源精准整合的目标是将各类教育资源以最佳的方式整合在一起,为教学提供有针对性和高效性的支持,增强学生的学习体验和效果,因此,课程资源视域下精准整合的意义可以从学校、授课教师和目标学生的角度进行追溯与总结。

一、精准整合优质课程资源对学校的意义

在学校层面,差异化教学理论强调实现资源分化和教学多元化,精准整合强调个性化的教学设计,为差异化教学理论提供指导。差异化教学认为学生有不同的学习风格、能力和兴趣,教师应根据学生的差异提供不同的资源。通过精准整合,教师可以针对学生的个体特点和学习需求,选择最适合的资源和策略进行教学。学校是教师和学生的集合性单位,通过精确整合和匹配教育资源与教学目标,学校能够确保教师所采用的教材、教具、多媒体资源等更好地帮助学生学习。优质课程资源的精准整合使得教学更加有针对性,能够满足不同学生的学习需求,激发他们学习的动力。同时,优质课程资源的融合也赋予学校更多样化的教学方式和方法,进一步提升学生的参与度和学习效果。另外,优质课程资源的精准整合,可以大大提高优质课程资源的利用率,促进学校教育管理体系优化升级。

二、精准整合优质课程资源对教师的意义

在授课教师层面,精准整合也符合教学中构建主义学习理论的原则。构建主义认为学习是一种主动的、建构性的过程,通过与教师的互动有效利用教材和学习资源,学生能够积极构建知识并理解。精准整合可以为学生提供多种资源和信息,培养他们的思维和探究能力,促进他们知识的建构。精准整合可以为授课教师提供丰富的教学资源和工具,使他们能够更加有效地进行教学。其一,精准整合不仅能帮助教师根据教学目标和学生的需求选择最合适的教育资源,也使教师能够更加灵活地进行课程设计和教学安排,充分发挥教育资源的价值。其二,精准整合为教师提供了更多的教学支持和反馈机制。教师可以利用各种资源进行演示和示范,帮助学生更好地理解和掌握知识。同时,教师还可以通过多样化的练习、作业和评估方式,及时了解学生的学习状况,并根据反

馈结果进行个性化的指导。精准整合的优质课程资源能够丰富教师的教学手段和策略,提高他们的教学效果和教学满意度。

三、精准整合优质课程资源对学生的意义

在目标学生层面,学生是优质课程资源整合的作用主体,精准整合要求教师对不同类型的教育资源进行融合利用,包括文字资料、图像、音频、视频等,使学生能够获得多维、多样性的学习经验,提高学习效果。具体而言,精准整合为学生提供了多样化的学习资源和丰富的学习体验。精准整合的优质课程资源能够满足学生的多元化学习需求,适应不同的学习风格,促进学生的全面发展和个性化学习。同时,精准整合为学生提供了个性化和差异化的学习支持。通过精准整合,教师可以更好地了解学生的学习需求和学习情况,并根据学生的差异为不同的学生提供相应的辅导。通过个性化的学习资源和策略,学生可以自主地选择学习内容、掌握学习进度,并根据个体差异进行针对性的学习活动。这种个性化的支持有助于激发学生的学习动力,提升学生的自信心,提高其学习效果和成就感。

从学校、授课教师和目标学生的角度来看,精准整合优质课程资源具有重要的意义和价值。对学校而言,精准整合能够提高教学效果,满足不同学生的学习需求,推动学校整体教育水平的提升。对授课教师而言,精准整合为他们提供了丰富的教学资源和工具,能够帮助他们更好地进行课程设计和教学安排,提高教学效果和满意度。对目标学生而言,精准整合能够提供多样化的学习资源和丰富的学习体验,满足他们的多元化学习需求,促进他们的个性化学习和全面发展。

综上所述,本章基于优质课程资源的内涵、整合优质课程资源的现状与必要性,认为优质课程资源的精准整合对于学校、教师和学生来说都具有重要的意义和价值。通过精准整合,优质课程资源能够为教学提供有针对性和高效性的支持,提升学生的学习体验和学习效果。然而,要实现精准整合需要加强管理机制的建设,并为教师和学生提供合适的支持和反馈机制。现有研究也需要积极推动对精准整合的研究和实践,以促进整体教育水平的提高。

第二章

初中学校课程资源整合的
历史逻辑

第一节　国外课程资源整合研究：理论研究与实践探索

"课程资源"一词最早是国外教育界研究者提出的，研究者最初并没有针对课程资源进行专门的研究，而是将其包含在课程理论中进行研究。随着教育改革的不断推进，学界开始关注课程资源在教学中的重要性，并对其进行了进一步的研究。学界对课程资源与初中课程教育资源进行了较多的研究，旨在探究如何提供有效的高质量教学资源，以提升学生的学习效果和教育质量。

"现代课程论之父"、美国著名教育学家、课程理论家拉尔夫·泰勒提出，可以通过确定目标、选择经验、组织经验和评价结果四个步骤来实施课程，为我们提供了一套可直接使用的课程模板。美国实用主义教育代表人物杜威也曾提出把课程内容与学生生活的直接经验联系起来，让学生通过实践获取知识。这里其实也用到了课程资源的整合与应用原理。1949年，泰勒出版了被誉为"现代课程理论圣经"的《课程与教学的基本原理》。在书中，他将课程资源描述为要最大限度地利用校内资源；加强校外课程研究；促进学生与学校以外的环境打交道。[1]后来泰勒进一步完善对课程资源的研究，并在《简明国际教育百科全书·课程》中分别从目标资源、教学活动资源、组织教学活动资源、制定评估方案的资源等四个方面阐述课程资源，认为在寻求这些问题的答案以及制订评估方案的过程中，有多种资源可以利用。泰勒的《课程与教学的基本原理》提出了"经典课程范式"，在课程开发及其步骤、课程结果与评价方面有许多建树，在新时代的课程改革与发展中产生了重要的影响。在后现代教育思潮的影响下，多尔在《后现代课程观》一书中提出了课程设计的4R标准，即丰富性（Richness）、回归性（Recursion）、关联性（Relations）和严密性（Rigor），这里面的丰富性、关联性与优质课程资源整合的主旨并行不悖。[2]

---

[1]拉尔夫·泰勒.课程与教学的基本原理：英汉对照版[M].罗康，张阅，译.北京：中国轻工业出版社，2014：120-155.
[2]张林林.泰勒与多尔课程观的比较及其启示[D].天津：天津师范大学，2011.

20世纪30年代，美国掀起了科学主义课程范式革命思潮，研究焦点从"课程开发"向"课程理解"转变，这次课程范式革命思潮主要强调了整体性、社会意义及情境主义。在美国课程史上，一般将1969年作为传统"课程开发"范式的终点，也就是说，美国课程改革已经不再满足于课程资源的丰富，而是更加注重课程资源的内部关系，这也强调了课程资源之间不断进行整合与运用的必要。①后现代课程理论的代表人物多尔在课程方面也颇有见解，他提出消除学科之间的界限，大力支持跨学科融合，这也折射出他对课程资源整合的看法。上述内容都是理论方面的一些成果。在具体教育实践方面，美国开展了进步主义教育运动，为世界跨学科课程整合助了一臂之力。

在欧洲，以德国教育学家赫尔巴特为首要代表的许多学者提出以知识为中介的课程整合理论。法国通过开展"研究性学习"培养学生的动手实践能力，加强理论与实践的联系。第三次工业革命之后，各国之间的科技、人才竞争显得尤为激烈，许多发达国家越来越重视在教学中培养学生的创新能力。英国率先将课程资源的开发利用融入学校课程，在提供文本类课程资源之余还提供实物类课程资源，推动了课程目标的实现，丰富了教学活动。

在亚洲，尼泊尔的学校在小学一年级就开设综合课程。日本在课程建设中为学生专门安排了时间进行综合课程资源的学习。

综上所述，以美国为首的发达国家在课程理论领域的研究是比较系统成熟的，可以指导我们在后续课程资源整合过程中去芜存菁。

随着全球信息化时代的到来，国外学者开始思考如何将信息技术与课程资源融合在一起。美国的艾森豪威尔国家数据中心就是以网络为载体的课程研发中心，为教学提供了广泛的综合性课程资源。其他发达国家，如日本、韩国、澳大利亚等也都开始加强对课程资源的开发和利用。研究者普遍关注课程资源的基本概念及内部特点，不断强化对多种教学资源的运用。

国外课程方面的研究对中国至今的中小学课程改革产生了极其重要且深刻的影响，是优质课程资源整合研究的重要理论基底和前沿指导。

---

① 王保星.从"课程开发"到"课程理解"：美国课程范式转型的历史诠释[J].河南大学学报(社会科学版),2016(3):3.

第二节　国内课程资源整合研究:价值取向与路径发展

教育部制定的《义务教育课程方案(2022年版)》中指出,教学要优化课程内容结构,"以习近平新时代中国特色社会主义思想为统领,基于核心素养发展要求,遴选重要观念、主题内容和基础知识,设计课程内容,增强内容与育人目标的联系,优化内容组织形式。设立跨学科主题学习活动,加强学科间相互关联,带动课程综合化实施,强化实践性要求"[1]。在未来的初中教学中,需要充分并精准整合课程资源,注重吸收史学研究的新成果;充分反映人类文明的灿烂成就、社会主义先进文化、革命文化、中华优秀传统文化,以及世界其他国家和地区的优秀文化。

随着教育改革的推进,原有的教育理念、教育方式、师生关系都发生了很大的变化。"以学生发展为本""充分开发初中课程资源"这样一些课改理念已经耳熟能详。面对纷繁复杂的海量课程资源时,应该如何选择课程资源,如何将不同类型的课程资源有机地整合在一起,怎样精准整合课程资源才能够最大限度地提高学习效率,是所有初中教育工作者迫切需要解决的现实问题。

随着义务教育全面普及,教育需求从"有学上"转向"上好学",我们必须进一步明确"培养什么人、怎样培养人、为谁培养人",优化学校的育人蓝图。义务教育课程必须与时俱进,修订完善。可见,在当今世界中,个体的学习能力已成为一项最基本的生存能力。面对"互联网+"重塑教育的时代的到来,教育工作者应充分利用新技术,对教学资源进行优化,精准整合与开发课程资源,为提高初中教学实效性,培养学生的创新精神和实践能力提供一条有效的途径。

实行课程改革、开发课程资源、进行实践研究,这一切均指向促进学生的个性发展,培养学生健全的人格,以便他们能够更好地适应时代和社会发展的需要。而为学生未来发展奠基的初中课程,就不能仅仅局限于初中教材,局限于初中知识的死记硬背。在初中课堂中整合多种课程资源,是时代发展的呼唤,是学生成长的必然要求。但是初中课程资源的引入和整合并不能随意而为,需要遵循一定的原理,按照一定的步骤,只有这样才能发挥资源的内在优势,使学生在有限的时间内收获最大。通过对初中课程资源整合理论的梳理和实践的

---

[1] 中华人民共和国教育部.义务教育课程方案(2022年版)[S].北京:北京师范大学出版社,2022:4.

探索,力求提高初中教学的效率,增强学生的表达、思辨和合作能力,为学生的长远发展奠定良好的基础。

在高速信息化时代,初中生群体的学习心理和认知特点发生了很大的变化,其普遍具有"数字原住民"的许多特点,利用多种课程资源进行学习的需求越来越大。传统文化课程资源、课程教学、课程管理、课程评价等,显然不能满足当代初中生数字化学习的需求。在数字化时代,数字化视听技术、多媒体交互技术等现代教学技术,不仅对传统学校教学手段、方式的变革产生了重大影响,而且引起了传统教学观念、教学目的、课程内容与教材、师生关系以及教学评价与管理的改变,甚至成为教师从事教学实践与研究的不可或缺的资源和工具。

当前社会,各国之间的竞争越来越倾向于文化软实力的竞争,初中阶段的学生是未来的社会主义接班人,无论他们未来从事何种职业,都需要正确的思想道德品质来引领。初中阶段的学生可塑性很强,但自控力较弱,容易受到外界不良诱惑的影响,所以要想办好初中阶段的课程教育,强化课程管理,激发地方和学校课程建设的活力,构建以国家课程为主体,地方课程和校本课程为重要拓展和有益补充的基础教育课程体系,增强课程适应性,实现课程全面育人、高质量育人是国家和社会的长期要求。义务课程教育的教学工作与丰富多彩的优质课程资源辅车相依。丰富的优质课程资源,可以充分调动学生已有的直接经验,展示出精彩的教育课堂,更好地提高义务教育阶段课程的实效性。但初中义务教育阶段教学资源分布广泛且形态万千,这在一定程度上影响着教学课程的实效性。所以,厘清课程资源的类别,明确整合原则与整合现状,再提出相应的整合路径对于提高各学科课堂的实效性尤其重要。

因此,探索在信息化时代背景下,如何将各项新技术与优质课程资源更深层次地精准整合,将精准整合模式全面渗透到初中文化优质课程资源建设,课程实施、管理、评价等过程中,更好地满足初中阶段的学生对文化数字化学习的需求,在帮助学生获得更高的文化课程学习效率、更丰富的学习体验的同时,帮助他们逐渐形成较好的信息素养,提升他们的课程资源应用能力,这是本研究关注的第一要义。

一、关于初中课程资源的研究

顾明远在《教育大辞典》中认为教育教学资源是多种要素的综合,教育教学要发挥多种教学资源的合力,不断提升教学资源的应用性,这是教学资源的更为深层次的革命。[①]范兆雄认为课程是实现教育目的的重要途径,是组织教育教学活动的最主要的依据,是集中体现和反映教育思想和教育观念的载体,是学生通过学校的活动所获得的全部经历的总和,因此课程居于教育的核心地位。[②]吴刚平认为课程资源是供给课程活动,满足课程活动需要的一切,是指有利于实现课程目标的各种因素。它包括构成课程目标、内容的来源和保障课程活动进行的设备和材料,即所谓"素材性课程资源和条件性课程资源"[③]。钟启泉将课程资源按照结构划分为校内课程资源和校外课程资源两个方面。[④]由此可见,研究者对课程资源的概念的外延已经扩大了,资源的内容已经极大丰富了,与教学有关的一切资源都可以称作课程资源。[⑤]

综合上述学者的观点我们不难看出,虽然各位学者对课程资源概念的见解不尽相同,但分歧并不是很大,只是总结概括的角度不同,大体可以分为狭义与广义两种定义。狭义的观点认为教育资源主要是以课程资源为主,也就是以教材为主,认为教材是课程资源的根本。广义的观点则认为教育资源不仅仅是教材,还包括教材的辅助资料等一切能帮助课程目标达成的各种要素。要想合理开发与利用课程资源,达成课程教学目标,促进学生全面发展和教师专业化程度的提高,不能忽视课程资源的特点。董曼莉(2006)认为,整合与利用中学课程资源是适应课程改革的需要、充实教学内容的需要、改革教学方法的需要、实现教学目标的需要。邵文英(2011)认为思想政治情境资源具有复杂性、共享性、情感性、可控性、有限性与无限性等特点。杨晓奇(2014)认为教学资源具有多样性、实践性、协同性、时代性、开放性与可开发性等特点。总的来说,大部分学者都认同课程资源具有开放性、时代性这两个特点,其他的则因课程资源的类别不同而各有千秋。课程资源的功能也是我们应该关注的焦点。综上,我们可以发现,整合课程资源大有必要且意义深远。

---

① 顾明远.教育大辞典[M].上海:上海教育出版社,1998:150.
② 范兆雄.课程资源概论[M].北京:中国社会科学出版社,2002:2-10.
③ 吴刚平.课程资源的理论构想[J].教育研究,2001(9):59.
④ 钟启泉,崔允漷.新课程的理念与创新——师范生读本[M].北京:高等教育出版社,2003:161-162.
⑤ 肖明全.论杜威的课程理论及其现代启示[D].济南:山东师范大学,2004.

二、关于优质课程资源的研究

2003年4月8日,教育部率先在高等教育领域下发了《教育部关于启动高等学校教学质量与教学改革工程精品课程建设工作的通知》(以下简称《通知》),要求建立各门类、专业的校、省、国家三级精品课程体系。《通知》标志着我国精品课程建设项目正式启动。在《通知》中,教育部首次提出了精品课程的概念。所谓精品课程,是指具有一流教师队伍、一流教学内容、一流教学方法、一流教材、一流教学管理等特点的示范性课程。2005年7月,教育部公布了《国家精品课程评估指标(2005)》。相比从前,其评价指标中的一级指标仍然由5项构成,教学内容一项的分值上升为25分,教学条件一项的分值则下降为17分,这表明了教育部对精品课程建设中软资源的重视。之后教育部连续多年对精品课程评估指标进行修订完善,而在基础教育领域,国家中小学精品教育课程于2022年3月1日开始进行遴选,每年一届。2023年5月9日,教育部颁布《教育部关于加强中小学地方课程和校本课程建设与管理的意见》,要求构建以国家课程为主体、地方课程和校本课程为重要拓展和有益补充的基础教育课程体系,增强课程适应性,实现课程全面育人、高质量育人……强化系统设计,增强地方课程、校本课程与国家课程的有效配合,形成课程育人合力……构建主题内容、呈现形式和实施方式等各具特色的课程,发挥独特育人价值。面向全体学生,关注个体差异,开发丰富多样、可供选择的课程,因材施教,满足学生个性发展需求……完善课程设置、开发、审核、评价、监测等建设与管理程序。从21世纪初至今,基础精品课程的发展延续,再到当下关于地方和校本课程建设的时代要求,均体现出国家对优质课程资源的重视程度和在全社会范围内进行推广、共享、应用的决心。

而学界从2010年以后,对优质课程资源的关注也逐渐增加。刘中项在《优质课程软资源的开发与共享是促进高等教育公平之良方》中,将课程资源分为软资源和硬资源两种类型。他认为课程资源中材质性的资源,诸如设施、设备、教学环境等,属于硬资源范畴;而课程资源中发展性的资源,诸如教师、教材及课程本身等,属于软资源范畴。

李云辉(2020)以海阳市教学研究室引领全市中小学扎实开展县域优质课程资源共建共享机制研究作为研究实例,先后探索出了以"联合制""打磨制""双走制"为基本内涵的校内优质课程资源共建共享机制,以"扬长制""互助制""分工制"为基本内涵的校际优质课程资源共建共享机制,以"引领制""推介制"

"创优制"为基本内涵的全域优质课程资源共建共享机制,明晰和拓展了义务教育阶段优质课程资源共建共享机制的搭建和实施路径。

孙秋菊认为要落实国家"五育"并举政策,推动课程开发,在初中学段活动课、实践课、劳动课中,尤其适合进行课程资源的投放和应用。如初中劳动课,学生通过搜集落叶,结合生物课所学制作腐叶土;结合美术课所学知识与技能,制作落叶工艺品,从而将校园内自然资源与课程内容结合,实现了活动课程中的课程资源拓展以及跨学科融合教学。[①]

段云霞认为,随着"双减"政策的推行,社会对课程资源的整合提出了新要求,在整合过程中应当坚持优先性、科学性、适应性、延伸性原则。在这样的教育教学背景下,对单元教学内容、课内外文本和音视频资源进行整合,对线上线下课程进行有机整合,重视探究式课程的整合优化,在整合过程中注重融入传统民族文化的内容,凸显立德树人的目标。[②]

三、关于初中课程资源精准整合的研究

精准整合作为一个全新的课程资源改革概念,需要从多个维度进行讨论。唐小平在《新课程理念下生物课程资源的开发》一文中提到,教材不是唯一的课程资源,课程资源的开发与利用是新课程发展的基本保障。并且,他认为开发与利用课程资源要做到以下几点:选择适当的课程开发内容;制订相应的开发计划;调动学生共同进行课程资源的开发。[③]凌宗超在《浅谈初中生物课程资源的开发与利用》一文中提到,当前的生物教学以学习书本知识为唯一任务,学习的主要目的是考试,部分教师缺乏课程资源的意识,大量有用的课程资源没有被纳入生物教学。他认为当地生物课程资源需要与生物教材进行整合,要对校园内的植物进行开发与利用,要积极开发校外课程资源。[④]徐孝均将目光转向了农村生物课程资源,在《农村高中生物课程资源的开发与应用》一文中提到,农村中学有着城市中学遥不可及的先天优势,因此要加强对农村教师的培训,

---

[①] 孙秋菊."五育"理念下初中课程资源的开发和应用——以"落叶"为例[J].中学课程资源,2022(1):76-77.
[②] 段云霞.基于"双减"政策和核心素养的初中英语课程资源整合实践[J].学周刊,2023(27):109-111.
[③] 唐小平.新课程理念下生物课程资源的开发[J].中学生物教学,2002(9):7-8.
[④] 凌宗超.浅谈初中生物课程资源的开发与利用[J].中学生物学,2015(12):53-54.

提高其专业水平;拓展教材中的生物课程资源,完善教学资源;充分利用校外课程资源;合理开发利用农村自然资源;重视家长与学生的隐性课程资源。①

不难发现,国内外对课程资源的开发与利用的研究十分丰富,大部分文献都是对课程资源开发与利用现状的调查研究,多集中在理论研究层面,实证研究较少。②近五年来,国内的课程资源研究开始多元化,对于地方课程资源开发与利用的研究越来越多,这说明研究者已经认识到了课程资源的地域差异。尤其是在农村和城市学校上,大量的研究者把初中学校优质课程资源精准整合的具体策略落脚在了农村学校。农村初中学校优质课程资源匮缺,优质课程资源整合难度大、形式单一、内容单一等现状,使得其实现精准施策更加困难。从这些研究当中反映出,开发利用地域性课程资源,一方面要注意利用最适合各学科特点的地域性课程资源,实现地域性课程资源与具体学科内容的有机整合和相互促进;另一方面,由于地域性课程资源的多质性,也就是说不同的学科可以运用同一种地方课程资源,要树立地方课程资源共享的意识。

近年来,我国有关课程资源整合的研究逐渐增多,按照研究对象主要可以分为以下几类。第一类集中研究高校的课程资源整合情况。这一类主要以高校为研究对象,总结高校课程资源整合的现状、特点、影响,以及对未来高校资源整合提出的意见和建议。第二类则是以远程教育为研究对象。相较而言,这类研究更加侧重于课程资源整合中的技术、资源整合方法、具体的应用实践等方面,属于应用型研究。第三类主要研究课程资源整合本身的内涵。关于这一研究,学界出现了目标达成说、因素来源说、活动支持说、资源本质说、载体媒介说、价值条件说等不同侧面、不同视角的研究成果,主要涉及历史、语文、地理等基础学科的课程资源整合与跨学科的课程资源整合。

四、研究述评

综上所述,目前国内关于课程资源精准整合的研究具有"小而精"的特点。首先是研究角度小而精,对某一学科的课程资源的精准整合方法非常详尽丰实;其次是覆盖面小而精,对个体学校尤其是农村学校某一类具体优质课程资源的研究多。从资源整合的既有研究来看,我国关于课程资源整合教学的研究已逐步深入开展,并具有一定数量的学术成果,但仍旧缺乏具有系统指导的本土性尝试与探索。从研究数量上看,聚焦于初中课程学科的相关区域主题教学

---

①徐孝均.农村高中生物课程资源的开发与应用[D].武汉:华中师范大学,2013.
②王鉴.课程资源开发与利用的多元化模式[J].教育评论,2003(2):36-39.

与课程资源精准整合研究的数量并不多,且研究多以期刊为主,缺少专著,缺乏理论研究。从内容上看,关于"实践拓展"与区域初中课程的研究方向主要为教学相关理论、案例研究等,而以"实践拓展"为独立主题进行整合的研究并未出现,可见当前学者对课程实践的研究多聚焦于宏观领域或某一具体的小区域,并未开展整合区域间联系的相关研究。国内外对初中课程资源整合的研究目前仍然处于一个初级发展阶段,需要继续探索。我国的教改起步相对较晚,相应的课改内容出现得也相对较晚。相关研究虽然取得了较大的进步,但对研究成果缺乏系统的分析与论述。

课改伊始,大多数教师更多地将重心投入课程资源开发,这固然极大地丰富了课程素材与资源,但同时也产生了一个问题:课程资源体量的持续增长导致课程资源环境更加无序,课程资源范围和内容的极大丰富与水平的参差不齐形成鲜明对比,这使得从事教育教学的实践者和研究者不得不重新审视课程资源的研究角度与途径,以达成"课程资源精准整合"的目标。初中教学中包含丰富的课程资源,有较大的开发与整合应用价值。与丰富的课程资源体量相矛盾的是有限的初中学科教学时间与升学考试带给师生的压力。部分学校将主要目标集中在完成教学任务上,选择性地运用部分课程资源完成以高考为导向的教学任务,无暇关注学生素养的提升。如何在有限的教学时间内将杂乱繁多的课程资源优化整合并运用到初中课堂教学中,是初中教学研究者与初中教师亟待解决的问题。

在课程资源开发、应用、评价、反馈、整合、优化的环节中,前端环节课程开发和应用的实践和研究成果已十分丰硕,但其末端流程一直较为薄弱。简洁明晰的整合思路、精准高效的整合路径,以及科学合理的整合标准,包括直观明确的整合案例,都是课程资源进一步发展,课程改革进一步深入的必经之途。正是前人在课程资源中数年的辛勤耕耘,为我们指明了未来课程资源的发展之路。立足国内外课程资源研究的历史积淀,总结现实的实践经验,梳理课程资源整合的历史脉络,为更加精准有效的课程资源整合奠定了基础,指明其内在方向并明确了长期目标。

第三章

初中学校课程资源整合的实践逻辑

第一节　初中学校课程资源整合的基本维度

一、基于学生习得的课程资源统整

(一)基于学生个性发展,协同整合课程资源

课程资源优化统整的目的是开发、建设能满足学生发展需要的课程资源,搭建适应学生发展的最佳学习平台。借助问卷调查和学生综合评价体系,基于学生发展核心素养、学生突出个性,确定课程资源优化统整方向。以国家课程为基,搭建起以必修课程、选修课程、协同课程、实践课程和自主课程等五大校本化特色课程资源为支撑的"公能"育人课程体系,让学生发展核心素养在具体课程中得到落实。通过统整校内、校外课程资源,家校社协同构建基于本校学生基本素质的具有学校特色的校本课程,满足学生发展的个性化需求。

(二)搭建课程资源优化统整框架,突出个性化素养

国家课程作为必修课程,强调标准化和达标率,是学校课程资源优化统整的基础和方向。学校课程资源的开发和统整,是为了实现个性化育人,使学生的个性化素养得到充分提升。在课程资源开发中,我们始终以尊重学生作为学习者的主体性为旨归,把学生当成独立个体来研究。开发的课程资源以能让每一位学生都享受到个性化教育,在个性化教育中实现教育的自觉为目标。在课程实施中,我们以提升学生个性素养为目标,整合教学要素,优选教学方法,设计最优化的教学方案,通过课程设计、实施与研究,最后形成课程框架(图3-1)。

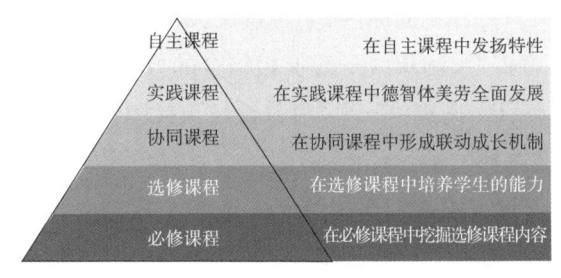

自主课程	在自主课程中发扬特性
实践课程	在实践课程中德智体美劳全面发展
协同课程	在协同课程中形成联动成长机制
选修课程	在选修课程中培养学生的能力
必修课程	在必修课程中挖掘选修课程内容

图3-1　课程框架

该框架依据个性化素养理念,遵循基础化、科学化、校本化、综合化、生活化和实践化的基本原则,设计出适合学生个性化素养发展的"必修课程""选修课程""协同课程""实践课程"和"自主课程"等课程群。通过课堂教学、课外活动、课程基地、名师论坛、非遗传承等途径统整课程的实施,实现满足学生个性发展和兴趣爱好需求、培养学生适应社会发展的能力的课程目标。

二、促进课程资源构建的主体资源统整

(一)依据教育主体,建构校本化课程方案

在落实国家课程标准规定的各学科具体的育人目标和任务的基础上,我们以学生这一教育主体为根本出发点,按照课程优化统整的方向和框架,从课程资源、课程实施、课程评价等方面统整课程内容,设计、建构校本化课程方案。

1.重视青少年科学教育,创新在线课程资源

智慧型课程是随着智慧型教育的兴起而产生的在线开放性课程,强调综合运用多种学习环境、学习工具与信息技术的新型学习方式,遵循"转识成智"的核心理念,聚焦培养智慧、多元智能及学习者解决实际问题的能力,使学生通过学习的体验,领悟知识,促进其对知识的内化运用。近年来,学校不断探索智慧型科学课程资源的创新路径。

其一,实施"互联网+教育"行动计划,创造线上、线下相融合的学习环境,提升学生课程学习的自主性和参与度;其二,重视教师、学生与课程的互动,创新教与学的方式,促进课程的创新与生成;其三,注重校内与校外、历史文化与现实发展等方面的课程资源优化统整,从信息资源、知识资源、教师资源、学生资源等方面创新课程资源。

以"协同课程"为例,该系列课程的建设本着知识性课程学科化、实践活动探究化、科学课程科普化的原则,立足重庆大学城高校资源,协同高校教授,整合高校科学教育资源,利用线下线上相结合的方式,实现学校课程校内外协同搭建的优化统整;以"南渝讲坛""科普论坛"、社团活动、课程基地等平台,创建多样化的、可供选择的学习环境;运用调查、辩论、实践、实验等多种学习方式,增强学生在学习过程中的领悟能力和体验能力,促进学生创新能力和学习能力的提升,培养学生的科学素养、行动能力,弘扬日新月异的治学精神和允公允能

的南开理念。此外,学校还开发了"墨子工坊智能制造""传统文化木工制作""AI游乐场""国家疆域""生物实验基础"等选修课程,满足了学生的个性发展需要,培养了学生的科学素养和科学精神。

2.以学生为主体,创新教学方式

好的课程资源需要教师传递,教学方式的改变是课程资源统整最重要的一步。在必修课程的教学上,要创新教学方式,将重点落在探索从多讲、多练到活动统整的行为设计上。要组织基于学情的分层学科活动、基于探究的情境化学科活动、基于交互协作的实践化学科活动,通过学科活动促进知识的加工、消化、吸收并最终内化为学科核心素养。如地理课程中的"国家疆域"是在课程资源优化统整中实现学习方式改变的一种成功做法。

"研学式学习"是指学习者亲身介入实践活动,通过认知、体验和感悟,在实践过程中获取新的知识、技能。"研学式学习"是基于学习目标而综合设计的一系列有关联的体验式学习活动。它包含具体体验(感知学习)、观察反思(反思性学习)、抽象概括(理论学习)和主动检验(实践)四个阶段,体现了参与过程的个性化、认知过程的整体性、转化过程的持续性,实现了课程实施注重学生参与课程互动的目标。

3.关注学生的主体性成长,创新评价机制

传统的课程实施,过分关注学生对知识的获得,偏重应试能力的培养,导致学生综合素质发展难以落实。学生发展核心素养背景下的课程实施,迫切需要创新评价机制,以促进素质教育的全面实施。

在学生发展核心素养的背景下,学校基于课程资源优化统整建立评价机制,制定评价标准。评价内容突出对学生发展核心素养的培育,关注师生在教育中的生命质量,注重学生的发展与成长。针对学生发展的复杂性和多样性,学校运用多种评价方式,保证评价的客观、全面和有效。评价指标尽可能多元、具体、明晰,能应对评价内容的复杂性及学生发展的多样性,且易于操作;评价效果能使"学优生"产生挑战感,"后进生"产生自信感,"中等生"产生被关注感,可以激发全体学生内在的学习动机与信心;评价目的是引导学生在生活经验、情感态度、价值观等领域都获得合理的发展,不断发掘教学中的生命潜力。

第二节　初中学校课程资源整合路径

课程资源是课程要素来源以及实施课程的必要而直接的条件,其开发与整合是新课程改革的重点,是课程目标实现、课程理念贯彻的前提,同时也是广大教育工作者研究的热点。根据存在形式的不同,可将课程资源分为显性资源和隐性资源两种。显性资源是指看得见、摸得着,直接运用于教育教学活动的课程资源,如教材、教法、多媒体等;隐性资源则是指以潜在的方式对教育教学活动施加影响的课程资源,如校园文化、班风建设、师生关系等。习近平总书记在学校思想政治理论课教师座谈会上提出,推动思想政治理论课改革创新,要坚持显性教育和隐性教育相统一。这不仅更新了思想政治理论课程的观念,也为其他学科课程资源的整合指明了方向。为切实提高教学质量和水平、高效利用复杂多样的课程资源,学校应积极探索整合显性和隐性课程资源的路径,实现学生"知、情、意、行"全面和谐发展。

一、整合显性、隐性课程资源的前期准备

显性和隐性课程资源对学生的培养都至关重要,它们相互依存,密不可分,而隐性课程资源的灵活性和隐蔽性给我们提供了将二者融合的契机。为了科学、规范地整合学科内课程资源,学校需从以下方面做好准备。

(一)确立教师在课程资源开发和利用中的主体地位

所有显性课程资源的设计,隐性课程资源的开发和利用都是为学生服务的。教师作为教学活动开展的主体之一,与学生接触最多,对学生影响最为深远,无疑是课程资源开发和利用的主体。只有充分提高教师开发和利用课程资源的意识和能力,使其善于发现和解决问题,对学生的培养才能真正做到有的放矢。

(二)对现有的显性和隐性课程资源进行搜集与整合

明确了教师在课程资源开发和利用中的主体地位之后,应组织教师团队对现有的课程资源进行搜集和整合。课堂作为教师的主阵地,包罗了多样的课程资源,如教材、教师参考用书、学生完成的习题、备课时查找的信息化资源等显性课程资源,以及基于这些信息产生进而传递给学生的新思考等隐性课程资

源。再比如,课上调动学生积极性的幽默风趣的话语和对他们的细心引导,课下基于学生背景和个性给予的适时关心和帮助等,也是校园随处可见的隐性课程资源。于学校而言,学校根据新时代对学生思想和素质的要求,根据学校传统文化传承和新文化建设的需要,根据教学实际的需要,根据学生发展的阶段性特征所开展的各式各样的活动都是值得研究的课程资源。只有将这些现有的课程资源分门别类,建立起课程资源的系统框架,显性和隐性课程资源的精准融合才能顺利进行。

(三)有选择地开发隐性课程资源,对学生发展产生广泛而深远的影响

"在你离开学校后忘记了学到的一切,最后剩下的就是教育。"爱因斯坦的这句话向人们揭示了隐性教育资源的重要意义:依靠熏陶、渗透的隐性教育给学生的影响是广泛而深远的。不过,隐性课程资源的影响力虽然强大,却并非一日之功。学校和教师要想利用隐性课程资源实现"育人",应注意开发时的两个筛选原则:1.优先性原则。学生在成长和发展的过程中有很多可以学习的东西,远非学校教学所能包揽。所以学校在开发隐性课程资源时应具有大局观,选择重中之重,使隐性课程资源的受益人群尽可能广泛,在一定程度上达到和显性教育一样的趋同性。2.系统性原则。使用一次隐性课程资源的影响就好比吹过湖面的一阵风,能使湖面泛起涟漪,但保持时间很短。而具有开发价值的系统性资源则如吹过湖面的阵阵微风,使人心旷神怡,留下长足印象。

(四)有机更新显性课程资源,为自身发展注入活力

与隐性课程资源不同,看得见、摸得着、影响直接的显性课程资源一直在学校视线的中心。利用互联网促进家校共育,开展特色课程和特色活动以提高学生核心素养等都体现了学校对显性课程资源的重视和努力。应注意的是,开发和利用显性课程资源的方式繁多,学校在改革潮流中需进行持续的思考,避免工作流于形式。

二、整合显性、隐性课程资源的具体路径

学校和教师所呈现的显性课程资源中需有自我思考等隐性课程资源作为支撑,而隐性课程资源则需借助显性课程资源为载体才更能发挥价值。显性、隐性课程资源的精准融合便是要让它们在渗透中相互转化,在运用中相互补

充,共同发挥出最大的效用。要把握这一核心,站在教师和学生的不同视角,以"先立后破,先实验后推广"的思路,探索整合学科优质课程资源的路径。

(一)基于教师专业发展的整合路径

1.加大培训力度,提高认识与能力

无论是通过选择、改编、整合、拓展等方式开发校本教材,还是因地制宜开设特色新课程,都要求教师不再只是课程的实施者,还要是课程的开发者。

学校应加大培训力度,请专家或有经验者为教师提供课程资源整合的理论培训、撰写各类科研材料的指导性培训等,在提高教师认识的同时,拉近课程资源整合与教师的距离,避免教师对其望而生畏,甚至心生反感。同时还可以定期组织考核性的检测,促进教师理论知识的内化,不断提高教师的基本研究素质,帮助教师尽快找到适合自己的学科知识整合方向。

2.以教研促科研,集结内部智慧

课堂是课程资源的重要归属地,为实现高效课堂,学校应搭建高质量备课平台。各备课组每周进行一次集中教研,确定课程资源研究主题,明确中心发言人。在形成对章节课程资源的统一认识后,由骨干教师带领备课组成员聚焦教学核心部分,探究教学设计,逐一发表见解,在热烈的教研氛围中实现新老教师思想的碰撞与融合。之后还需由中心发言人再次对课程资源进行整合,留存书面资料。

同样的内容,不同的教师对课程的设计和呈现不尽相同。积极开展骨干教师的示范课、经验教师的交流课、青年教师的汇报课和组内教师的"同课异构"活动是促进教师专业成长必不可少的环节。不同于常规教学,这些教研课的优缺点在众人面前显露无余,加上课前的磨课、课后的评课,既能使上课的教师快速成长,也能予以其他教师多种启示,实现整个学科团队的相互学习和共同进步。

3.搭建学科分享平台,丰富资源储备

核心素养的落脚点就是用多维的整体化思维代替单一的学科思维。因此,要坚持打通不同学科间的壁垒,找到其内在关联性,进行有机融合。

学校搭建"跨学科资源发布"平台,通过有创意的激励机制(如:打卡积分兑换奖品),推动教师积极搜集相关资源并以"信息发布卡"的形式分享到该平台上,实现课程资源的及时更新和互通,从而实现团队的资源共享和思维互补,提高教学研究的先进性。

类比学科组内的"同课异构",学校可以组织教师利用资源开展跨学科"同知异构"活动。如在同一班级中,语文教师问古诗词中的方位"横看成岭侧成峰,远近高低各不同",数学教师解答"从三个方向看物体"问题;再比如英语教师问"How much are these socks?",数学解答"打折销售"问题;语文、美术、音乐和政治等学科分别以"春天"为主题进行授课并相互观摩学习。如此,既丰富了教师的跨学科资源储备,又使学生的多维思考能力得到了发展。

4.开展多形式竞赛活动,激发教师的潜能

学校应积极开展教师技能大赛,如基本功大赛、解题大赛、命题大赛等,这不仅有利于夯实教师的教学根基,加强教师运用课程资源、开发课程资源的意识和能力,还可以开发教师本身隐性的知识技能资源和精神资源,产出优秀成果。

对教师而言,除了要会讲,也要会灵活地通过视觉渠道呈现知识。在信息飞速发展的今天,创新地运用电教媒体绘声绘色地讲解知识已成为教师的基本技能,因此学校也要顺应发展,开展相关竞赛,如课件设计大赛、数学几何画板大赛、课堂活动设计大赛等,以赛促练,引导教师充分开发信息化资源,发挥多媒体的工具功能。

(二)基于学生发展的整合路径

南宋诗人陆游早已告诉我们:"纸上得来终觉浅,绝知此事要躬行。"明代王廷相也有言:"讲得一事即行一事,行得一事即知一事,所谓真知矣。"现如今教育部亦要求学生应具备能够适应终身发展和社会发展需要的必备品格和关键能力。所以,学校教育如果可以将"教知识"和"促行动"精准结合,让学生在学后用,在用中学(在无意识的情况下进行二次学习),那么将达到更好的教学效果,更快实现全面育人目标。具体可以从以下三个方面开展工作。

1.借用学生作品,打造高雅校园

校园环境是一本无声的"教科书",是重要的课程资源,影响着学生的感官。良好乃至优质的校园环境可以在净化学生心灵的同时提高他们的审美能力,甚至可以让他们不自觉地按照美的规律来规范自己的行为。装扮校园,除了花草树木，还可以充分利用学生的作品。为了激发学生学习英语的兴趣，增强学生的公共管理意识，提高学生的英语学习水平和表达能力，学校英语备课组利用学校不同区域的功能和特点，组合文字、图画和符号，制作与之对应的标语，在教学楼告诫同学"As for study, we are not lack of time, but lack of efforts"，在校门口提醒"Civilized travel, orderly parking, security depends on you and me"……这些标语成为校园亮丽的风景线。类似地，教学楼各处都张贴着学生的书画作品，各备课组会不定期展示学生的美术作品、劳动课手工作品、生物课自制生态瓶等，将学生身上的资源充分开发，与校园环境融合，实现学生"学—用"的良性循环。

2. 深挖时事资源，把握发展方向

学生学习的基本目标是适应社会生产生活，卓越目标是推动社会发展。学校除了引导学生在生活中运用所学，还应向其介绍社会发展的形态和方向，组织学生参加与科技知识相关的活动，达到开阔学生的视野、增强学生学习动力的目的。例如，在"嫦娥五号"顺利升空之际，物理教研组指导学生用饮料瓶、电工胶布、加压的气枪制作了"水火箭"，并在操场上举行发射比赛。三十个"水火箭"陆续升空，划出完美弧线，最高冲到三四层楼高，最远飞出一百多米，让学生和教师惊喜连连。在整个过程中，比赛不仅培养了学生的团队合作、科学探究意识，也加强了学生的科学实践能力，并激发了学生对科学的浓烈兴趣以及报效祖国的雄心壮志。

3. 创造劳动资源，实现全面育人

马克思把人看作身体与精神的统一体，认为只有既能从事体力劳动，又能从事脑力劳动的人，才是全面发展的人。如何将劳动资源与学科教学融合，是助推学生发展的关键。学校在校园内开辟了面积超过一千平方米的坡地，供全校每个班级耕种。"耕读园"里的瓜果蔬菜、鲜花良药由各班学生亲自选购、播种和管理，等到收成之时，各班会将果蔬分发下去或是集中起来烹饪，全班共享劳动成果。而在学生忙碌地劳动之时，生物老师张霞将课堂搬到"耕读园"，带领学生认识植物、辨认不同植物的器官、用毛笔为油菜花授粉，为青年教师做出了利用课程资源的新表率。地理教研组也将学校的花园和菜地充分利用起来，开设选修课程指导学生自制蚯蚓塔、测量土地酸碱度、实践间作套种等，有效地提高了学生的认知水平，加强了学生观察、理解和行动的能力。

三、显性、隐性课程资源整合途径的有效性评估

目前,各级各类学校都已增强了对课程资源的整合意识,加强了对课程资源整合的研究和建设,但收获的效果却相去甚远。制定科学的、细致的有效性评估系统有助于学校定性、定量地分析资源整合路径的有效性,而后进行相应的调整和改良。针对我们的研究,有效性评估的内容主要包括以下三个方面。

(一)评估教师和学生参与的总体情况

根据整合路径,在教师参与层面,学校应定期详细地统计如下的数据:

a.课程资源整合的培训次数及参与人数;

b.参与课程资源理论测评的人数;

c.参与示范课、交流课、汇报课及"同课异构"的人数;

d.教师沙龙的分享人数及参与人数;

e.发布"资源信息卡"的人数和总积分;

f.尝试"同知异构"的人数;

g.教师技能大赛的举办次数和参与人数;

h.参与"师生座谈会"的人数;

i.学生作品的使用数量;

j.开设特色选修课程的门数;

k.特色活动的开展次数。

在学生参与层面,学校也应定期详细地统计如下数据:

a.参与"师生座谈会"的人数;

b.参与"学习近况问卷调查"的人数;

c.参与特色选修课程的人数;

d.参与特色活动的人数;

e.参与劳动的次数。

在搜集完数据之后,利用表格、频数直方图、扇形统计图、折线图等统计工具进行横向、纵向的直观对比,让学校管理人员对参与的总体情况一目了然,从而准确分析各整合路径的有效性,为后续工作做好准备,同时也让参与教师和学生了解到整体情况,从而在一定程度上激励教师和学生提高自己的相关能力。

(二)评估教师和学生的参与体验

在评估课程资源整合路径的有效性时,除了要考虑"量",还要考虑"质",学校可根据师生参与的不同平台、课程和活动,制定类似的"参与体验调查表"(表3-1)。

表3-1 参与体验调查表

问题	评分
综合过往经验,您在本次活动中的整体体验如何?	①②③④⑤⑥⑦⑧⑨⑩
您是否愿意再次参与类似的活动?	①②③④⑤⑥⑦⑧⑨⑩
您是否会向周围的人推荐我们的活动?	①②③④⑤⑥⑦⑧⑨⑩
您认为本次活动的时间安排和环节设置是否合理?	①②③④⑤⑥⑦⑧⑨⑩
您认为本次活动是否新鲜有趣?	①②③④⑤⑥⑦⑧⑨⑩
您认为本次活动是否具有互动性?	①②③④⑤⑥⑦⑧⑨⑩
您认为在本次活动中的知识是否易于消化和理解?	①②③④⑤⑥⑦⑧⑨⑩
您认为在本次活动中的收获是否具有实用价值?	①②③④⑤⑥⑦⑧⑨⑩
您在本次活动中是否得到耐心帮助?	①②③④⑤⑥⑦⑧⑨⑩

以这样的方式,在课程资源整合的探究和实践过程中,搭建"师生反馈"数据中心,让师生在课程或活动后从设计和体验等方面及时做出最真实的评价,常态化地让参与者评价整合路径的质量,从而保障课程资源整合的精准性和实效性。

(三)评估教师和学生在参与前后的变化

"参与体验调查表"只是反馈师生的个人心理体验,而现实是否如感受的一般,还需观察师生的客观变化。根据《中学教师专业标准(试行)》和《中国学生发展核心素养》,学校可以从以下维度衡量师生在参与前后的发展性变化(图3-2、图3-3)。

专业理解与师德
职业理解与认识　　对学生的态度与行为
教育教学的态度与行为　　个人修养与行为

专业知识　　　　　　　　专业能力
教育知识　　学科知识　　教学设计　　教学实施　　班级管理与教育活动
学科教学知识　　通识知识　　教育教学评价　　沟通与合作　　反思与发展

图3-2 衡量教师发展的三个维度

图 3-3　学生发展的三个维度、六个素养

学校应围绕师生发展的几个维度,通过问卷调查、理论测评等方式,对师生在课程资源整合活动参与前后的变化进行考核,细致地观察、分析整合路径的效果。对于可持续的项目,还应长期跟踪调查,形成系统性评估。

四、必修课程与选修课程精准融合

(一)初中必修课程和选修课程的制度及其意义

1.初中必修课程的制度及其意义

从学生的学习要求的角度来看,课程可分为必修课程与选修课程。必修课程是规定学生必须学习的课程种类,是为了保证学生的基础学习而开发的课程,其主导价值在于培养和发展学生的共性。必修课程的根本特征是具有强制性,所有学生都需要学习,而不是根据学生的兴趣特长设置的。

"义务教育课程方案和课程标准(2022版)"对必修课程有明确规定。必修课程的目的在于培养和发展学生的共性,保证社会和国家对其成员的基本素质要求,关注的是所有学生的基本学习能力,具有基础性、全面性、系统性和完整性等特点。其优势体现在高效率地传授知识和技能,使学生具有合理的、较宽广的、系统的知识结构。

2.初中选修课程的制度及其意义

选修课程是指根据学生的特点与发展方向设置的,允许学生根据自己的特长、兴趣等自主选择的课程。选修课程的主导价值在于满足学生的兴趣、爱好需求,培养和发展学生的个性。选修课程不是一成不变的,它可以根据社会发展、地区、时期的不同等做出相应的调整。选修课程一般分为限定选修课程与任意选修课程两类。

让学生根据兴趣爱好选择不同的课程,既帮助学生拓宽了知识的领域,也为学生在后期的学习中做出更好的选择提供了参考。在初中阶段开设选修课程更能培养学生的兴趣,发挥出学生的特长和优势。作为必修课程的补充和延伸,选修课程可以弥补必修课程的不足,可以加大原有课程的深度与广度。过去学校开设选修课程不少是为了让学生升学加分或多一条升学的途径,但现在学校更多的是从学生的综合素质发展考虑,对学生的发展有重要的意义。

(二)初中选修课程的改革

一般每个初中学生可以选一门或两门选修课程,课程的种类和科目不限,课时相对比较少,有些甚至没有任何硬性要求,学生可以选也可以不选,评价体系比较灵活。这种选修课程主要是拓展学生的学习领域,培养和发展他们的兴趣爱好和特长,一般不与学生的升学直接相关。学校要对初中学生在选择选修课程上做好引导工作,学生通过选修课程,能够一展才能,看一看自己适合向哪些方向发展;也可以扩大自己的知识和技能领域,使自己在以后的发展中有更多的可能性,提早做好尝试性、考察性的准备。因此,选修课程在初中阶段也扮演着越来越重要的角色,选修课程的完善和改革也势在必行。

1.要精选初中阶段开设的选修课程

选修课程的设置要着眼于新世纪人才基本素质的需求,体现鲜明的时代特色,要有创新性。因此在开设哪些选修课程的问题上,要摆脱过去的老、旧、偏等问题,要考虑时代需求、科技发展、学生本身的能力等问题。

2.要建立一套适用于初中阶段选修课程的选课制度

开设选修课程是一项独特的、复杂的工作,缺乏制度便会造成混乱,所以需要建立选课制度。它应包含学生选课应遵守的基本原则和注意事项,选修课程的范围和数量,选课的程序和成绩考核等。比如初一、初二、初三年级开设的选修课程可能是不一样的,初一的学生原则上只能选初一开设的选修课程,初二的学生选初二开设的选修课程等。同时每个学生每次选课应该遵守规定,选修课程最后的考核方式或评价方式等都应该有明确的规定和说明。

3.学校和教师要做好选修课程选课的指导工作

学校应该有选的相关资料,内容包括选课制度和各门选修课程的门类、任课教师、人数等(如图3-4),以及每门选修课程的简要介绍等(如图3-5),以便学生和家长了解情况,作为选课的依据;还有选课的具体途径和步骤等。同时,教师也要了解学生的基本情况、学习成绩、兴趣爱好和特长等,并与家长联系沟通,共同帮助学生选择适合他们的选修课程。

南渝中学初2022级"南渝选修课程"

编号	类别	课程	备注
1	人文类	国宝档案与报刊编辑	限报40人
2		旅游地理	限报40人
3		心灵魔法课	限报40人
4		跨越语文趣思维	限报40人
5		地理与生活之三餐四季	限报40人
6	科技创新类	Python编程	限报40人
7		AI游乐场	限报16人
8		探索生物奥秘——生物基础实验课	限报40人
9		十八般厨艺之走进化学	限报40人
10		墨子工坊——科学、艺术、技术	限报40人
11	体艺类	速写	限报40人
12		口风琴	限报40人
13		杂物布艺DIY	限报40人
14		足球	限报40人
15		羽毛球	限报40人
16		篮球	限报40人
17		啦啦操	限报40人
18		100米障碍跑	限报40人

选修课程简介
初二年级
国宝档案与报刊编辑
本课程将精选中国历史上的国宝,通过图片、文字、视频等方式讲述其文物价值与相关历史知识。
同时,本课程与《功能报》的编辑和发行相结合,将课堂上学习的新闻写作、报刊编辑和发行与社会实践相结合。
旅游地理
你一定有对自然景观万千变化的好奇与质疑,你也一定萌发过环游世界遨游祖国的梦想。无论是古城城遗址,还是荒芜沙漠,世界那么大,我们可以去看看。读万卷书,行万里路,让我们一起在教室里领略它们的美景、人文风情、特色建筑,进行文化传承吧!
本课程主要介绍世界的、中国的旅游胜地,介绍它们的前世今生,介绍它们是由什么地质作用形成以及其与我们的地理环境存在什么样的关系。除此之外,希望同学们在学习了这些课程后,能树立一个全球观念和环境意识,保护我们的旅游景观,并在最后完成一份旅游攻略。
心灵魔法课
本课程的主旨是让学生学会学习、学会生活、学会创造、学会做人,课程设计聚焦学生社会和生活适应、学习心理、人际适应、青春心理、生涯规划等问题,采用授课与团体心理辅导相结合的方式,借助OH卡牌、沙盘游戏、身心反馈训练、放松训练、正念冥想、房树人等辅助手段,引导学生在轻松、安全、舒适的团体氛围中探索自我,觉察心灵及自我反思,帮助学生尽快适应中学的学习生活,正确对待青春期发育问题,培养学生承受挫折的能力,从而使学生达到悦纳自己、调节情绪、缓解压力、自我成长的目的。

图3-4 南渝中学初2022级"南渝选修课程"   图3-5 选修课程简介

4.建立新的初中选修课程管理制度

在初中阶段开设选修课程以后,教学的组织和开展也会随之发生改变,而且教学管理也会出现一些新的问题,需要采取新的组织形式和教育教学管理办法。开设选修课程以后,课程安排有了弹性,学校有了一定的自主权,同时也就有了新的课程管理的任务。选修课程打破了原有的固定在原班上课的单一模式,学生一般需要走班,那学校就需要解决地方的选择、人员的管理、安全的保障等问题。选修课程一般每一学期都会根据实际情况,如学生兴趣爱好的改变、时代因素等做出相应的调整,这也需要管理随时做好相应的调整。

(三)选修课程的具体实施

1.课程设计阶段

首先,设计有关开设选修课程的问卷,了解学生和家长的需求,搜集他们的意见和想法,以便学校能开设更有针对性的课程,同时也可以利用家长的特长或自身职业特点为学生提供师资或其他的有利条件等。

其次,要了解教师资源,让教师自愿申请开设自己擅长的选修课程,介绍该课程的名字、时间、背景、内容、意义和远景等。学校在所有教师申报的基础上进行整合,设计出最合理的选修课程。

2.选课阶段

首先,班主任把所有选修课程的目录给学生,并对学生进行选课指导,让学生了解有哪些选修课程,以及课程的时间、地点、领域等,让学生在充分了解课程的基础上根据自己的兴趣、特长和需求,自愿选择喜欢的选修课程。

其次,引导家长配合学生选课。初中学生因为年龄不大,阅历尚浅,因此对很多事物的了解有限,家长在了解孩子的基础上能很好地指导孩子做出更准确的选择。

3.调整阶段

在学生选课后,有些课程可能选的人很多,有些课程可能选的人很少,学校就需要对这些课程进行删减或扩充。同时初中生最开始选课的时候存在很大的盲目性,经过一段时间的学习可能发现自己对所选课程并不感兴趣,那就需要在下一次选课时换成其他课程,学校也需要在下一次选课时根据学生的意愿重新做出调整。

4.课程评价阶段

选修课程的评价体系不同于必修课程的评价体系,选修课程的评价可以形式多样,可以在不同阶段进行评价,必要时可根据课程的需要做出调整。评价方式可以是考试、考核、学生自评、学生互评、口试、小报制作等,有时还可以在适当的时候组织各类相关比赛,如书法、武术、创意制作、健美操、剪纸、数算比赛等,通过展示作品、进行各类评比、发放各种荣誉证书等方式更好地激发学生的学习热情。

(四)初中必修课程和选修课程精准融合

1.必修课程和选修课程精准融合过程中可能遇到的问题

(1)学生对选修课程不够重视的问题

学生对必修课程和选修课程的学习态度不一样,选修课程的学习效果大打折扣。必修课程注重多元评价,而选修课程一般以考核或其他更宽松的方式来评价学生学习的效果,学生更偏向以一种放松的心态去学习选修课程,一般不会深入钻研,精益求精。在不同的心态下,学生的学习效果也会有明显的差异。

(2)选修课程教师的培训问题

抓好教师培训是开设好选修课程的关键。选修课程在必修课程的基础上发生了重大变化,增加了新的内容,同时有些教师对选修课程的认识不足,缺乏准备,有些教师除了必修课程的内容外,其他知识的结构不够完善,积累不足,承担不了新的教学任务,因此选修课程的教师需要培训,以保证教师能上好选修课程,发挥其最大的价值。

(3)选修课程随意化的问题

选修课程没有被纳入中考,有的学生也不够重视,因此有的教师把选修课程随意化,没有系统地规划和安排课程,导致选修课程完全失去了原本的意义。在初中教学实践中,虽然选修课程有别于必修课程,但也不能把选修课程上成随意零散的欣赏课或简单的讲座等。选修课程需要联系实际需要,要扩大领域而又不缺乏深度,要争取给学生展现出一个天宽地阔的新领域,为他们以后进一步的发展创造可能性。

(4)选修课程和必修课程的组织和管理问题

在实施必修课程和选修课程结合的制度以后,学校的教学组织和管理也将比实施全必修制时要复杂。在全必修制的前提下,一个班一个课表一个教室,这样容易操作和管理。但实行必修课程和选修课程结合制以后,会出现很多管理上的改变。比如上必修课程是在一个教室,上选修课程是在另外一个教室;上必修课程的是这些学生,上选修课程的又是另外一些学生。初一开设的选修课程和初二、初三开设的选修课程在课程、时间和地点上也有不同,因此也增加了两种课程并行时的管理难度,怎样让必修课程和选修课程井然有序地开展,就需要制订相应的规则和措施,在组织和管理上需要一些新的变化并进一步优化。

(5)必修课程和选修课程在初中阶段占的总体比重问题,以及在不同年级占的比重问题

从全必修课程到必修课程和选修课程的融合,要考虑必修课程时数占比多

少、选修课程时数占比多少等问题。而且从初一到初三因为学生必修课程的安排有变动,其选修课程也应做相应的调整。

2. 初中必修课程和选修课程精准融合的建立和完善

(1)建立合理的必修课程和选修课程时间分配制度

必修课程和选修课程的时间关系是互为消长的。一个学生的精力和时间有限,必修课程所用的时间多,选修课程所用的时间就应相应减少。我们应坚持以必修课程为主,选修课程为辅。必修课程安排的时间肯定要远远多于选修课程,在确保必修课程的基础上合理安排选修课程是最基本的做法。学校开设了很多选修课程,但每个学生只能选择其中的几门选修课程,不占用太多时间,而且选修课程的评价方式多样,都是学生感兴趣的课程,因此选修课程与必修课程之间不会冲突。

必修课程和选修课程的比重也不是一成不变的,选修课程要开设哪些科目和开设多少个科目也是可变的,不能一概而论。同时,在国家教育方针政策的前提下,不同地区不同学校必修课程和选修课程所占的比重也可以根据当地的情况进行调整。初一学生的必修课程压力相对较小,可以多开设一些选修课程和相对多分配一些时间,但对于初三的学生而言,因面临中考的压力,选修课程设置的时数就应减少。

(2)建立合理的必修课程和选修课程融合的管理制度

从单一的必修课程到必修课程和选修课程的融合,增加了管理难度。学校需要制订相应的规章制度,组织管理好才能保证必修课程和选修课程的有序进行,才能确保必修课程和选修课程的精准融合和高效开展。

(3)使选修课程成为必修课程的扩展

必修课程是针对全体学生的比较基础的课程,选修课程是必修课程的延伸和提高,可以在原有必修课程的基础上进一步拓宽学生的知识面,提高课程的难度和深度,让精简的东西更丰富,更有价值。比如学校开设的名叫"跨越语文趣思维"的选修课程,就是在必修语文课程的基础上,让学生进一步去体会语文学习的乐趣。让学生知道不管是有趣活泼的游戏,还是引人思考的话语,仔细寻找它们之间千丝万缕的联系,是一件颇为有趣的事,引导学生进入一个独特的语文学习环境,体会语文之外却又合乎其内的思考方式。再比如另一门选修课程"旅游地理",它介绍世界各地的旅游胜地,介绍地质形成以及其与地理环境存在的关系。通过此选修课程的学习,学生不仅能够拓宽自己地理学科的知识面,树立全球观和环境保护的意识,甚至还可以自己制定旅游攻略等。总之,选修课程在原有必修课程知识的基础之上拓宽了学生的知识面,提高了学生的思维品质,使学生"广"而有"范","深"而有"度"。

(4)使选修课程填补必修课程的空缺

必修课程的种类有限,一般都是比较固定的一些课程,选修课程的种类却可以根据现实的需要来确定,种类丰富,弥补了必修课程的不足。比如学校开设了3D打印、Python编程、AI游乐场、业余无线电通信等随时代应运而生的选修课程。

(5)使选修课程成为跨多门必修课程的整合课程

传统的必修课程通常是针对单一学科的教学,而选修课程却可以是多学科的广泛整合。如我校开设的"国宝档案与报刊编辑"这门选修课程就整合了历史和语文学科,并结合了社会实践。(图3-6)

选修课程简介

国宝档案与报刊编辑

本课程将精选中国历史上的国宝,通过图片、文字、视频等方式讲述其文物价值与相关历史知识。

同时,本课程与《功能报》的编辑和发行相结合,将课堂上学习的新闻写作、报刊编辑和发行与社会实践相结合。

图3-6 国宝档案与报刊编辑

(6)使必修课程的知识变成选修课程的实践

必修课程一般知识性强,缺乏实践。为了兼顾理论和实践活动两个方面,让学生真正地做到学以致用,学校就需要开设相应的选修课程。如我校开设的"十八般厨艺之走进化学"(图3-7)、"墨子工坊——科学、艺术、技术"(图3-8)就很好地诠释了学以致用的真谛。

选修课程简介

十八般厨艺之走进化学

我们每天吃的食物中蕴藏着大量的化学知识。古人云:"安身之本,必资于食。"那么如何烹饪才能让食物更加美味、营养、健康呢?

油盐酱醋糖的添加顺序会影响食物的口感吗?

调料是如何影响食材的口感的呢?

猪油、菜油、花生油、橄榄油炒菜都一样吗?

哪些食物不能在一起食用呢?

这其中都蕴含了怎样的原理呢?

在人类多姿多彩的生活中,化学可谓无处不在,这堂课将带领学生们走进厨房,在认识并制作美食的同时探究隐藏在食物中的化学奥秘。

图3-7 十八般厨艺之走进化学

墨子工坊——科学、艺术、技术

墨子工坊，是南渝中学的创客工坊，是一个炫酷的造物空间。在这里，你可以利用金工工具、电工工具、木工工具、3D打印机、激光切割机来造出你想象中的物品，来墨子工坊一起造物吧！

图3-8 墨子工坊——科学、艺术、技术

3.必修课程和选修课程精准融合的意义

必修课程和选修课程是相辅相成的关系，必修课程体现课程的基础性和广泛性，而选修课程则更多体现课程的多样性和选择性。必修课程关注的是学生的文化知识素养，为学生的发展奠定知识和认知的基础，而选修课程关注的是知识的广度和深度，是对必修课程内容的拓展和升华。必修课程和选修课程的精准融合既关注了学生的共性，又考虑了他们的个性差异。

（1）从短期来看，初中阶段必修课程和选修课程的精准融合对学生的全面发展具有现实意义。一方面通过必修课程传授基本的学科知识，保障学生基本的学习能力，满足学生的共同需要，为他们打好良好的共同基础；另一方面通过选修课程使学生开阔了视野，提高了能力，同时也激发了学生的兴趣，满足了不同学生的需求，实现了教育效果的最大化。

（2）从长远来看，初中阶段必修课程和选修课程的精准融合对学生后期的发展和规划具有指导作用。在必修课程保证学生所学课程比较全面而不至于偏废的基础上，选修课程的多层次性和多选择性给了学生更多尝试的机会，让学生在不断地尝试和选择中提早分流，使学生更清楚自己真正擅长什么、喜欢什么，为他们将来的学业和职业规划做好铺垫。

可见，必修课程和选修课程的精准融合已经成为当代的一种潮流，做好其平稳过渡和顺畅衔接，才能更好地促进学生的全面发展。

五、校内外课程资源的精准融合

从现代教育理念的角度来看，"核心素养"的内涵可以被概括为"学习能力""道德修养""自我观念""健全人格"和"发展意识"五大方面。"核心素养"视域下的校内外课程资源融合在核心层面上的最高诉求是构建起更高质量的协同育人机制，以此来营造出良好的教育生态环境。

(一)在初中教学中构建校内外课程资源融合体系的意义

初中是我国体系性教育中具有"承上启下"之重要作用的关键学段,而学生也需要在这个学段中实现课程认知素养"质"和"量"的双元突破。对于新课程改革和素质教育的综合要求,传统的校内课程资源开发已逐渐无法满足最新阶段的初中教育发展需要,教育工作者和诸多关联责任主体务必要将目光投向更广大的范围以开发更多的"能源",同时在主体之间的合作上表现出更为乐观的态势——这些共同揭示了在初中教学中构建校内外课程资源融合体系的意义。

1.有利于学生素养的综合提升

依托于校内外课程资源融合体系的有机建设,初中教师得以把一些本来只能在日常课堂里开展的引导任务拓展到课堂之外,而后依托于学生、家长、社会教育工作者,用更为灵活的形式去合作执行,从而有效地降低课堂教育元素的分配密度和常规知识密度,使学生得以把更多的精力用于对课程中难点、重点项目的"攻坚",同时这也使教师拥有更多的窗口去观察,积累协同育人体系建立工作顺利开展的素材。无论是家庭,还是社会实践教育场景,都要使学生更容易感受到轻松、活跃的氛围,在这样的环境下,教师凭借家长、社会教育工作者开展课程教学,可以在更高维度上激活、释放学生的学习潜能,使其取得更为可观、丰硕的学习、认知成果。通过构建校内外课程资源融合体系,家长和第三方教育工作者可以对学生在校内的常规学习和个性发展情况形成更有实效性的认识,用这样的方式来优化自身,协助、配合教师执行居家辅导、校外教育等工作,使学生能够拥有更为系统的课程学习、应用综合指导与保障框架,在客观层面上进一步确保了学生良好学习状态的形成、维系和发展。

2.有利于家校社和谐关系的进一步构建

依托于在初中教学中构建有效的校内外课程资源融合体系,学生家长能够更为方便、全面而深入地了解到学校、教师在优化课堂设计、促进教育成果共享、推进学生综合思维建设等方面做出的努力和取得的成就,也能更为真实地体会学生在上述引导下学习态度、效果的改变,从而在主观上对学校、教师的工作给予更大的配合。同时,社会教育单位也能够对一线教师的教学关注点、疑难点、出发点、回归点做到"心中有数",并以此为基础采取必要的措施去迎合、满足前者。

(二)在初中教学中构建校内外课程资源融合体系的问题

在初中教学中构建校内外课程资源融合体系的重要意义已为绝大多数教育工作者和有关责任主体所共同认识,然而相关工作的具体实践依旧存在着一系列亟待解决的问题,同时这也在客观上表明对应工作框架的构建还没有进入到真正完整的阶段。在笔者看来,在初中教学中构建校内外课程资源融合体系的问题可以被概括为以下几个主要方面。

1.体系构建主体的单一化

顾名思义,"校内外课程资源融合"所需要的是来自校内、校外多元主体的共同参与和同步配合,这样才能够在最大范围、最高维度上起到"集思广益""勠力同心"的合力作用。然而笔者在调查中发现,很多初中教育的课程资源开发、融合活动都被视为初中教育工作者的"专利",地方政府、学生家长、社会教育机构等同样负有相关责任的主体则未能扮演好应有的角色。

这一问题的存在,一方面导致初中教师所能够获得的课外课程资源将受到巨大的限制,教师无法从内容上、类型上和形式上拥有足够的资源融合渠道、窗口,制约了融合成果的形成、巩固和扩大;另一方面也让社会范畴内课程资源的整体储量长期无法实现增长,从根本上弱化了校内外课程资源融合体系的地基;而更为严重的是,除初中教育工作者外的教育责任主体将逐步失去配合前者进行教育资源融合、完善、发展的意识和能力,最终让学校、教师陷入"独木难支"的窘境。

2.体系构建分工不够明确

在校内外课程资源融合体系的构建工作中,一些地方的教育责任主体的合作表现出更为乐观的客观态势,彼此之间在一定程度上实现了较为完备的工作项目分化,这是值得肯定的。但是同时也要注意到,这些项目分化的标准大多不甚明确,不同责任主体的权责范畴有着较多的重叠或者空白,这就为主体之间由于工作思维、执行模式、作用内容的不同而产生资源消耗等问题埋下了隐患。

在这一问题的影响之下,初中阶段校内外课程资源的融合模式和路径难免存在较大的变数,学生、教师、学校、家长、教育机构和教育主管部门在资源的开发、分配、融合、利用的程度、形式、趋势、进度等方面也很难形成可观的合力,从而更容易导致相应资源质量、融合效率的断崖式下滑。除此之外,初中教师在这样的模式下,大概率会因为自身角色和社会身份的影响而承担起更为繁重的工作负担,这就进一步动摇了校内外课程资源融合工作体系的队伍根基。

3.联动渠道过于单一

校内外课程资源的融合需要的是丰富、多元的渠道,这些渠道应当呈现出较高的信息获取速率和更大的资讯获取范畴,同时也要为有关责任主体之间的交流提供更为有力的保障。笔者在调查中发现,时至今日,仍旧有相当一部分的初中教师以及其他教育责任主体拘泥于传统的沟通、合作模式,没有对以信息技术为代表的现代教育技术表现出富有针对性的优化利用意识。

受到这一客观问题的影响,初中阶段校内外课程资源的融合、开发、利用无法在效率层面实现破壁性的提高,相关工作的"变现"环节过于复杂,增加了工作流程中的"营养流失",对学生有关课程素养的培养、优化所能起到的积极作用十分有限;另外,信息技术等现代教育技术的应用本身也是对学生多维课程素养的变相培养、优化的过程,相应技术的应用缺失导致了关联课程校内外课程资源的"软缩水",使有关方面所存在的不足被进一步暴露出来。

(三)在初中教学中构建校内外课程资源融合体系的具体策略

1.运用信息技术赋能家校社教育新生态

针对学生开展的校内外课程资源融合、利用工作从核心上来看是对学生认知思维的一种引导、融合,而这项工作在传统模式下是很难做到生动、可视的——特别是对于认知体系尚不成熟的初中生而言更是如此。因此在构建校内外课程资源融合体系的过程中,初中教育工作者就要从这个方面下手解决必要的问题,利用信息技术来赋能工作的开展模块。具体而言有以下几个方面的工作要完成。

首先,学校、家庭和社会单位等责任主体应该在更深层面上构建起科学、有效、完整的课程资源融合、开发工作联动开展平台。具体而言,地方政府、社会教育单位、学校、学生家庭的主要责任人员、主要成员应进一步贯彻、落实正确的协同育人理念,构建起"'五维'核心素养并向发展"的联合教育系统,以综合形式吸收、融合社会视域下的教育资源,让和谐、健康的"核心素养"教育环境得到真正的构建。

其次,要从更高层面出发明确各个责任主体在协同育人机制创立、完善、发展工作当中的权责内容。地方政府要发挥出自身所具有的主导作用,在常规履责活动中表现出对教育事业的倾斜,对标社会主义核心价值观宣传、综合文化辅导机构审批和设立、社会实践教育等子工作项目,建立起家校社协同育人的复合式机制。学校应进一步发挥自己的教育主体功能,有步骤、有目标、有层次地实现"五维"核心理念内涵在道德与法治等关联科目中的元素渗透,从根本层面出发完善学校的育人体系供给链条。而学生家长则要更为准确地认识、认同"家庭是第一个课堂、家长是第一任老师"这一道理的科学性,明确"家庭教育"和"学校教育""社会教育"的权责边界和连接模式,主动学习、应用正确的家庭教育理念、策略来帮助孩子构建起正确的价值体系、自主学习体系和自我发展体系。此外,社会教育单位还要增强自身的育人支撑、补给能力,有效融合、开发社区内部和周边地域的道德、文化、社会教育、辅助资源,充分构建起科学、完整的社区育人综合管理体系。

2.实现共性需求与个性需求的供给平衡

"学习能力""道德修养""自我观念""健全人格"和"发展意识"这五个方面的育人工作是针对学生认知体系而进行的,一方面要照顾初中生群体在认知发展、心理建设和人格培养方面的共性条件、诉求,另一方面也要考虑初中生个体在同样方面所具有的个性资质,同时更要根据不同社会区域的"五维"核心素养教育条件来制定具体的执行方案。校内外课程资源融合体系的构建需要明确责任主体各自的"兜底界限",并要建立起覆盖社会全体的服务网络。就现阶段而言,我国地区之间存在着家庭教育发展方面的巨大差异性,很多农村地区——尤其是贫困农村地区的家庭教育活动并不能得到足够的协助资源。针对这一问题,校内外课程资源融合体系的建立必须要明确"兜底界限",始终坚持"公平化"教育原则,对"老少边穷"地区做出适当的倾斜,有效平衡家庭教育服务地区的供给维度和规模,力求让每一个家庭都能够真正享受到家庭教育指导的公益性服务。

现阶段针对家庭教育提供的校社服务一般具有很强的宏观性,只能够帮助家长解决一些一般性的问题,对具有不同经济条件、文化程度和性格的家长所面临的个性化问题缺少参考价值。所以,社会和学校应当对不同家庭所面临的核心问题进行深入调查、研究,结合学生年龄、性别、性格、家庭条件等的因素进行区分,完成"共性问题提炼"和"个性问题分类"两方面的工作。

3.加强线上线下统筹,实现优质资源流动

"五维"核心素养育人工作的综合开展对政府、社会教育单位、学校,以及家庭之间的校内外课程资源融合提出了必要的规范性要求,每个地区都需要借助

"大数据"技术,利用网络平台有机建立起囊括校外教育管理、校园课程教育服务以及校内外课程资源融合服务的线上教育的立体性系统。

对于校外教育主体的管理,首先要公示教育主管部门及其责权范围,围绕"五维"核心素养教育的内涵、步骤和现阶段任务来设计出明确、细致的标准系统,让相关机构、个人的资质审查工作拥有更为严格的流程。此外,校外教育主体还要对"五维"核心素养教育的内容做进一步研究,按照相关规定真实、主动地公示自身教育引导服务的内容,工作人员的信息和资质,并将部分资源向学生的道德建设、心理建设、价值体系构建倾斜。

对于家庭教育服务的过程管理,相关责任主体则要以学生家长的主观需求为核心导向,积极为家长提供一些道德教育、文化教育和实践指导方面的专业解答,利用大数据驱动等策略,通过更为有效的方式精准判断学生家庭的基本特征以及其在综合引导方面的个性诉求,同时依托于微信公众号、短视频平台和专题网站等平台、渠道来为家长提供更为生动、多元、丰富、实用的专业资料和信息反馈窗口。

4.完善家校社协同育人体系构建

(1)利用微课教学完善资源储备

结合日常教学经验便可得知,不少初中生家长十分乐意于配合教师完成相应的教学任务,但是往往因为自己并不具备必要的专业知识、技能而出现"好心办坏事"的问题;同时,虽然具有一定的专业技术,但是很多社会教育工作者的立足点和工作模式也和课堂教学相去甚远,其所能发挥出的作用也很有限。为了有效解决这个问题,初中教师应当让微课发挥其作用,以之为载体来实现对课堂教育内容、资源的有效存储,实现教育效能的长久强化。具体而言,初中教师不妨结合每一次教学的成分、主题、例题等来提前设计相应的微课资源,把对应知识要素的讲解过程、例题的解析步骤等作可视化的呈现,最后将这些影音内容全部打包、上传到相应的共享平台里,为学生家长的居家辅导和社会教育工作者教学素材的搜集、优化等提供保障。

(2)利用互动实践作业优化执行体验

现代社会,人们的生活节奏日益加快,无论是学生家长还是很多社会教育机构,都越来越缺少必要的意识和时间去引导学生开展更有代入感、趣味性的知识实践活动,甚至将之视为一项"负担"。从本质上来说,这一问题的产生是由于不少家校社协同育人活动的开展未能为家长、社会教育工作者的充分介入提供必要的渠道。立足于这一客观事实,初中教师需要在课后作业的设计当中,有意识地提升互动性更强的实践综合作业的比重,使学生、家长和社会教育工作者都能以不同角色、从不同角度、以不同方法来执行自身的任务。一方面给学生创造更为广阔的知识、技术应用天地,另一方面充分让学生感受到学习、应用的乐趣和价值,同时让家校社三方的合作拥有更为丰富的基点,可谓是"一举三得"。

（3）利用家校社日常交流平台,丰富综合教育档案的信息获取路径

初中教师在构建家校社协同育人机制的过程中,需要联合学生家长和社会教育工作者共同完成综合教育档案的建立、健全工作,以之为主要依据来对学生在学习方面表现出的多元要素做进一步的搜集、整理、汇总、开发和利用,借助前端成果,在教学的内容、形式和评价标准上实现对学生的"有的放矢"。初中教师不妨将学生在校期间的课堂学习表现及时向家长反馈,同时与其讨论相关问题的成因和解决路径。在完成一定阶段的检测或课程复习后,可以将用到的试卷、学习资料和考情等共享给合作的社会教育单位、个人,并从后者那里获取对应的分析反馈,并将其补充到相应的档案内容当中,从而给自己后续的课堂教学优化提供明确的方向。

六、线上线下课程资源精准整合

随着互联网技术的发展,线上线下混合教学模式给教育领域带来了新的改变,提供了各种可能。在新的形势下,"互联网+"的发展给教学提供了多样的手段和丰富的教学资源。手机、平板电脑等工具的普及打破了传统教育的格局,"互联网+"是长久趋势。如何充分发挥线上线下各自教学的优势,精准整合好线上线下课程资源,使学生收获更多知识,已经成为当下需要研究的一个重要课题。

（一）教学方面线上线下课程资源的整合

1. 课前预习

首先在作业布置形式上,可以直接上传图片、音乐、视频、网页、电子文档等供学生预习,开阔学生的眼界。多样的作业形式和内容,更能激发学生的学习

热情。在检查形式上,教师可以直接通过平台的后台数据,检测学生的预习登录时间、点击次数、阅读时长等,通过这一系列数据,可以间接了解学生预习情况的好坏。另外在平台上上传作业,也使教师能快速看到学生的作业,学生也能在短时间内得到教师的反馈,针对自己预习的不足做出调整。并且在预习过程中遇到问题,还可以成立线上讨论小组,例如微信群、QQ群等,让学生交流自身预习所得,通过互帮互助的形式使学生不断提高自身的学习水平。而传统课堂本身具备当面教学的优势,在线上预习的基础上,更加有利于学生在课堂上畅所欲言,表达自己的想法,充分展示自己,进而调动课堂氛围,提高学生学习的积极性。

2. 课堂教学

传统课堂以线下的面授为主,教师与学生面对面地通过语言、眼神、肢体动作等完成一个完整的教学过程。学生在听课过程中可以随时与教师互动,遇到疑难问题可以暂时打断授课进程进行发问。但传统课堂也存在有的学生因听不懂或者其他原因一时走神,导致在课堂知识推进方面产生断层,无法有效跟上教师脚步的情况。而在线上课堂学生可以选择暂停、重复播放等方式进行反复学习,直到听懂为止。在听懂的基础之上再决定是否要进入下一个学习环节。这样就有效保证了学生的学习是一个连续有效的完整过程。如果说线下授课有效保障了大多数学生能随时与教师保持互动和沟通,满足了大多数学生沟通的需求,那么线上教学则更加有效地针对学生的个性差异,保障了个体对知识的有效接受。所以在此基础之上,教师完全可以有效整合线上线下的各自优点进行教学。

教师可以提前针对疑难点录制微课。该微课不仅可以在课堂上播放,同时还可以传到相应的网上教学平台供学生下载,使学生可以在线上学习。如果学生在课堂上没有听懂,还可以结合自身情况反复看,直到看懂为止。线上的微课可以针对课堂内容的难点来录制,进行重难点突破,将重难点突破和学生的线下自学结合起来,充分调动学生的自主性,提高学生的学习效果。另外,一堂课结束之后还可以采取调查问卷等方式了解学生的薄弱板块,针对薄弱点通过另一个微课来进行集中讲解。除此以外,线上线下相结合的方式有利于学生碎片时间的使用,将只能在教室集中上课改为了随时随地都能上课;有利于学生针对自身差异进行有效调整和补充,防止因为课堂一次听不懂而产生知识接受方面的问题;有利于教师随时接受学生关于课堂的反馈,对课堂所讲授的疑难或薄弱点进行重点讲解和补充。

3. 课后辅导及作业

在校的辅导主要分为两种形式,一是学生发现自身学习的不足,课后与教师进行沟通,由教师进行相应的指点。二是教师在平时学生的作业、检测中发现问题,对学生进行主动辅导和答疑。这两种形式的辅导尤其集中于下课后的十分钟时间内。这种方式带来的问题是,不管是教师还是学生都会被这十分钟时间所局限。十分钟时间未必能保证教师在这段时间内解决该生的问题,也保证不了教师能解决剩余学生的问题。所以线上线下相结合进行课后辅导,成为满足更多学生需求的一种方式。

首先,线上课后辅导不受时间空间限制,无论是假期还是平时放学之后,教师都可以对接到学生,进行辅导答疑。其次,线上课后辅导方式更加多样化。传统答疑一般由教师口头讲解,线上则可以分享更多资料,如视频、文字、图片等,使讲解方式多样化。最后,课后辅导的主体也可以发生相应的转变。例如让学会某个知识点的学生录制一个微课,分享到群里,供大家学习和讨论,教师在旁指导。

课后作业可以借鉴线上预习作业的方式,实现作业布置方式多样化、提交方式多样化。线上学习平台也可以让学生提交线下的作业,通过平台自动统计学生提交作业的情况,减轻了班干部收发作业的任务量。

4. 对学生的评价和展示

对学生学习成果的评价和反馈,一是教师在批阅作业的过程中进行书面评价,二是在课堂或课后对学生进行口头反馈。传统教学模式对学生的评价和反馈形式相对而言比较单调。

例如作文,学生交换作文本互评可能是有限地展示给其他人的机会,但这仍然避免不了读者单一的情况。个别学生会因为作文优秀而被教师当众表扬,但其他作品其实也有它的闪光点。由于教室条件有限,也不大可能同时展示每个学生的作文,所以绝大多数学生的作文只有一两个读者:教师或父母。长期以来,读者的缺乏、反馈的缺乏会使学生形成惰性思维。可以通过增加读者,将单一的作业评价和反馈变为一种公开的评价与反馈,以此来增加学生的荣辱感,从外部刺激学生更加负责地对待自己的作业。同时阅览他人作业,也可以让学生互相监督,学习他人的优点,在学生群体中形成一种竞争氛围。

例如：在笔者进行的寒假作文训练中，每个人上交自己作品的方式是在微信小组群里提交。学生的作品能被每一个参加作文兴趣小组的同学阅读。同时笔者也会每天把他们的作品分享到自己的微信朋友圈，最大可能地让更多的学生和家长看到他们的作品。在这个过程中，学生的作文片段练习有几大改变：片段字数增多，写作时间增多，修改遍数增多，文字更加优美。

此训练通过以上方式，使文章读者由教师扩大到了微信小组内其他同学，并进一步扩大到班级其他同学和学生家长。最后我还以微信公众号的形式发表学生作文，家长的转载也使作文阅读群体进一步扩大。同时其他学生和家长在微信群、朋友圈、公众号里的肯定评价也可以增加学生的成就感。

线上学习方式使学生的作业得到了更多展示的机会，他们不仅能得到及时的评价和反馈，也能得到来自除教师以外更多人的评价和反馈。

5. 课后检测

课后检测是督促学生学习、了解学生学习情况的重要手段。寒暑假学生居家时间较长，学习缺乏监管，尤其在完成寒暑假作业方面容易缺少规划，所以为了避免类似情况的发生，课后检测可以采取线上检测的方式来进行。首先对学生作业完成情况进行统一规划，然后分阶段对该阶段的作业完成情况进行检测，以此来督促学生养成良好的学习习惯，培养合理规划时间的能力。

以往的检测通常通过线下方式进行，但在线上学习期间，通过腾讯视频、微信视频通话等方式，实现"云监考"是完全可行的。"云监考"等形式，为假期学习检测提供了可能。保证移动设备录制功能的开启、严格按照固定时间进行收发试卷，由教师组织监督，由家长从旁协助，完成"云考试"是可行的。

最后在检测方式上，出于对学生的考虑，不一定非得采取试卷测试的形式进行检测，可以灵活处理，通过开展形式多样的活动来达到检测的目的。例如可以进行线上知识竞赛、把考试变成通关升级等，以此来增强学生学习的积极性，这样更能够让学生接受。

（二）管理方面线上线下课程资源的整合

1. 构建完善的班级管理制度

班级管理，制度先行。在日常学校学习中有班规，有校纪，目的是以规章制度治理班级。以规章制度治理班级可以达到以下目的：首先可以明确告诉学生哪些是对的，哪些是错的，哪些可以做，哪些不可以做。在此之前需要向学生阐述清楚,这些班规校纪设置的原因和目的。在达成理解和共识的基础之上,要先让学生明事理,而非简单武断地用条条框框来限制学生、约束学生。其次,依规治班可以减少矛盾的发生。在学生犯错之前告知学生哪些事情不可以做,可以减少学生犯错的可能。当学生违反班规校纪时,教师可以根据班规校纪进行相应的处理,而非以个人倾向和感情为依据进行处理,可以减轻学生的抵触心理。最后,依规治班可以将班主任从日常琐事中解放出来。依规治班,按照学生犯错类型进行公正处理,凡事有规可循,有法可依,可以让班主任处理各种事情更加得心应手,节省时间和精力。

线上学习同样需要严格的班级管理制度。初中生本身缺乏自律能力,如果没有外界的约束,很难有效开展学习。所以严格的班级管理制度是使学生进入学习状态的前提。在校期间要求的课前准备、作息时间、上课听讲、作业上交等都可以通过制度进行约束。例如网课之前,学生究竟是否按时坐在了电脑前准备上课,班主任隔着屏幕也很难得知真实情况。因此我们有必要建立完善的签到制度,以此来督促学生按时在线学习。对于没有按时完成作业、上课不认真的学生,有必要在制度层面进行相应的督促。适当的外界压力,有助于学生快速进入学习状态。建立严格的班级管理制度,对于线上学习有重要的意义,可以增强学生的纪律意识,营造出良好的学习氛围。

2.加强家校合作

在教育管理过程中,班主任毫无疑问发挥着主导作用,但家庭作为教育的"第一课堂"同样发挥着不可替代的作用。在校学习期间,有效的家校沟通可以让班主任快速了解学生的状态,找出其学习方面的症结所在。如果只单方面依靠班主任,而忽视家庭的作用,并不能完美地达成教育孩子的目的。在线下教育过程中,家校合作发挥着重要作用。

线上学习期间,很多家长缺乏有效的管理手段。绝大多数家长都是第一次做初中生的父母。初中是孩子的叛逆高发期,如何对孩子的居家学习进行有效管理,成了很多家长比较头疼的问题。所以在方法手段上班主任要提供专业的指导。另外线上学习也为家长和教师提供了一个绝佳的分享交流平台,教师可以组织家长分享关于如何与孩子相处的心得体会,使行之有效的方法手段能够惠及更多人。

最后,线上学习也为家长和班主任提供了一个更加便利的平台。线上学习可以通过腾讯会议、钉钉、微信等将召开家长会变成一个较为轻松容易的事情。学校通过家长会,将较为普遍的问题进行集中处理,有利于家长和学生经验的分享,有利于学校工作的快速传达和安排。

3.学习小组的有效利用

在校学习期间,学习小组可以让学生之间互相督促、帮扶,进而实现小组和小组之间互相竞争的目的,提高学生学习的积极性。在线上学习期间,学习小组发挥了更加多样化的作用。

首先,可以发挥组长的引领作用。线下学习,组长可以通过为组员答疑的方式,帮助组员提高学习成绩。线上学习可以将这种答疑方式转变为更加普遍、多样的形式,例如录制答疑小视频、在微信群里分享学习方法、监督组员完成相应的学习任务。

其次,可以增强组员学习的积极性,让组员感受团队力量。构建线上小组群,可以让该群成为学习的讨论群。不仅可以让组长帮助组员,还可以让组员畅所欲言,充分表达自己的想法和思路。例如针对群里提出的某道难题,可以有多种解法,一人计短,三人计长,小组探讨不仅可以让其他组员得到帮助,也可以让组员相互补充,共同进步。

最后,小组群可以由学生基于兴趣或者需要自行组织成立,变成兴趣群。

4.加强学生心理教育和疏导

居家学习期间是学生心理问题的高发期。学生每天学习的内容较为枯燥单调,并且处于较为封闭的环境中,缺乏与同伴的沟通交流。另外,在自律性方面的不足使他们极其容易和家长产生矛盾冲突。居家学习期间,学生原本在校存在的各种学习习惯问题也暴露在了家长面前。另外,和其他家庭孩子的对比,容易使家长产生焦虑情绪,这种情绪可能会传递给孩子,给孩子造成心理方面的影响。所以针对上述情况,可以利用线下管理经验进行线上心理疏导。

学校可以组织线上班会,利用主题班会开展心理板块的教育,教导学生如何调节自身心理状态,如何加强自身的心理建设;还可以从人际沟通的方式方法、面对考试的心理准备等方面进行教育教学,以此来增强学生的抗压能力和心理调节能力。除此以外,线上班会不一定要采取讲授的方式,还可以组织学生参与心理相关的小游戏。通过游戏,可以增强班会的趣味性。首先,班会也可以成为分享课。其次,可以开展丰富有趣的活动,使学生完成心理调节。例如,通过组织云生日会,表达对同学的祝福,使学生感受集体的温暖。通过美食制作与评比,展现学生居家生活心灵手巧的另一面,同时通过云品评美食,提高学生的语言表达能力,转移学生一直埋头学习的注意力。类似的活动有很多,原本的线下活动转移到了线上,可以有效增强班级凝聚力,起到疏导学生心理、缓解学习压力的作用。最后,还可以利用社会资源,请相关心理专家和教育专家开展云宣讲。例如将学校在疫情之前组织的大型线下讲座转入线上,针对学生频发的心理问题,邀请更加专业的社会人士,提出更加专业的解决方法,加强学生的心理建设。

5.加强学生居家体育锻炼

居家学习期间,学生居家时间大幅增加,体育锻炼相应减少,尤其是户外锻炼面临着巨大的困难。如今虽然转为线下学习,但学生在寒暑假期间的锻炼依然是困扰着教师和家长的一大难题。体育锻炼不仅有利于学生的身体健康,也能使学生保持良好的心态,以更加充沛的精力投入学习,对此班主任可以进行相应的指导和督促。

首先,可以开发居家锻炼方式。例如南渝中学体育教研组录制了在居家条件下的锻炼视频。针对学生居家情况,使学生的居家锻炼在有限的空间内达到最佳锻炼效果,不盲目,有科学的指导,帮助学生快速提高身体素质。

其次,可以线上发动家长陪伴孩子进行锻炼。如果孩子居家进行体育锻炼,家长只是旁观,这样很容易打消孩子锻炼的积极性。因此,可以发动家长陪孩子一起锻炼,并且录制视频传到微信群。这样既可以让家长起到表率作用,带动孩子动起来,又可以让家长孩子互相鼓励,共同达到锻炼的效果。同时,这种亲子锻炼也是亲子沟通的一种有效形式。一起锻炼的视频保存下来,也会成为他们以后珍贵的回忆。

再次,还可以进行线上体育比赛,体现体育的竞技性,形成居家锻炼的竞争氛围。例如可以进行线上的跳绳比赛,利用视频共享的方式,在一分钟内跳绳并且计数,然后上传数据,进行云比拼。同样,中考体育项目例如实心球、跳远等都可以采取云比拼的方式进行。利用线上有效途径也可以达到线下体育比赛类似的效果,使学生养成良好的锻炼习惯,增强身体素质。

最后,还可以利用各种线上锻炼App提高学生居家锻炼的积极性,例如天天跳绳App可以实现在线监测学生跳绳数目、速度,并有在线鼓励、在线比拼等功能。这些App能明显提高锻炼的趣味性,激发学生锻炼的积极性。

总体而言,线上教学可以有效为线下教学提供支撑辅助,而线下的班级管理手段同样可以在线上使用。只有更加精准地整合线上线下的课程资源才能更加高效地达成最终的育人目标。

七、劳动课程引领的"五育"并举课程资源精准整合

(一)南渝劳动基地课程的体系化的政策支撑及理论支撑

2020年7月,教育部印发了《大中小学劳动教育指导纲要(试行)》,从性质和基本理念、目标和内容、劳动教育途径、关键环节和评价、学校劳动教育的规划与实施五个方面对劳动教育提出了指导性的建议,为劳动教育的开展提供了政策性依据。

1.具身学习理论

相较于文化知识偏重理解、记忆、思考的理论性学习,劳动课程知识更具实践性和开放性,要在劳动教育中实现"五育"并举,则更需要兼具综合性与针对性。从这个意义上讲,劳动教育具有具身学习的鲜明特点。

具身认知理论认为,身体、认知和环境作为认知的三个核心要素相互依存,密不可分。根据认知途径的差异,我们把具身认知分为以下三个类型。(图3-9)

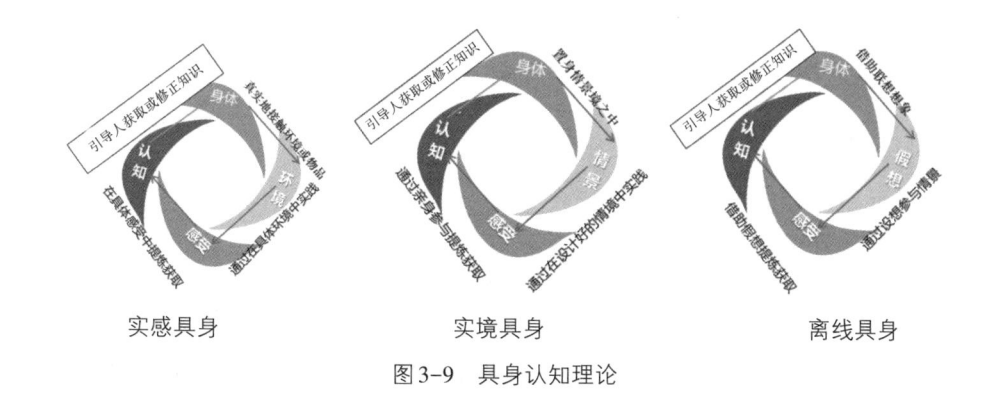

实感具身　　　　　实境具身　　　　　离线具身

图3-9　具身认知理论

具身认知的研究中,身体在认知活动中处于"嵌入"状态,无论是实际环境的嵌入还是虚拟情景的嵌入,身体都会是认知的起点和终点。我们通过身体力行的实践探索,在环境中获取感受,并借助一定方法形成经验性认知或知识性认知,从而知道人通过获取新知识或者修正旧知识去进行下一次有益有效的探索。具身认知理论的实证研究表明:具身性的行为可以强化态度;可以具象化概念从而加深人对概念知识的理解;还可以提升人的记忆效果。对于劳动教育而言,此理论颇为契合我国传统的认知模式:知行合一。

2. 多元智能理论

20世纪80年代,美国著名教育研究专家霍华德·加德纳教授基于大量的研究,提出了影响深远的多元智能理论。该理论指出学生成长中所受教育应当致力于发展语言智能、数理逻辑智能、音乐智能、空间智能、身体运动智能、人际交往智能、自我认识智能、认识自然的智能等八种智能,并将这些智能的价值定义在某一特定文化或特定环境中。(图3-10)

图3-10 多元智能理论

这个理论为特色班级建设提供了多元路径。借鉴这个理论,学校的班级管理以发展学生多元智能为旨归,以学校劳动课程为支点,营造班级特色文化氛围,以文化人,让学生在"五育"融合教育中全面发展。

(二)劳动教育条件保障与专业支持

为保障劳动课程的有序、安全推进,我们为该课程提供了以下保障和支持。

1. 专职教师和班主任共育的双师制,既保证安全,又保证"五育"共融

不同于过往单纯的体力劳动、消耗型劳动,当下劳动教育主要体现在育人上。育人是目的,劳动教育是手段,所以在劳动技能的获取之外,当下劳动教育

更加注重劳动的具身认知,秉持"知行合一"的理念,在劳动中对学生世界观、价值观的形成施加影响。

这就要求教师在劳动课的安排上不能只是进行专业劳动技能的传授,还需要进行知识、境界、格局的引领。所以,学校的劳动课程实行双师制,既安排专业的教师传授劳动技能,也安排班主任或科任教师进行及时的思想引领。同时,双师制的推行在后期一些电气化设备的使用上更能保证课程推进的安全性和有序性。

2.专属场地专有利用,保证学生得以知行合一,身体力行

为更好地实现劳动教育的有效推进,我们在校园设立了"耕读园"学农劳动基地,并为每个班级划分了土地。学生在教师的指导下亲自开展劳动,在身体力行中实现知行合一。

涉及家庭的劳动教育,则要求学生在家长的陪同或引导下,自行完成相关的家务劳动并打卡。

3.家校共育的视野保障了全方位育人的劳动教育基础

孩子的成长不只是发生在校园中,从更加长远来说,孩子必然会回归家庭。而劳动课又是一门特别注重实践,注重持续训练的课程。所以,学校需要打通家校之间的阻隔,整合家校课程资源,与家长携手,全方位育人。

(三)南渝劳动课程设置体系化的实践探索

依据《大中小学劳动教育指导纲要(试行)》,重庆市南渝中学校提出了建课的核心理念:通过劳动课程,培养劳动观念,体验劳动过程,学习劳动技能,养成劳动习惯,享受劳动成果。以培养健康成长、全面发展的人为目标,在劳动中实现"五育"并举,"五育"共融。

在以上理念的指导下,我们为南渝劳动课程设置了以下内容。

1.基于劳动技能获取的劳动教育

该部分内容主要是为了培养学生的劳动观念和能力,首先要求他们获得基本的劳动技能。为此,针对七年级学生,在校内我们主要依托"耕读园"学农劳动基地完成劳动教育,设置了诸如"认识农具""认识土壤""认识农作物""了解耕作技术"等课程。以"了解耕作技术"为例,本部分内容我们主要讲授翻土、平场、栽种技巧、除草的时间及注意事项等,以期教会学生基本的耕种与养护技能。

2.基于有效家庭成员的劳动教育

我们要界定清楚的概念是"有效家庭成员"。所谓有效家庭成员,即指能在家庭生活中起到作用的家庭成员。从现实意义上讲,"学农"活动更多的教育在于价值观教育,让学生体会劳动过程的辛苦,明白劳动成果的来之不易,学会尊重劳动者,珍惜劳动成果。学习劳动技能,从技能本身的实用性上讲,意义不大。

但是,做一个有效的家庭成员,几乎是孩子在家庭生活中离不开的目标。我们不能在家庭之中只享受福利而不承担责任与义务。所以,基于这一目的,借助家校协同的手段,我们为八年级学生设置了"内务整理""厨艺学习""家政学习"等家庭劳动课程。

3.基于公民素养培养的劳动教育

所谓公民素养,指当代公民在生活中必须具备的生活技巧、素质或能力。比如会简单的修理技巧、会简单的手工制作、会美化缝补衣衫、会修整花园等日常生活中涉及的能力技巧。

基于此,我们设置了"手工制作""园艺修剪""服装设计与缝纫"等劳动课程,通过这些课程教会学生做电子LED身份牌、切割焊接等,也有学生在"服装设计与缝纫"课的学习中学会了设计简单服饰,以及基本的缝纫技能等。而且这些课程与美育联系紧密,是学生成年后依然会需要的生活技能。

4.基于传统文化传承的劳动教育

中华文明根植于农耕文化,故而在劳动教育中除了教给学生农业常识及劳动常识外,我们还需要引导学生理解和传承传统文化。在设计"耕读园"劳动课程时,针对七、八、九年级的学生,学校分别开设了与传统文化相关的课程。比如在七年级开设"二十四节气物候观察""认识五谷"等基础类传统文化课;在八年级开设"认识中药""食药同源""四季的劳作之诗"等课程;九年级则规划出园子来,为"认识诗经的花与草""粮食的发展史"等课程的开展做准备。

(四)南渝劳动课程的育人与实施策略

1.点状学习与个体体验

在课程体系的设置上,以独立的课程知识点情景化学习作为劳动教育的课程突破手段,以这样的方式增强学生的个体参与感、体验感和劳动知识的获取感。点状学习以情境创设为手段,主要用于基础知识的获取教学和难点知识的突破。比如我们为初一年级学生安排了"认识农具"课,就把农具收纳房作为教学场所,而"插花基础"课就可以利用视频进行基础知识的教育、工具的认知和情境的创设。

2. 网状交互与群体获得

一名学生个体身份的多样性以及这种多样性的自我同一性,决定了他所需要接受的教育应该是全面而同时的。知识群的学习是以个体为中心点连接各方形成网状结构的交互式学习,知识具有个体性,同时又带着群体性,涉及四个范畴的劳动课程,其实是一个网状交互的课程体系。学校把劳动教育放在了家校社协同育人的视域下思考课程内容,在跨学科、深度学习的大概念教育体系下实现"五育"并举,"五育"共融,全面育人。

比如,我们在劳动教育中会渗透适当的文化课程,组织学生认识五谷,并学习厨艺,对自己种植的农作物进行加工,同时也让学生明白五谷代表的农耕文化意义,然后将劳动教育与历史、地理结合起来,分析为什么五谷会成为中国的主要粮食。这一课程内容在体系内的交互体现在其分属四个范畴的劳动教育内容。要完成该课程,需要联合家庭共同进行,实现了家校协同。另外,在对五谷的文化意义进行解读的同时,结合了智育、美育等内容,在学科融合中实现"五育"并举。

3. 塔式上升与知行合一

基于学生身心认知的成长性,我们的课程模型建立为塔式上升型。所谓塔式上升,就是从四个方向立面,把劳动技能获取的劳动教育、家庭有效成员的劳动教育、公民素养培养的劳动教育、传统文化传承的劳动教育作为整个课程的支柱,能力层级螺旋上升。比如劳动技能的获取:初一主要从学农劳动入手,操作性和安全性都能得到保障;初二开始,学习厨艺、电气信息结合的手工制作,能力层级就调高了,从粗犷到精细,对学生的执行力和注意力以及安全防护意识都有了更高层次的要求。这种课程范畴统一但内容及能力分级的设置方式就是塔式上升课程模型。

南渝劳动课程,以具身认知为理论指引,坚持知行合一,不仅强调劳动知识的获取,也强调知识的实践,让学生在认知与实践共融的具身认知中获取真正的劳动技能和劳动自豪感,实现"五育"并举、"五育"共融的教学目的。

(五)劳动课程的动态多元评价策略

劳动课程体系的建立,最重要的一环在于评价体系,不同于智育、美育、体育等课程的评价容易量化。劳动教育如果量化,就实现不了过程育人,不能准确判断学生的劳动课程学习效果,比如劳动意识的培养根本就无法出题进行量化评价。但是,所有的课程学习行为,都应该有一个相对客观的评价标准,才可以体现出课程实施的效果,也体现出课程实施的意义。

在《中共中央 国务院关于全面加强新时代大中小学劳动教育的意见》中将劳动素养纳入学生综合素质评价体系。以劳动教育目标、内容要求为依据,将过程性评价和结果性评价结合起来,健全和完善学生劳动素养评价标准、程序和方法,鼓励、支持各地利用大数据、云平台、物联网等现代信息技术手段,开展劳动教育过程监测与纪实评价,发挥评价的育人导向和反馈改进功能。

基于此,重庆市南渝中学校将传统教育与信息技术手段相结合,形成了动态多元、兼顾过程与结果、可量化的评估手段,具体如下。

1.关注过程,劳动打卡

劳动课程是综合性及实践性很强的一门课程,需要关注习得过程,对劳动过程进行过程性评价。我们采用了云平台等信息技术手段,为学生的劳动过程打卡并记录,每周从中在线票选出打卡保持得好、劳动效果好的学生的作品,利用学校官方微信公众号等平台进行公开展示。目前为止,我们开展了家务收纳整理打卡、日常生活劳动打卡、在家种菜养护打卡等活动,并把这些打卡活动作为一学期劳动课程评价的一部分。

2.开展比赛,劳动展示

每当一个劳动技能经过一个教学周期,学生习得该技能后,我们就会组织相关的技能比赛,此类比赛在设置时会充分考虑参与面的广度,尽量实现全员参加;也会和其他学科相结合,体现劳动教育的综合性。比赛中,学生不仅仅进行技能展示,也会被要求讲解在该段学习中的收获和体会。评价人员除了有相关课程的教师,也会有其他具有一定专业知识的教师,每个学生或班级获得的名次将作为期末课程评价的要素之一。

比如厨艺比赛,我们要求学生在家长的陪同下挑选材料,自行加工做好一道菜,并要求学生能将自己的做菜流程一一叙述出来,做成专有菜谱,配上图进行展示。

3.共劳共建,劳动分享

劳动教育不仅能培养学生的劳动习惯和能力,也能培养学生协同做事、相互配合的协调能力。同时,共同参与劳动,也是增进团队凝聚力,增进同学、亲子、师生之间情感的一种有效手段。所以,我们为学生设立了劳动打卡记录活动,以班为单位,按日记录班级劳动、日常劳动活动,以及劳动课程教育等,培养学生关注生活、关注团队的习惯,也培养学生以劳动为荣、为乐的心态。

对于劳动成果,我们也会引导学生学会分享。比如学农活动中,很多班级往往会收获蔬菜或者粮食。班级通过共同加工将其转化为食物,然后在食堂进行全班同学的大型聚餐分享;也有的班级种了红薯,将这些红薯蒸熟后做成红薯泥,用做月饼的模具做红薯月饼共庆中秋。通过以上手段,共劳共建,劳动分享,并借此来评价劳动过程及结果的有效性。

八、初中学校课程资源精准整合的课例分析与评价

学科课程是学校教育的初级形式,在学校教育中占有重要地位。为充分发挥学科育人功能,提高课堂教学质量和教师教育教学能力,遵循教育规律和学生发展规律,减轻义务教育阶段学生的学业压力,构建良好的教育生态环境,促使学生在学科学习中健康成长、发展核心素养、获得必备品格和关键能力,这就需要教育教学工作者对纷繁的学科课程资源进行筛选、创新与整合,积极整合学科课程资源。下面将对学校的学科课程整合情况进行简单介绍。

学科课程整合,是指在时代对人才要求的大背景下,结合课程标准、教学大纲与教材内容,根据教学思想和学生学情,对学科教学资源进行有效的筛选与整合,从而达到助推教师专业成长、提高课堂教学质量、发展学生核心素养的目的。学校对学科课程资源的整合主要可分为教学内容的整合、项目化教学活动的整合与特色课程的整合。

1.教学内容的整合

教学内容是学与教在相互作用过程中有意传递的主要信息,一般包括课程标准、教材等。在过去,人们常常会将教学内容与教材等同起来,认为教材上有什么,教学内容就是什么。随着教育改革工作的推进和教育理念的更新,教师更加关注学科教学和学生发展之间的关系,会立足于时代需求、学生收获、社会

资源去思考教学设计，使得教学和评价更加多元丰富。教师需要立足课标，以教材为主、教参为辅、学情为基，对身边相关资料进行细读、研磨、辨析、筛选与整理，最后整合形成一套有内涵、有深度、富有创造性与针对性，能帮助学生建立知识体系，助力学生学习呈螺旋上升式的教学资料，通过恰当的教学设计，使不同层次的学生在每一节课中都有收获。

(1)立足课标与学情下的教材整合

教材是构成教学内容的核心要素，也是教师的第一手资料，它对教学的重要性不言而喻。当代的教育提倡教师走进教材，吃透教材，用好教材，超出教材，而不是按部就班地依据教材内容与课时安排进行教学，无思想地教教材。一线教师需要结合学校学生学情、学科特点和知识之间的内在联系，基于课标要求和学生学科素养发展，充分地整合教材内容，创造性地使用教材，并能在有限时间内充分发挥教材的育人价值。

①教材内容的合理补充

由于教材篇幅的限制，有时教材可能并不会含有对内容理解有帮助的所有信息，尤其是与文学相关的科目。因此，为了更好地帮助学生理解文本，发展学生的素养，教师往往需进行有关背景、缘由、意义的补充，具体形式可以是资料讲述，也可以是问题探讨、总结归纳。

比如：一位教师在处理刘禹锡的《陋室铭》这篇古诗文时，除了对文中关键字词的介绍，对"何陋之有"深意与"惟吾德馨"看法的探讨交流，对"之"字用法的总结介绍等教材内容外，还通过朗读和明义，借助几个问题串，让学生在思考与交流中体会"为什么题为《陋室铭》，但开头却从山水写起"，以及"陋室不陋"，但为什么要写"诸葛庐"与"子云亭"，并对文中的一些关键字词进行了赏析，最后介绍了写作背景和刘禹锡的生活经历。

通过上述补充，学生不仅能从朗读中整体感知诗文的雅致，还能体会到诗人在一山一水，一苔一草，一庐一亭，一琴一经中所寄予的情感，充分认识到这篇不加标点共81字的骈体铭文，诗句文雅，陋室雅致，主人雅情，从而感受诗词的真正意境和作者的高洁情操，以及不与世俗同流合污的人生追求。

②教材内容的适当选择

一堂课的时间有限，如何在有限时间内突出重点，突破难点，实现教学目标，并达到好的教学效果，是教师需要思考的问题。由于教材的编写具有区域与学生层次上的广泛适用性，其中的内容可能会过多，教师不可能在规定的课时内完成所有内容,或是其中内容对班级学生来说很简单,一味地讲解或是练习帮助不大。因此,为了实现一堂课的效率最大化,便需要教师结合教学大纲与课标要求,对教材中的内容进行合理选择,能够通过删除、替换、补充等教学手段,使教学活动活跃于学生的最近发展区,调动学生的积极性,让不同层次的学生收获解决问题所带来的成功体验。

比如,一位教师围绕"理解正弦和余弦定义,会求直角三角形中锐角的正弦、余弦值"这一教学目标,对例题进行了选择,通过选用、替换、组合和调整,最后将例题确定如下:

例1. 如图,在Rt△ABC中,∠B = 90°。

(1)若 sin A=0.6:①AC = 200,求 BC;②AB = 20,求 AC。

(2)若 cos A=$\frac{4}{5}$:①AC = 200,求 AB;②AB = 20,求 AC。

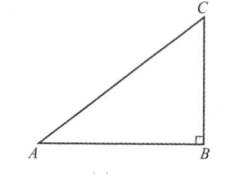

③在②的条件下,此时 sin A,sin B,cos B 分别等于多少?你发现了什么数量关系?

例2. (1)在Rt△ABC中,∠BCA = 90°,CD 是 AB 边上的中线,BC =8,CD =5,求 sin∠ACD,cos∠ACD 和 tan∠ACD。

(2)在等腰三角形 ABC 中,AB=AC=5,BC=6,求 sin B,cos B,tan B。

例3. 在△ABC中,AB=5,BC=13,AD 是 BC 边上的高,AD=4,求 CD 和 sin C。

其中,例1(1)的第1个小题选自教材,其余题目属于做一做、随堂练习2、知识技能1、联系拓广3的综合改编,考查学生对正弦、余弦定义的理解与灵活运用,并从中发现一个锐角的正弦等于其余角的余弦,一个锐角的正弦和余弦的平方和为1;例2的两个小题选自教材中的随堂练习和联系拓广,两小问的共同特点为所求角都是在一个非直角三角形中,区别之处在于第一问可以将角进行等角转化,第二问需要构造直角三角形;例3选自教材中的联系拓广,但将书中∠BAC与90°的大小关系删掉,需要学生具有分类讨论的意识,考虑 AD 是三角形的形内高,还是形外高。

以上例题来源于教材,又不同于教材。教师结合课标要求,围绕教学目标,对教材中的例题进行了分析、选取、调整,最后确定了以上三个例题。例题的设置遵循简单运用、熟练掌握、灵活运用三个基本原则,可以说是层层递进,逐步升级。通过练习,学生达到熟练基本定义、掌握基本方法、积累基本技巧、提高分类意识的目标。同时,教师结合班级的情况,将书中的练习集中在三道题中,使练习更有针对性、更具效果,避免了重复性练习,同时也使不同层次的学生都有所收获。

③教材顺序的适当调整

教材具有很强的完整性、系统性、指导性和权威性,但权威不等同于完全遵从,系统也不等同于按部就班,教师可以根据备课组的规划和教学观察与思考,结合学生的心理特点、思维水平和认知结构,在充分理解每章节内容的情况下,在更能发挥系统性功能和更有利于学生知识理解和衔接的条件下,围绕大单元教学的背景对教材的顺序进行适当的调整。

教材顺序的调整并不是一件想当然的事情,需要站在学生知识理解的高度出发,用整体的眼光思考衡量。例如:初中数学有三大板块,分别为代数、几何和概率,而教材中的编排确实将这三大板块的内容交错分布在各学段,那为了体现知识的完整性和系统性,我们是否可以分板块进行学习呢?站在系统的维度,当然可以;但站在学生认知水平和学习任务难度的两大维度,却是相当困难。因为几何学习需要学生具备很强的逻辑推理能力和形象思维能力,难度大,如果一个学段全进行几何教学,会导致许多几何能力薄弱的学生逐渐脱轨,加速两极分化的出现,加大教学的难度,同时也会逐渐消磨学生数学学习的兴趣。

因此,教材顺序的调整需要从知识内容和学生理解这两个角度进行考量,若考量到位,适当调整教材顺序,可以降低学生知识理解的难度,有利于学生系统化知识的构建,提高教学的效度。

(2)"一校四点"分布下的备课内容整合

依托南开中学的平台与师资,各学科备课组每周都会联合其余两个兄弟学校开展一次集体备课活动,细致研讨下周每课时的教学安排和教学内容。每次备课活动前,由备课组安排相应教师作为校区联合备课主讲人进行相关课时备课。备课中,大家先听主讲人对教学相关内容进行介绍,包括课时安排、教学重难点、教学过程与作业布置等。待主讲人发言结束后,再一起讨论安排是否合理、有无补充和疑问。集体备课结束后,再由各校区进行单独备课,备课组长谈论一周工作安排,梳理、整合教学重难点,青年教师交流疑问和体会,骨干教师分享教学经验和方法。最后,教师根据班级学情在集体备课内容的基础上进行个人单独备课。通过这种备课方式,教师真正地实现了资源共享、智慧共生,有效地将弥漫市场的各种资源进行了精准整合,提高了备课的效率,明确了教学方向和重难点,这对教师尤其是青年教师的教学和专业成长有很大帮助。

(3)特定知识下的跨学科课程整合

跨学科指是以现实问题的研究和解决为依托,由单个教师或教师团队对两门及以上的学科知识、资料、技术、工具、观点、概念或理论进行辨析、评价和整合,提高学生解释现象、理解问题、处理问题、创造性地使用多学科的方法解决问题的能力。在教育教学中,我们有时会遇到本学科知识与其他学科知识间有紧密的联系,需要借助其他学科知识才能帮助学生更好地理解与解决问题的情况,此时就需要进行跨学科整合。

比如:学生在学习数学内容"投影"时,就需要借助地理的相关知识,明确哪些属于平行光源,哪些属于点光源,以及能根据同一棵树影子的长度变化,判断一天中的不同时刻,并能根据每一时刻的阳光和影子,辨别东南西北,而这对学生的生活十分有用,学生也会相当感兴趣。但如果学生相关地理知识匮乏,同时缺少生活经验,教师又未进行简单介绍,这节课很多学生便会出现不理解、一头蒙的情况。学完之后,学生仍然分不清方向,分不清影子长短所反映的时刻,而这堂课的教学效果只会微乎其微。要上好"投影"这堂课,除了要与生活建立联系,创设现实情境外,还需要将本课内容和地理学科中地球自转、太阳照射的方向和地理纬度等知识进行融合,从而达到帮助学生理解知识和学以致用的效果。

(4)观察与探究兴趣下的环境资源整合

学生的学习通常是在教室或操场这两类传统环境中进行的,作为教师,我们不应该只将眼光局限于学校提供的两个课堂主场地,还应该将眼光放置于生活的方方面面,对周边可能的教学环境资源进行整合,建立知识和生活的联系,加强学生的体验感,让学生觉得知识是可触摸的,知识就在身边,实实在在地感受到学习有用。

比如,生物老师利用学校的耕读园,带领学生走出教室,走进油菜花地,开展体验式教学。学生摘下油菜花,通过放大镜仔细观察,发现雄蕊6枚,4长2短,体会到实物确实和教科书说的一样。教师站在学生身边,为他们讲述油菜花雌蕊的基本特征:二心皮构成,子房位置靠上。油菜花为总状花序,花萼片4片,黄绿色,花冠4瓣,黄色,呈十字形。此外,学生还用毛笔搜集花粉,并将花粉刷到另一朵花的雌蕊上,完成授粉;之后,还亲自进行了种植,从薄荷的扦插、红薯的变态根种植和芋头的变态茎种植了解植物的无性生殖……

"耕读园"原是学校为学生提供的劳动教育场所,生物老师结合本学科的特点,将眼光由室内转向室外这块资源宝地,让学生走出课本,走进自然与生活,通过用眼看、用鼻闻、用手操作,深入并真切地认识植物,了解植物的繁殖过程,在具体的观察和操作中认识了书本中的世界,这颇为有趣和实用。

课堂教学在学生的校园学习中占有很重的时间比例,而每堂课的时间十分有限,在教学资源丰富的今天,教师只有提高教学内容相关的资源整合能力,才能使课堂教学效果最大化,才能使不同层次的学生在课堂上都有收获,才能激发学生的学习兴趣。

2.项目化教学活动的整合

项目化教学是一种教育教学方法,具体是指学生围绕一个真实世界中的特定问题或是将主题展开进行深入研究和实际操作,从而解决问题、完成任务或实现目标。参与项目化教学活动,有利于学生知识的获得、技能的提高,发展学生的综合素质,提高学生的学习兴趣和实践能力,培养学生的创新精神。

学校目前开展的项目教学活动有"水火箭的制作和发射""声声不息""南风渝韵""二十四节气进校园""i劳动""英语义卖口语秀""数学文化节"等,内容丰富,形式多样,学生参与度高。

比如:英语义卖口语秀——"School Sale for Best Wishes"项目化教学活动在欢乐的英语叫卖声中展开,活动要求年级的每位学生各准备一件用于交换的闲置物品,对其进行定价(单价不超过50元),并用英文写下新年祝福语附于礼物上,全校师生均可参与购买。店长和店员用心地装饰着班级的小店铺,漂亮的桌布、绚丽的气球、多彩的鲜花。店长的吆喝声、顾客的讨价声和乐器的演奏声此起彼伏……

A:Welcome to our store! All the things are at a great sale!

B:Excuse me. Can I help you?

C:How much is it?

B:It's only 10 yuan.

C:OK.I'll take it.

此次活动将课本知识延伸到实际生活,为学生创造了一个真实的语言运用场景,以趣促学,锻炼了学生的英语口语能力和交流表达能力,培养了学生的合作能力、领导能力、思维能力和动手能力,提升了学生的综合素养。

再如:"水火箭的制作和发射"项目化教学活动是一种用水作动力,加压之后,探究有关火箭发射的高度和距离的活动。有关制作的工艺十分简单,只需利用饮料瓶、硬纸片等环保的废旧材料制作成动力舱、箭体、箭头、尾翼,然后在"水火箭"中灌入一定的水,利用打气筒充入空气,到达一定压力后进行发射。因此,它的制作原理主要涉及水的冲力和压缩空气后产生的冲击力。而学生在制作和发射的过程中也会产生和解决很多问题,如多大的发射角度、装多少水、打多少气才能使"水火箭"飞得高,落得远……这些便需要学生去探究、去实验、去总结。此项活动培养了学生的科学探究精神和团队精神,激发了学生对航天航空和物理知识的兴趣,锻炼了学生的动手操作能力和解决问题的能力,真正实现了做中学、用中学和创中学。

3.特色课程的整合

特色课程是一种专门为满足学生个性化需求而开发的教育形式,它强调课程的独特性和创新性,为学生提供有别于传统课程的学习体验和知识积累。为丰富学生的校园生活,助力学生健康成长、个性发展、"五育"共进,全面推进素质教育,学校秉持"公能"课程育人理念,聚焦育人质量提升主线,本着多样化、生活化、项目化、特色化的原则,融合各学科资源、科普资源、传统文化资源,充分整合学校、教师、社会资源,构建了"学创—科创—文创"三位一体的"三创"特色课程,涵盖人文素养、科技创新、体育竞技、艺术修养、生活技能五大领域,设立了45门特色选修课程,充分满足学生根据自身兴趣特长选课走班的需要。

比如:地理教研组根据学科特点,结合课程思政开设了"国家疆土"特色课程,包含"三餐四季""共和国战事""向海而生"等板块。"三餐四季"立足学校"耕读园"开展教学,创新地将农业种植技术、作物生长规律、气候变化研究紧密结合,激发学生探索自然科学的兴趣,帮助学生在劳动实践中掌握种植技能,深入了解作物生长和气候之间的密切关系。通过此课程,学生学会了如何使用农具,学会了辨认常见农作物和记录作物长势,也学会了利用南渝气象观测站进行气象观察和研究。"共和国战事"聚焦军事热点和领土话题,从地理的视角深度解读抗日战争、解放战争、抗美援朝战争、对印自卫反击战等重大军事事件,培养了学生的地理素养和实践能力,强化了学生的家国情怀和公民责任感。"向海而生"引导学生学习海洋地理展览室的功能,充分介绍我国的海洋建设情况,实现了学科教学的创新发展和思政育人。

聚焦课程育人理念,聚力时代新人培育。学科特色课程资源的整合、开发和设立,既为学生提供了更多的可能,也让学生看到了学科或学科之间更多的可能性,既开阔了学生的视野,丰富了校园文化,同时也发展了学生的创新思维,全方位提升了学生的核心素养。

第三节 "五育"并举课程资源整合课例分析与评价

一、"五育"并举视野下的课程资源整合

"五育"并举是指通过重视并实施德育、智育、体育、美育、劳动教育,促进人的全面发展。"五育"并举的课程资源整合就是要将德智体美劳的多维教育内容,统整课程目标与内容,以期达到课程资源整合目的的过程。

课程资源整合要求我们整合课程目标、教学过程与内容和评价体系。"五育"并举的课程资源整合,应该有基于德智体美劳课程内容视野下的目标、过程、评价的重组、创新。

(一)"五育"并举课程资源整合的原则

1.遵循基础性,兼顾开放性

初中阶段教育的本质属性表现为基础性。布鲁纳认为,在设计小学和中学课程时要对某领域的基本观念、基本原理等基础性知识进行改编以符合学生的兴趣和能力。因此,初中"五育"并举课程观与课程目标的确定、课程内容的择取,以及课程组织皆要立足于向学生传授基础性的知识和技能这一根本任务。

杜威曾指出,课程中要善于运用逻辑的方法和心理学的方法。因此,各学科课程要在围绕时代性和"五育"学科属性的基础上,按照知识和技能发生的逻辑进行编制与组织,确保知识和技能结构环环相扣,以符合学生的认知规律。新时代对人才培养提出创新发展的要求,所以,在"五育"课程体系开发的过程

中除了要遵循基础性原则,还需兼顾开放性原则,要充分发挥学习者主动参与探究的积极性。

2. 关涉整体性,重视融合性

整体性原则强调"五育"的不可分割性,彼此间既相互包含又相互渗透,德、智、体、美、劳需统一在全面发展教育的结构中,共同构成系统整体。这样学校在此原则下构建的国家课程、拓展课程和校本课程才能实现整体育人目标。融合性是对整体性的进一步延伸,是实现"五育"并举的必然要求。为实现整体育人目标,"五育"并举强调不仅要实现"育内融合",更要实现"育间融合"和"跨育融合",故而"五育"并举课程需破除学科壁垒,促进"五育"元素在课程中的融合。

3. 强调同一性,突出多样性

同一性强调国家对培养目标和课程标准的统一,而多样性则强调课程形态在统一性的基础上更具地方性与灵活性。"强调同一性,突出多样性"原则能更好地体现"五育"并举学校课程体系建构过程中的融合。

"五育"并举课程资源融合既要注重制定全国统一的课程培养目标和统一的教育任务,来确保总体方向的一致性,又要赋予地方和学校特色课程规划的决策权,突出课程结构的多样性,来增加教育活力。

4. 恪守阶段性,遵守连贯性

阶段性与连贯性原则分别从纵横两个维度对课程体系的构建进行系统规划,是"五育"并举课程资源融合的关键原则。"五育"并举学校课程体系贯穿中学各个学段。皮亚杰、维果茨基与柯尔伯格都曾指出,处于不同阶段的学生在认知、心理和能力等方面存有区别,故学校在构建课程体系的过程中需恪守阶段性原则,即要综合考虑学生发展规律,并将其作为课程规划的重要依据,杜绝各学段课程安排"一刀切"。

(二)构建"五育"并举课程资源融合的基本框架

为确保课程体系的科学性和系统性,结合"五育"并举课程资源整合的基本原则,学校形成以教育理念为基础、以课程规划为引领、以课程结构为支撑、以课程运行为抓手的中小学"五育"并举课程资源整合的基本框架。

1. 树立正确的教育理念

立德树人是"五育"并举教育理念的价值追求,"五育"并举是对坚持落实立德树人根本任务的具体化设定。道德是人不可或缺的部分,故而学校需秉持"全方位、全过程、全学科"的育人理念,以德、智、体、美、劳五种课程功能为抓手,注重人格塑造和德性养成,让德育贯穿其他四育之中,以贯彻立德树人课程理念。全面发展是"五育"并举教育理念的目标指向。课程目标是对教育理念的具体化呈现,学校对教育理念解读的深刻性决定了课程目标定位的精准性。"五育"并举课程目标以促进学生全面发展为旨归,即学生兼具健康的体质、非凡的智慧、高尚的道德、审美的情趣、行知的能力。

2.构筑具体化课程结构

"五育"并举课程资源融合基本框架的构建以课程结构为支撑,课程结构是"五育"并举课程目标转化为教育成果的桥梁,也是课程实施的基本依据,在"五育"课程设计与编制过程中具有承上启下的作用,体现着课程体系的系统性与有序性。我们要通过综合审视"五育"间的内在关联,系统建构"五育"并举课程结构。

3.规范课程管理与评价

课程管理与评价贯穿课程开发和实施全过程,深深影响着课程体系的构建与融合。"五育"并举课程评价是"五育"并举课程实施的重要环节。沃森曾指出,评价能为有关教育项目的改进提供帮助。可见,中小学"五育"并举课程评价的目的不仅仅是为了检验课程实施的效果,还要为课程的调整和内容的完善提供依据,促进该课程不断优化。此外,"五育"并举课程评价具有多个评价主体,除了对"五育"并举课程本身的实施情况和效果进行评价外,还需对课程的参与者进行综合评价。对受教育者的评价则集中于对学生在"五育"并举课程学习过程中的表现和收获进行评价。

二、"五育"并举课程资源整合课例分析与评价

(一)"五育"并举的学科课程:以《文化创新的途径》教学为例

1.融创性设计:走向学科教育,彰显"五育"理念

基于全面育人的要求,中学思政课要实现由学科教学到学科教育的转化,由单纯关注知识(智)到关注人的全面发展("五育"并举)的转变,做到既教书又育人,跨越学科进行综合教学。在教学设计中,需要挖掘和开发情境、问题、活动中的"五育"元素,融合运用于整个教学设计之中。在中学思政课"五育"元素

的开掘和运用中,德育和智育元素的开掘和运用是显性的,体育、美育和劳育元素的开掘和运用是隐性的,要将两者融合在教学设计中。《文化创新的途径》的教学设计,以电影《捉妖记》中呆萌小怪胡巴的诞生为总议题,围绕德育浸润、智育进阶、体育结合、美育熏陶、劳育实践等几个方面展开思考。

(1)德育浸润。思考文化创新途径的知识对学生形成健全品格的意义,由此挖掘中华传统文化经典《山海经》《聊斋》中鬼怪的形象作为问题探讨情境,说明其对电影《捉妖记》中呆萌小怪胡巴形象塑造的作用,增强学生对中华传统文化的认识和鉴别能力,增强文化感染力,坚定文化自信。

(2)智育进阶。设计胡巴诞生之"始于足下""承前启后""取长补短""各执一词"等四个环节,通过胡巴之父对生活中萝卜形象的观察利用、对传统文化的痴迷与对鬼怪形象的辩证吸取,结合《捉妖记》幕后的中外班底,以及人们对妖怪形象改变的看法(对待传统文化和西方文化的态度),采用问题驱动的方式,使学生在学习中领悟社会实践和人们对文化创新的作用、继承优秀传统文化对文化创新的作用、面向世界博采众长对文化创新的作用,以及文化创新应坚持的正确观念。整个学习过程从理解到辨析评价,体现出学生思维发展由浅至深的进阶过程。

(3)体育结合。在形成文化创新途径的观点的同时,让学生运用所学知识进行体育文创产品的设计,设计"选一选"活动,要求学生选择体育项目中的一个运动项目,作为体育文创产品的对象;设计"画一画"活动,要求学生选择一个或几个体育运动项目元素加入设计中,将设想的基本形状画在纸上;设计"评一评"活动,将学生的初步设计在组内进行展示,让学生相互评一评,起到相互借鉴的作用;设计"找一找"活动,对照文化创新的四种错误倾向,让学生找一找自己的文创产品设计是否存在守旧主义、封闭主义、民族虚无主义和历史虚无主义的错误倾向。通过以上活动,增强学生对体育精神的理解。

(4)美育熏陶。《捉妖记》中胡巴的形象呆萌,具有美感,深受观众喜爱。在整个影片传递的人与胡巴的关系情节中,体现出人与自然的友善,学生在其中可以感受和谐之美的熏陶。

(5)劳育实践。学生运用所学的《文化创新的途径》的相关知识进行"选一选""画一画""评一评""找一找""展示分享"等体育文创产品的设计和展示。在此过程中,学生能感受亲身实践创造产品带来的成就感,体验其中的快乐,强化劳动理念,提升劳动能力。

2.生成性实施:采取多样方式,融合"五育"活动

"五育"活动的过程既有教师的多样性示范引导,又有学生的多样性主体活动。在多样性、融合性的学习体验活动中,教师不断发现学生在德、智、体、美、劳等方面的增长点,并通过相应的方法指导、引领学生提升综合素质。在《文化创新的途径》教学过程中,教师的多样性示范引导表现在:教师在展示《山海经》《聊斋》之外,还补充了其他中华优秀传统文化对鬼怪形象的描述,展现了自身对中华优秀传统文化的了解,以深厚的文化自信感染学生,立文化自信之德;教师以古今中外的文化知识展开活动,以教师之智启发学生之智;教师的健康体魄可以给学生展现对健康理念的内在追求;着装本身是文化创新途径分析的载体,教师注重"应景"服装的穿戴可以体现外在美,教师简明而逻辑严密的板书可以展现内在思维逻辑之美;教师列举自己参加的学校或社区文化活动,可以让学生感受实践的魅力。

在《文化创新的途径》的学习中,既有学生对胡巴这一呆萌形象诞生过程的若干情境的分析活动,也有学生"选一选""画一画""评一评""找一找""展示分享"等体育文创产品的设计展示活动。这些多样性的活动对学生素养的培育不是单一的。"展示分享"活动,既可以让学生分享到体育文创产品之"美",体验自己的劳动成果带来的喜悦,也可以促进学生对体育拼搏奋斗、健康向上等精神的理解和传承。在上述学习活动中,德育是重点,智育是起点,体育是节点,美育是触点,劳育是落点。

(二)"五育"并举课程评价:基于"五育"并举的语文课程多元智能评价体系探索

课程评价是课改中最敏感、最关键、最具有导向性,也是最难操作的一环,而语文课程评价体系则因为本学科的固有特点(主观性强和难以量化等)而变得更难统一和建构。以语文课程为例,语文教师要挖掘语文教材中的"五育"内容,善于在语文教学中调动学生的多种智能。本文在此将"五育"并举与多元智能相结合,呈现如表3-2所示。需要强调的是这种划分的依据是从二者的含义进行归类。

表3-2 "五育"并举与多元智能相结合关系表

五育	多元智能
德育	自我认知智能、人际交往智能
智育	逻辑智能、语言智能、自然观察智能
体育	身体动觉智能
美育	音乐智能
劳动教育	身体动觉智能

1.完善教学过程,实施差异化教学

新课改要求教师优化教学过程,即教师在课前通过设计多元智能测试表,分小组对学生的各个方面提前进行评价测试,对学生进行五个维度的评价,使得评价内容更为立体,充分认识不同个体智能发展的优劣。

2.了解差异,确定教学起点

在开始学习新课前,教师需要将"五育"多元智能与实际教学篇目相结合,设计五个维度的具有针对性的问题,充分了解每个学生的学情,确定教学的起点。教师要在深度解读与分析教学材料的基础上,准备教学前的检测题,唤醒学生对已有知识经验和所学知识的记忆,检测他们现有的认知水平和智能水平,并为之后制定差异化分组学习方案和设定课时教学目标提供可靠依据。

3.回应差异,安排差异化任务

教师可以根据教学前的测试结果构建不同维度的学习任务群,引导学生完成与自己能力层级相匹配的任务。在完成任务的过程中,教师要关注每个学生的学习状态,及时提供支持和帮助,以回应他们的学习需求。依据多元智能测试结果,将学生按照能力水平分为五个小组,分别设计不同层次的任务。此外需要强调的是五个维度不是割裂的,教师要根据实际教学内容和教学情况适当融合五个维度的内容,促进学生的全面和可持续发展。

4.尊重差异,实施个性化评价

教师应根据学情,充分了解每位学生的智能优劣,定制不同的学习评价任务,使其与学生的学习能力水平与智能水平相匹配,保障每个学生在自己现有的水平上学有所获。对于课堂学习中仍未掌握或未完全掌握目标教学内容的学生,教师应实施个性化、差异化辅导,促其补齐短板,跟上进度。可将学生分为三类,即学习能力水平较弱的、中等的、强的,将这三类再细化为五个维度的不同能力表现,根据实际进行差异化评价,从易到难,由浅入深,由单向思考到多角度创生等,从而引导学生逐步实现能力提升。

5.渗透"五育"理念,提升评价综合性

语文评价内容应准确反映学生的语文学习水平和学习状况,注重考查学生的语言文字运用能力、思维过程、审美情趣和价值立场,关注学生的学习过程和学习水平,也就是说对学生语文方面的评价要以学生的全面个性和可持续发展为中心。对于语文学习的阶段性学习成果,设置阶梯式评价,针对学生个体智能的差异,结合"五育"并举的教育理念,设计不同的评价标准。将长中期评价安排在课堂教学效果的评价中,针对学生的课堂表现进行评价,协助教师不断优化教学方法、教学内容以及教学模式,提高评价的全面性和综合性。

6.创新评价手段,提高评价时效性

在"互联网+"的背景下,要实现"五育"并举的教学理念,可以借助大数据、人工智能等技术搜集评价学生的数据,大大提高评价的时效性,优化评价手段。依托互联网平台、同行及专家,对学生的表现进行细化观测,对其进行逐一评分,可最大程度减少教师的工作量,同时可对教师在课程内容和讲授方法上给出具体的指导意见,提高工作效率。

第四章

初中学校课程资源整合的现实逻辑

第一节 初中学校课程资源的分类

一、课程资源的内涵

关于课程资源的内涵,第一章已阐述,此处不再赘述。但我们需要清楚的是课程资源不能仅限于对教材的运用,还应该充分开发各类资源,例如社会资源、自然资源以及越来越发达的信息化资源。各级各类学校要学会最大限度地开发教学设施和实践基地,充分运用周围的一切可以利用的资源,以形成丰富多样的课程资源。

为此,对课程资源的分类可以从多种角度出发。但无论如何分类,都离不开一个基本点,即课程资源的分类一定要有助于解决课程中常出现的问题,为课程实践提供正确的合适的方法。依据这样的思路,课程资源主要有以下几种分类。

二、课程资源的常见分类

(一)按功能特点分为素材性课程资源和条件性课程资源

素材性课程资源的首要特点是成为现实的素材性来源,是学生学习的重要对象,例如情感态度、技能、经验、活动方式与方法,以及价值观培养等方面。条件性课程资源的特点在于它通常不能成为课程本身的直接性来源,在很大程度上对课程的实施范围和水平起决定作用,例如其中的人力、物力、场地、媒介、环境与设施等。可以看到,二者在界定上还是有很大区别的,但需要注意的是素材性课程资源和条件性课程资源之间并没有十分明确的界限,尤其是随着时代的不断发展,网络资源、博物馆等既可以作为条件性课程资源,也可以成为直接的素材性课程资源。

因此,一定要明确二者的区分不是绝对的,更不是对立的,需要在二者之间找到一个平衡点,根据具体情况、具体问题对二者进行辨别区分。

总体来看，我国中小学课程资源的分布与我国的经济发展水平相关。这里并不指资源本身的多样性，而是东部沿海地区与西部地区相比较，城市与农村地区相比较，课程资源开发的意识与能力都相对更强。课程资源分布也是比较失衡的，因为许多人都把更多的注意力放在了条件性课程资源的开发与利用上，例如对学校硬件设施的不断更新升级，却极大地忽视了对教育质量起决定性作用的素材性课程资源，这对发展教育质量内涵是极为不利的。所以，在重视条件性课程资源开发的同时，绝不能对素材性课程资源置之不理。一个十分重要的课题便是保持条件性课程资源与素材性课程资源之间的平衡，全面建设现代化教育，丰富其内涵。

(二)按空间分布分为校内课程资源和校外课程资源

这两类资源都包括了上文提及的素材性课程资源和条件性课程资源。校内课程资源占据主要地位，因为其在便捷性和利用性上都具主动性。对于在校师生来说，校内资源是第一手资源，是手边可以直接获取的资源。而校外课程资源需要多方的共同努力才能转化为可供师生利用的资源，对课程目标起到一定的作用。可以看出，校外课程资源因为其空间分布的弱势，对课程目标是起着辅助作用的。校内课程资源与校外课程资源二者在性质地位上是有区别的。与素材性课程资源和条件性课程资源的关系一样，校内课程资源和校外课程资源也需要在二者之间寻找一个平衡点。

(三)按性质分为自然课程资源和社会课程资源

我国自古以来幅员辽阔，自然资源相当丰富。所以可开发与利用的自然课程资源是极为多样的。以生物课程为例，广袤的自然大地上，有多少动植物、微生物都可以用于课程资源的开发。同样，在地理课上，无论是讲到气候与天气，还是讲到各地不同的地形、地貌与地势，都可以将真实存在的自然地理环境作为课程资源。除此之外，如图书馆、博物馆、展览馆等保存着人类文明成果的公共设施，以及一系列政治、经济、司法、军事、外交、科技等活动也可以成为课程资源。

总体来看，自然课程资源与社会课程资源的区别是很明显的，可以较为容易地进行区分。自然课程资源的突出特点是"天然性"和"自发性"，而社会课程资源则带有"人工性"和"自觉性"。二者的共同点在于都需要经过开发，才能转变为可利用的课程资源并服务于教育教学活动。

(四)按载体形式分为生命载体形式的课程资源和非生命载体形式的课程资源

生命载体形式指的是能够生产出大于自身价值的教学价值的形式,如教师对于教材的充分运用,或者其他任何可以实现课程目标的因素,因而生命载体形式是具有内生性的,也是课程资源开发与利用的主体。非生命载体形式主要表现在各类课程的实物上。

对于课程资源的分类研究,有多重角度,除了以上分类,还有物质课程资源和非物质课程资源;文字课程资源、实物课程资源和活动课程资源;国家课程资源、地方课程资源和学校课程资源。这些都是常见的且较为科学的分类,分类的多样性也恰好证明了开发与利用课程资源的必要性与灵活性。

第二节　初中教育教学与课程资源整合的关系

一、课程资源:教育教学开展设计的重要依托

(一)初中教育的特点及教学目标

初中教育主要指义务教育法规定的对小学毕业生进行初级中等教育的活动,其教育对象的年龄大多在12岁至16岁之间。这一阶段的学生无论是生理还是心理都处在快速发展、迅速突变的阶段,他们对世界、人生的认识,需要在知识的获得、才干的增长这一过程中塑造形成。因此,初中教育对这一年龄段的青少年的成长、发展有至关重要的作用。

初中教育具有基础性、全面性、多样性的特点。所谓基础性,即要求初中教育本着培养社会主义接班人的目标,为让中学生成为合格的劳动者打好基础,为中学生继续深度学习成为终身学习者打好基础。所谓全面性,即要求初中教育要培养全面发展的学生,不仅要兼顾个体知识技能的获得、德智体美劳等的发展,还要施以与之相应的全方位教育。所谓多样性,即强调初中教育在全面教育、全面发展的基础上还应充分发展学生的个性,应始终坚持因材施教,尊重青少年的独有个性,使培养出来的人才呈现多样化的态势。

重庆市南渝中学校是由重庆市南开中学直接管理的优质、特色、精品初级中学。学校秉承南开中学"允公允能,日新月异"的校训精神,着力培养学生"去私""立公"的道德品质和服务社会的能力。具体来说,以"公能"精神为引领,以课程改革为突破口,以教学内容优化为核心,以教学模式创新为手段,将课程作为特色建设的主要抓手,积极探索内涵发展、特色建设的新途径,坚持特色引领、整体提升,注重基础、突出重点,不断深化教育改革,致力于培养具有家国情怀和"公能"精神、人格健全、体魄强健、全面发展的创新型人才。

(二)优质课程资源的概念及分类

优质课程资源是能更有效达成教育目标、完成教育计划、拓展学生生活能力、实现立德树人的课程资源。本书的优质课程资源主要指重庆市南渝中学校"公能"课程体系在初中阶段实施的教学目标、教学内容、教学管理的总和,课程类型分为必修课程、选修课程、活动课程等。"公能"选修课程涵盖人文、科技、体育、艺术、学科特长、劳动课程等类别。

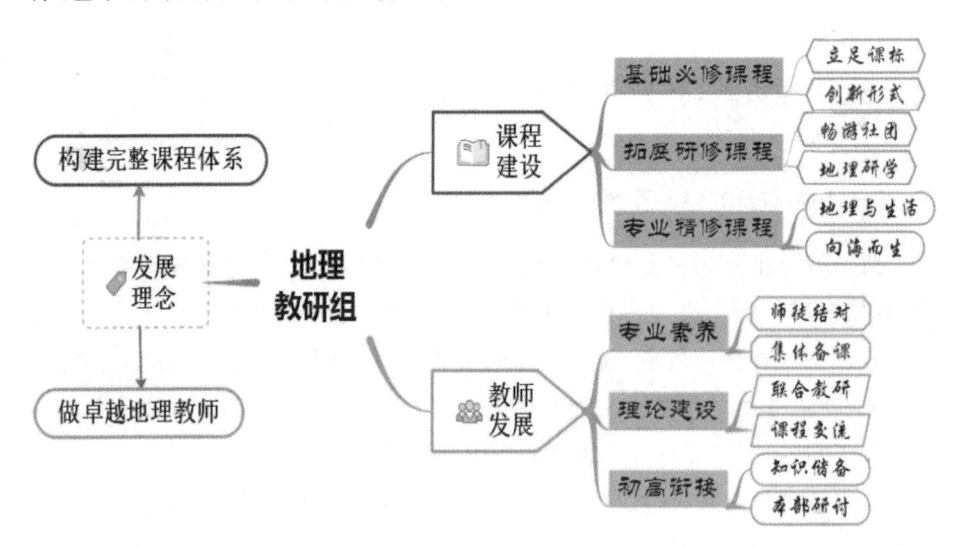

图4-1 地理教研组课程资源分类

重庆市南渝中学校"公能"课程体系的课程类型具体分为:1.基础必修课程。涵盖《义务教育课程方案(2022版)》的所有课程,还包括跟不同学科之间融合下的全学科整合教学,以更好地落地立德树人根本任务,发展学生核心素养。2."公能"特色课程(图4-2)。涵盖人文、科技、体育、艺术、学科特长、选修课程、劳动课程等类别。课程由南渝讲坛、南渝选修课程、南渝活动课程、南渝社团等构成,学校充分发挥教师特长,利用家长资源、环境资源等,为课程发展提供充分保障。3.实践探究课程。包括学科特长培优与竞赛、学科实践活动,以及科技创新类活动。例如国学经典品读、"仲夏夜"话剧节、数独、数学文化节、学科培优与竞赛、机器人等。

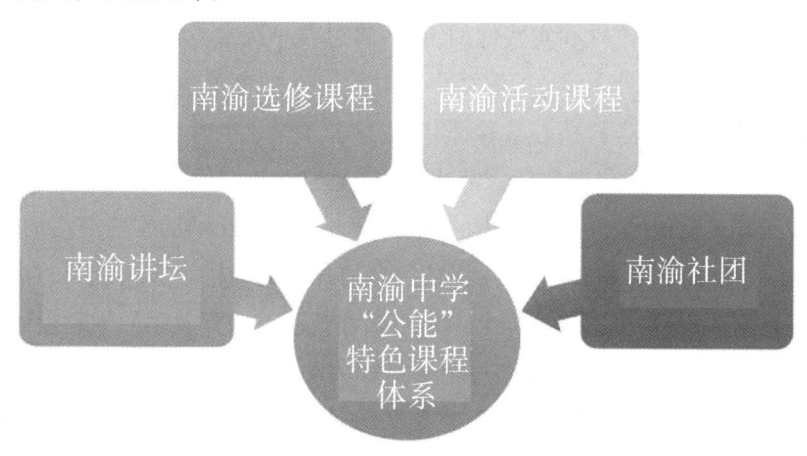

图4-2 南渝中学"公能"特色课程的构成

(三)课程资源是教学设计实施的重要依托

课程资源既是课程形成的要素来源,也是课程实施的必要条件。南渝中学"公能"课程体系内容丰富而多样,其中也体现了学校的办学理念和办学目标。南渝课堂教学始终面向全体学生,倡导自主学习和合作探究学习,注重与现实生活的联系,注重学生的研究能力和学科素养的培养,着重提升学生思维的深刻性、灵活性和独创性,鼓励学生自主思考、独立判断,形成科学的思维方法和良好的学习态度,促进学生创新意识和实践能力的提升;无差异地关注学生整体的提升,为每个学生的发展提供资源与平台;尊重学生发展的差异性,关注每个学生在发展中的困惑与问题,最终促进每个学生充分发展,共同提升核心素养。

对于课程资源的开发者和使用者——教师团队而言,对课程资源的开发和利用,也意味着一种思维方式的改进、生活方式的重塑、核心价值观的重建。我们强调教学设计实施要以课程资源为依托,智慧地利用课程资源。在此过程中,教师可以将教材与相关课程资源相结合,进行优化整合。根据本班级的实际情况和学生的具体学情,斟酌损益,有选择地在课堂教学中加以利用,以此来达到课程标准的目标和要求。

高效的课堂教学与优质的课程资源密切相关,优质的课程资源能够助力传统以教材为中心的教学设计。政治教研组依托南开政治教研组的资源平台,在王小鸥老师团队的指导下,成立了重庆市思想政治课程创新基地南渝社会观察站。政治教研组以学科特点为底色,通过课程教学、实践作业等方式,将理论与实践相结合,实现理论性和实践性的统一;将思政小课堂与社会大课堂连通,引领学生走进社会、观察社会、了解社会、剖析社会,孕育了学生善于思辨的科学精神,提高了学生的学科核心素养,同时也培养了学生的社会责任感。又如,数学教研组依托学校搭建的特色课程平台,立足数学教育的长远发展,积极探索创新课程育人模式,举办丰富多彩的"追根溯源,演绎数学"话剧表演活动,提升了学生的数学文化素养,锻炼了学生的团队协作能力与语言表达能力。诸如此类的案例不胜枚举,无论是教师个人利用课程资源对课堂教学的创意设计和实施,还是教研团队利用课程资源对学科实践活动的开发与开展,都可以得出这样一个结论:课程资源与教学设计、教育活动紧密相关。

课堂教学是课程实施的基本及主要途径,课程资源则是教学设计实施的重要依托。不管是将优质课程资源直接转化成课堂教学内容,还是将其加工优化为教学内容,都是把课程资源与教材课本结合的过程,都是借助已有的课程资源对教材内容进行延伸拓展、补充替换、渗透融合的过程,其实质都是将课程资源与课程教学内容结合起来实现课程教学目标。

二、课程资源:教育教学实践的研究视角来源

随着新课改的深入开展、课程资源的开发利用,我们发现:在教育教学实践中,充分利用课程资源与教材相融合,能更好地促进高效课堂的形成。同时在教育教学中,课程改革也带来了新的契机。作为课改的主体——教师,在教学实践中也能发现诸多研究视角。比如,课程资源的开发、利用是否可以紧紧围绕"立德树人"的根本任务展开?我们能否利用课程资源找到更符合时代内涵和教育目标的着力点?华东师范大学周彬教授认为,立德树人作为教育根本任务的提出,不但明晰了课堂教学的育人目的,还将进一步引领课堂教学模式变革以及课堂教学资源重组。新时代的中小学教师要继承和创新已有相关经验和成果,做立德树人视域下课程资源开发利用的积极行动者。[①]

---

①彬彬.中小学教师开发利用课程资源的内涵、意蕴与方略[J].湖北教育,2021(7):5.

不过,对课程资源的运用,每个人有不同的方式。如何创造性地利用课程资源,这也是摆在一线教师面前的一个新的问题。能够熟练掌握各种运用课程资源的途径是必要的,而能够发挥所长、调动思维,智慧地、富有创造性地开创出更具体的、独特的、可操作性强的课程资源的利用方法则显得更可贵。当然,由课改、课程资源的开发和利用衍生出来的各种问题都值得教师梳理思考、研究实践。

(一)课程思政视角

教师理解、认识课程资源的广度和深度,直接影响着教师开发利用课程资源的质量和水平。新时代课程资源的开发与利用重视将学科知识内容、学科思维、学科方法等与立德树人深度融合,因此,立德树人应成为教师开发利用课程资源的自觉意识。首先,一线教师要研究教材、课程标准,深刻把握立德树人的理念。其次,还要关注学生的全面发展,着眼学生爱国情感的养成、民族自信的培育、良好品德的培养,尝试多维度多方位地拓展课程资源,彰显各学科的思政功能。

教师选择、利用课程资源的思维深刻程度及实践高度和适切度也同样重要。教师既需要深刻领悟学科专业知识,寻找实现立德树人培养目标的着力点;也需要超越专业知识,利用升华教学目标、完善教学过程、改进评价机制等措施,将智育与德育相结合,通过项目式学习、大单元教学、情境化教学、整本书阅读等落实"课程思政"的总体目标。

目前,"课程思政"的观念日益深入人心,逐渐掀起了一股关于"课程思政"的热潮。课程思政指以构建全员、全程、全课程育人格局的形式使各类课程与思想政治理论课同向同行,形成协同效应,把"立德树人"作为教育的根本任务的一种综合教育理念。我校语文教研组就在"课程思政"理念的引领下,致力于根植文化传承的语文实践课程的开发与实施。实践课程的开发既不能把语文学科变成单纯的宣传思政的政治课堂,也不能背离语文学科的人文性和工具性的本质。我们要抓住语文学科的特点,挖掘传统文化中的精粹,以培养学生语文核心素养为根本,引领学生在再创造中实现语言的重构与应用、审美的鉴赏与创造、文化的领悟与弘扬;引导学生在实践中辨别、理解传统文化,在活动中传承、表达文化内涵,借"课程思政"赋予传统文化以时代色彩和当代表达。这也是语文实践课程开发和实施应始终秉承的理念。

在课程思政的视角下,利用学校课程资源与语文教材的结合,充分挖掘传统文化要素,将其渗透在综合实践活动的开展中,提升学生的核心素养,循序渐进、润物无声地让学生在传统文化的濡养中成长,让"课程思政"于无言中流淌进学生心中。(如表4-1所示)

表4-1 课程思政视角下的语文经典演绎活动

教材元素	活动主题	活动内容	活动形式
《西游记》	童心话西游,携手述经典	经典情节创意改编	话剧表演
教材及名著经典选段	"仲夏夜"话剧节	教材经典篇目或名著选段的编演	话剧表演
《诗经》	白雪遗音,雅韵童声	以音乐为背景、故事为主线,演绎经典诗篇	音诗话表演

(二)教学生态学视角

课程资源是有限度的,并非任意一个事物都可以成为为教学服务的资源。课程资源也是无限度的,在生活中,资源无处不在,时时都有,重点是教师可以发现它、挖掘它,并且利用它。这样,就能让课程资源的利用、开发形成一个可生长的、可持续的良性教学生态圈。

教学生态学把教育环境和活动主体看成一个整体,不会割裂活动主体与教育环境的关系,而是通过构建生态课堂,寻求教育生态功能、结构的最优化。教学生态学的核心就是建构和谐的教学关系,让被教育主体变被动学习为主动求知。

在课程资源的利用开发中,我们可以从生态学的角度重新审视课堂教学。尝试建构更和谐的教育环境,创建共生共长的生态课堂,将教育主体置入一个动态的平衡过程中。在彼此的影响、作用、融合、渗透中创建多视角观察、多维度实践的课堂。

(三)"双减"政策视角

中共中央办公厅、国务院办公厅印发的《关于进一步减轻义务教育阶段学生作业负担和校外培训负担的意见》明确提出,要给予孩子充沛的、可支配的时间,要求初中书面作业平均完成时间不超过90分钟。可把周末两天不上课的时间分配给孩子,让孩子学习艺术(音乐、美术)、体育类课程,提高孩子的创新思维能力。

新的政策出台,必然带来讨论的热潮。学校在课程资源整合上一直围绕"精准"二字,即课堂教学的高效优质、课后作业的提质减量、学生核心素养的提升……对"高效""优质"的追求也正是"双减"政策的核心指向。

三年来,南渝中学一直坚持开发身边的特色课程资源、建设项目化特色课程体系,根据学生的特点与需求,定期为各年级学生定制集实践性、探究性于一体的跨学科综合作业,旨在引导学生在实践探究中提高知识水平、强化学科核心素养、锻炼综合实践能力。比如以传统文化为主题的"寻找身边的年味""探寻身边的'非遗'"等集实践性、探究性于一体的跨学科综合作业,通过开展这样的主题式研究项目,让学生能够充分利用寒假假期进行实践创新,在项目实践过程中感受学习的乐趣,进而提高学生的知识水平,培育学生的研究能力,强化学生的学科核心素养,多维度促进学生全面发展。

除了假期作业的探索开发,常规作业的落地更是关键。科学布置常规作业,既要做到分层别类,又要做到智趣兼顾。让不同类别、不同层次的学生都能恰当地刺激自驱、提升自我。

"双减"政策视角下,课程资源开发、整合、利用与实践研究的结合可思考的维度还有很多,这都有待教师在教学实践中智慧地投入、深入地思考。

(四)校本课程视角

校本教材是课程资源的一个组成部分,同时校本课程与教学实践结合又有许多值得探讨的空间。例如:我校语文教研组编写了《书海撷英》七八年级两本校本教材。该校本教材从《声律启蒙》到《诗经》撷英,从儒家思想到古诗精华,从汉魏诗歌到《世说新语》,从宋词精华到与风花雪月有关的诗句,加之教师专业又不乏趣味性的解读,汇编成册。为增强学生传统文化积淀,提升学生语文核心素养,使学生从传统诗词中汲取营养、涵养心灵,语文教研组以《书海撷英》这个校本为起点,开展了诵读经典诗词系列活动。从晨读晚练到诗词知识素养大赛,再到诗词大会,学生踏上了每日一诗的旅程,逐渐向诗的远方前行。

诗词大会的具体内容如图4-3所示:

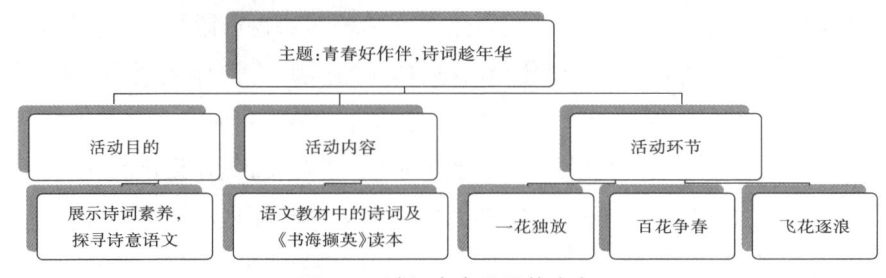

```
                    主题:青春好作伴,诗词趁年华
         ┌──────────────┬──────────────────┐
      活动目的          活动内容            活动环节
         │               │          ┌────────┼────────┐
    展示诗词素养,    语文教材中的诗词及   一花独放  百花争春  飞花逐浪
    探寻诗意语文    《书海撷英》读本
```

图4-3　诗词大会的具体内容

本次诗词大会由"一花独放""百花争春""飞花逐浪"三个环节组成。"一花独放"这一环节由参赛班级推选代表逐一回答相应诗词类题目,充分展示自身良好的诗词积累水平。"百花争春"环节采取抢答的形式进行比赛,设置"图文线索""文字线索""趣味填诗"等环节,不仅考验了学生的记忆能力,也检验了学生的反应能力,更考查了学生的诗词文化素养。"飞花逐浪"即飞花令,随机抽取主题词,两两对决。以校本教材《书海撷英》为起点的诵读经典诗词系列活动,不仅开阔了学生的视野、丰厚了学生的传统文化积淀,也实现了涵养学生心灵、丰盈学生生命的终极目标。

三、精准整合:课程资源整合研究的特定途径

(一)精准整合的内涵

资源整合是指学校对不同来源、不同结构、不同内容的资源进行识别与选择、优化与配置、激活与融合,使其具有较强的柔性、条理性、系统性和价值性,并创造出新的资源的一个复杂的动态过程。

"精准"在《辞海》中是"精细精确"的意思;"精准整合"是指学校基于"面向人人"的理念,在充分了解学校课程资源整合现状的前提下,分类梳理优质课程资源,探索学校优质课程资源的精准整合方式,形成学校优质课程资源整合路径。通过研究精准开发课程资源、精准管理课程体系、精准实施教学活动以及精准驱动学生项目学习,提升教学质量,落实减负提质,助力教师专业成长,发展学生核心素养。

换言之,本书中的"精准整合"较以往的课程资源整合,在实施过程中会更精确地指向学生核心素养的培养,指向减负提质的目标,指向课堂效率的提高,指向教师素养的提升,最终符合"双减"政策下培养人全面发展的需求。

(二)课程资源整合紧扣"精准"的现实依据

1.政策层面:精准整合的理论依据

国务院办公厅印发的《国务院办公厅关于新时代推进普通高中育人方式改革的指导意见》提出"坚持把立德树人融入思想道德教育、文化知识教育、社会实践教育各环节"。中共中央、国务院印发的《新时代爱国主义教育实施纲要》明确指出,"要聚焦培养担当民族复兴大任的时代新人,培育和践行社会主义核心价值观,广泛开展爱国主义、集体主义、社会主义教育,提高人们的思想觉悟、道德水准和文明素养……新时代爱国主义教育要面向全体人民、聚焦青少年"。从政策层面来看,初中学校的课程资源整合必须精准指向"立德树人"的培养目标。"立德树人"是国家、民族对新时代教育的根本要求和价值期待。优质课程资源整合必须把"立德树人"作为出发点,从"立德树人"的视角深入探寻各类课程资源的育人内涵,根据相应的教育环境和实际学情,以教材资源为主题进行各类课程资源的整合,凸显教材内容和情境素材中融入的德育素材。这是课程资源整合优化的特定途径。

中共中央办公厅、国务院办公厅印发的《关于进一步减轻义务教育阶段学生作业负担和校外培训负担的意见》指出要"坚持学生为本、回应关切,遵循教育规律,着眼学生身心健康成长,保障学生休息权利,整体提升学校教育教学质量"。"双减"政策进一步要求学校教育要减负提质,以学生为本位,充分挖掘学生自身的主体化资源,促成优质课程资源与学生经验的精准动态整合。激发学生学习的内驱力,借助传统文化中的精粹实现"立德树人""全面育人",创设真实情境,将培育点引向学生的感悟、情感体验与思维发展等具有深远意义的层面。从教学组织层面上看,课程资源的精准整合还应体现学科知识对学生实际生活的意义及对自然与社会发展的意义,要多维度、多层次地引导学生在学习知识的过程中、解决问题的实践中,全面发展综合素质。

2.教学管理:精准整合的现实依据

优质管理需精准搭建课程资源平台。南渝中学传承南开"双新"背景下的"公能"课程体系,搭建了备课组集体备课平台、南开各校区联合备课平台、南开同体学校联合教研平台,精准聚焦教师团队精准备课、研课、磨课等日常工作,让常规课更精确、更高效。为把校本教研工作真正落到实处,南渝中学将涵盖所有学科的名师示范课、骨干教师交流课和青年教师汇报课三类教研课落实到日常教学中，极大地促进了教师教学能力的提升；搭建师训平台，教师沙龙聚焦教师发展，教师各展所长，在切磋琢磨中实现思想碰撞，自我成长；定制学科讲座，专家名师引领教师团队专业成长。

高效课堂需精准整合利用课程资源。开发课程资源是为了丰富优化教学内容或教学设计，利用课程资源是为了高效完成教学内容。例如，南渝体育教研组除常规体育课外，还开发了特色体育大课间、室内课间操、悦动体育、运动竞赛等活动。南渝中学一直坚持践行张伯苓校长"智力竞新，强国之鉴"的体育精神，秉承重视体育的传统，把体育作为重要的教育内容，始终坚持"健康第一"的思想，精心组织校园体育活动，形成良好的校园体育锻炼氛围，提高学生活动质量和身体素质，从而培养学生"终身体育"的意识，为其将来的健康成长打下良好的基础。

高质量作业需精准借助优质课程资源。开发课程资源是为了学生的发展需要，利用课程资源也是为了促进学生的全面发展。减负提质是科学布置作业的根本目标。借助优质课程资源，实现学科融合，在实践探究中运用知识、提升素养，无疑是最好的途径。各学科都尝试将必修课程的知识作为实践基础，开发了融知识于实践的课后作业。例如，几何体学习是初中数学的入门课，也是学好数学的敲门砖。为了丰富课程资源，帮助学生更直观地认识立体图形的截面形状，感受几何世界的无穷魅力，南渝数学备课组精心设计了居家实践项目式课程——制作几何体并观察其截面图形。学生运用非凡的想象力，将土豆、冬瓜、豆腐、萝卜、火腿、西瓜、火龙果、小蛋糕变成数学学具，并用番茄酱、甜面酱、紫甘蓝汁为其上色，制作出了形态各异的截面图形。

精准整合是课程资源整合研究的特定途径，这是由政策导向、精细化课程管理、高效课堂教学、优质课后作业等新时代教育的价值需求共同决定的。

第三节　初中学校课程资源精准整合的目的

一、立德树人，精准开发资源

2019年6月23日,《中共中央 国务院关于深化教育教学改革全面提高义务教育质量的意见》(以下简称《意见》)进一步明确了义务教育的培养要求,提出了"坚持立德树人,着力培养担当民族复兴大任的时代新人"的培育目标。强调学校教学的开展应坚持德育、智育、体育、美育、劳动教育"五育"并举,构建德智体美劳全面培养的教育体系,坚持学生全面发展,奠基学生终身发展,坚持知行合一,让学生成为生活和学习的主人。构建德智体美劳全面培养教育体系的具体举措包括:一是突出德育实效。完善德育工作体系,深化课程育人、文化育人、活动育人、实践育人、管理育人、协同育人。打造中小学生社会实践大课堂,广泛开展向先进典型、英雄模范学习宣传活动等。二是提升智育水平。着力培养学生认知能力,促进思维发展,激发创新意识,加强科学教育和实验教学,广泛开展读书活动,确保学生达到国家规定的学业质量标准。三是强化体育锻炼。严格执行学生体质健康合格标准,广泛开展校园普及性体育运动,鼓励地方向学生免费或优惠开放公共运动场所,给学生提供更多参加体育锻炼的机会。四是增强美育熏陶。实施学校美育提升行动,严格落实音乐、美术、书法等课程,广泛开展校园艺术活动,鼓励学校组建特色艺术团队,鼓励专业艺术人才到中小学兼职任教。五是加强劳动教育。将劳动教育纳入全面培养的教育体系,制定劳动教育指导纲要,优化综合实践活动课程结构,确保劳动教育课时不少于一半。统筹加强学生生活实践、劳动技术和职业体验教育,统筹家务劳动、校内劳动和社会劳动,创建一批劳动教育实验区和实践基地。

(一)三种特点的"学习经验"

"现代课程理论之父"拉尔夫·泰勒在《课程与教学的基本原理》一书中指出,学校教学目标的实现有赖于对学生"学习经验"的组织,学生与何种外部条件,包括课程资源与课程组织方式相互作用,决定了学生最终的学习结果。[1]分

---

[1] 拉尔夫·泰勒.课程与教学的基本原理[M].罗康,张阅,译.北京:中国轻工业出版社,2014:50-88.

析《意见》关于"五育"并举,全面培养的具体内容,学校教育教学的开展需要为学生创造具有以下三种特点的"学习经验"。

1. 指向深度理解的学习经验

面对学科教学中存在的知识教学停留在教材表面,很少深入知识内核,知识学习停留在知识获得上,忽视知识运用,学科学习很少触发学生的深层兴趣、情感、思维等问题[1],《意见》强调智育过程中对认知能力、思维发展、创新能力的培养,即将学科学习从表面的知识学习引向对知识形成深入理解的学习,使学生不只是停留在知识的表面,而是深入知识内核,由浅入深把握事物的本质与意义,在问题解决的过程中触发深层的学习兴趣与情感认知。也就是说,要为学生创造指向深度理解的学习经验。

2. 围绕亲身实践的学习经验

在学科学习中要将学习从表层引向事物的本质、深度的感知,就需要让学生在知识运用的切身体验中,通过问题的解决形成意义的构建,而劳动技能、体育技能、审美能力也只有在劳动活动、体育活动、美学创造等实践过程中得到发展。因此,学校课程需要为学生提供围绕亲身实践进行意义建构的学习经验。

3. 连通真实生活的学习经验

人的德育是系统化的、社会化的、整体性的,对儿童而言,德育环境的形成有赖于他得以容身其中、迈开双脚行走的物理空间,特别是他可以接触到的、能够影响他的所有人。[2]《意见》中关于德育教学体系建构的具体措施,即在学校教育的基础上,充分利用社会资源,通过学校教育与真实社会的联动协同,还原个人道德作用与生活的真实情境,增强学生对规则意识、个人认知、情感认同、精神追求等德育内涵的切身感受,让德育摆脱单纯的口号式教学,变成一种塑造个人心灵、改变个人行为的教育方式。

(二)初中学校课程资源的精准整合

初中学校课程资源的精准整合包含学科内优质资源的深度开发、学科间优质资源的精准融合、校内外优质资源的精准整合、线上线下优质资源的精准整合等多方面的整合探索,旨在多角度、多层面挖掘课程资源,并通过精准项目式

---

[1] 李松林,贺慧,张燕.深度学习究竟是什么样的学习[J].教育科学研究,2018(10):54-56.
[2] 张志勇.关于德育问题的三个基本问题的思考[J].中国德育,2017(6):54.

学习发挥资源的协同作用,为学生创造具有上述特征的学习经验,提升学校教育教学的质量,实现"立德树人"的育人目标。

1.以学科内、跨学科资源精准整合助推深度学习

在学科教学层面,学校搭建备课平台,学科备课组每周进行一次学科集中教研,围绕学科的阶段性教学目标,以问题为导向对能有效满足概念理解、知识运用、知识体系建构等不同层面学习需求的课程资源进行筛选组织,形成授课教师对章节课程资源的统一认识。在此基础上,教师可结合任教班级的具体学情,从学生的学习需求出发,实现课程资源与教学目标、学生学情的精准匹配,建立学生对学科的立体认识。

此外,基于霍华德·加德纳的多元智能理论,人在解决真实问题时往往会综合运用多种智能。由于不同学科的学习通常指向某一项或几项智能的开发与运用,这就意味着要实现学生对学科本身、学科作用的深入认识,真正将知识学习与生活真实问题的解决关联起来,就需要加强学科间的联系,特别是对能调动多种学科知识协同作用的课程资源的利用。对此,学校要求不同学科的教师在备课时进行学科间优质资源的开发与整合,同时,利用学校大会、年级会议、综合教师办公室,搭建跨学科备课平台,实现跨学科交流。

2.以校内校外资源精准整合促进知识向实践转换

学校立足校内外优质课程资源,充分利用社区、科技馆、历史建筑、高校、家长等资源,如设立高校实习基地、建立与高校的资源合作机制,用好高校实验室,为学生开展更专业的学科实践提供便利;充分发挥科技馆、历史建筑的教育功能,将具有地域特色的文化资源,如将古巴国文化、码头文化、红色革命文化等引入课堂,让学生近距离接受优质文化的熏陶,为学生参与文化活动、开展文化实践提供平台,让学生从身边的人、生活的地方开始培养对祖国灿烂文化与大好河山的热爱;设立家长课堂,发挥家长连通校内校外的桥梁作用,为学生社会实践提供真实案例,促进对学生生活实践、劳动技术和职业体验的教育。

3.以线上线下资源精准整合连通教育与真实生活

学校建设智慧校园,网络教育资源班班通,实现线上资源对线下资源的时刻补充,使真实生活中的优质资源能及时融入教育教学,进一步拉近教育与真实生活的距离,促进学习向生活的转换,为学生的未来成长赋能。

综上,初中学校课程资源的精准整合,使多层面、多渠道的优质资源得以进

入学校教育的视域中,促进学校教学向深度教学、知行合一、连通生活转换,促使学校教育教学的质量提升。

从学校教学的层面,一方面需要着力于作业设计的量的控制与质的提升,另一方面则要着力于课后服务质量的提升。要更好地发挥作业的诊断、巩固、学情分析等功能,统筹不同学科的作业量,就需要围绕优质资源进行作业设计,加强学科间合作交流。同时,利用好校内校外的课程资源,为学生课后学习空间的拓展,科普、文体、艺术、劳动、阅读、兴趣小组及社团活动等有益活动的开展创造条件。这些都离不开学校对课程资源的精准整合。

因此,课程资源的精准整合在促进学校教育教学活动高质量开展的同时,也为学生"双减"目标的实现提供了支持。

二、面向"五育",优化课程体系

"学校课程体系是学校立足本校实际,通过对不同类型课程进行系统合理的安排和组织,所形成的学校整体课程结构。"[1]它是不同类型课程得以协同作用于学生成长的机制保障,也是国家课程要求、地方课程特色、学校办学理念及育人目标的集中体现。因此,学校课程体系的优化往往成为国家基础教育改革的重要内容之一。

我国在2018年立足国家经济社会发展的战略高度和未来人才培养的长远需求,总体确立了"五育"并举的全面发展教育体系。2019年,《意见》进一步提出将实现"德智体美劳"全面素质发展作为衡量教育质量的根本标准。而这一标准的实践,就需要初中学校对原有课程体系进行优化重构,建构使受教育者在思想道德、智力、身体、审美及劳动素养方面都能获得发展机会的学校课程体系。

在我国教育发展的历史上,"学生的全面发展"并非初次被写入国家的纲领性文件,"五育"也并非是首次出现的概念。但近几十年来,随着人们知识观、人才观的转变及脑科学、认知科学等的不断发展,我国当前在基础教育领域所倡导的"五育"并举、"五育"融合的改革走向也包含了时代赋予的新特征,即整体推进、关联作用、关注个体。

---

[1]杨清.五育并举视野下普通高中课程体系的构建[J].中国教育学刊,2021(6):47.

(一)整体推进

整体推进,即强调学校课程作为一个有机系统的整体作用,强调五大教育领域的协调均衡。

一方面,当今日益复杂多变的社会环境需要人们具备处理复杂问题和跨领域协同工作的能力,这就对个体综合素养的发展提出了更高的要求。另一方面,对人类智能结构的研究指出,人的智能是一个多元化的结构,每个正常的个体都具备至少九种智能(包括言语/语言智能、逻辑/数理智能、视觉/空间智能、音乐智能、身体/运动智能、人际交往智能、自我反省智能、自然观察者智能、存在智能),其中九种基本智能的不同组合表现出个体的智力差异。智能的核心是解决实际生活中的问题和创造社会所需的有效产品,不同的智能有其表现突出的领域,但在处理复杂问题时,往往需要多种智能的合作。理想的全面发展式教育应结合学生的智能结构特点,有意识地强化优势智能、刺激弱势智能、优化智能结构。因此,不论从个人发展还是社会需求的角度看,学校都应该提供指向学生不同智能领域与素养需求的课程体系。然而在实际的教育中,尽管学校开设了包括语言、科学、艺术、体育等在内的丰富的学科课程,但长期以来存在的"智育"为重,弱化"美育""体育",缺失"劳动教育",忽视"德育"的问题,导致学生片面发展,引发了教育的失衡。

"五育"并举强调一个"并"字,《意见》要求学校在开齐开足国家规定课程的基础上,坚持"德育"为先,在提升"智育"水平的同时,强化"体育锻炼""美育熏陶""劳动教育"。中共中央、国务院接连颁布的《中共中央 国务院关于全面加强新时代大中小学劳动教育的意见》《新时代爱国主义教育实施纲要》《关于全面加强和改进新时代学校体育工作的意见》和《关于全面加强和改进新时代学校美育工作的意见》等文件,从国家战略的高度对长期被忽视的"德美体劳"教育提出了要求。

可见,新时代"五育"并举教育更强调课程体系的整体性与协调性。

(二)关联作用

关联作用,强调在不同领域、不同课程类型之间,课程与学生之间,课程实施各个阶段之间建立内在联系。

首先是不同领域、不同课程类型之间的联系。社会分工的不断细化催生了分科课程,但分科课程的逻辑是"将复杂系统层层分解为其组成部分,只选择其中某个或某部分的要素作为关注重点"[1],这样,不同的知识领域被分化为不同的学科领域,各个学科领域的核心概念及学科能力又作为重要因素构成了学校的学科课程。这样的设计逻辑虽然方便教学与评价等实践操作,但在分化的过程中已经把本来相互联系、相互过渡的对象离散化、割离化了,既不涉及对象内部的任何结构与关系,又不涉及对象之间的过渡和联结[2]。简单地说,学生只是在简化的学科情境下分门别类地学习了各个学科板块的知识,却没有学习如何将不同板块的知识综合起来运用于真实生活中复杂问题的解决。因此,加强不同领域、不同课程类型之间的内在联系是实现"五育"并举的必然要求,也只有让学生实现不同知识领域的联合融通,才可能促进其对学科领域的深度理解、对世界的整体认识,以及对知识的迁移与创新运用。

其次,"五育"并举实质上也是教育向人的回归,对"德育""体育""美育""劳动教育"的强化使教育不但反映出呼应社会发展需求的性质,更表现出对个体生命成长的关注;不但注重个体智力的发育,同时也关注儿童精神世界、身体及心理的健康发展。学生不再是课程的被动接受者,而是课程设计的原始起点,课程与学生成长之间的关系变得更加紧密。

最后,要形成课程与学生的关联、不同课程之间的关联,必须以课程实施各个阶段的联系为保障,使课程设计、资源开发、教育教学、课程评价形成一个彼此关联、互相支持的系统,避免教学方式与设计初衷的背道而驰、片面评价对全面发展目标的违背。

(三)关注个体

"五育"并举、"五育"融合并不意味着追求不同领域课程"在数量或者程度上的绝对平均主义"[3]。正如上文所述,个体的智能结构间具有差异,成长的环境差异也造就了个体禀赋、才能、爱好、性格上的差异。因此,简单追求培养模式、教育结果的同一化反而违背了"因材施教"的教育规律。因此,强调"五育"并举是为了保障不同学生充分享有发展个体"德智体美劳"素养的机会。在课程的设计与实施上还需要关注学生的个体差异,为学生提供符合其学情与个性特征的教育。

---

[1] 杨清.五育并举视野下普通高中课程体系的构建[J].中国教育学刊,2021(6):47.
[2] 张建军.逻辑悖论研究引论[M].南京:南京大学出版社,2002:275-279.
[3] 杨清.五育并举视野下普通高中课程体系的构建[J].中国教育学刊,2021(6):46.

基于"五育"并举目标下学校教育的新特征,学校的课程结构可以从三个角度进行优化:从离散走向融合、从封闭走向适度开放、从固化走向动态生成。从学生学段链接和综合素质发展的整体出发,使不同类型的课程承担独立的教育功能,又形成协同作用,横向上覆盖"五育",纵向上形成学段的连接。同时关注该学段与前后阶段(如小学与初中、初中与高中、高中与大学)课程之间的连接。

封闭走向适度开放,是离散走向融合的必然要求。课程结构的适度开放体现在:1.不同类型课程边界的开放。各个领域的课程不再是完全封闭自足的体系,而是以问题或项目为连接点,实现知识与能力的交融。如数学、物理、化学等科学学科可以围绕一个多步骤问题的解决或产品设计实现同领域学科的联合教学,又如以校园的建设改造为项目实现美术、文学、生物、劳动等跨领域学科的融合。2.学校课程向社会生活的相对开放。学校应立足育人需求,适度开放学校课程的边界,合理运用高校、家长、社会公共资源,使学校教育对接社会优质资源,对接学生的真实生活。

从固化走向动态生成指向学校课程设计的观念转变。面对新时代知识更新频率的加快、学生学情的变化发展,学校课程设计不能持一劳永逸的态度,而是应该根据学生全面发展的具体需求,及时将有价值的教学资源融入学校课程系统中,避免学校课程内容与时代发展的严重脱节。

在实践层面,要让上述转变真正发生,则需要解决这样几个关键问题:不同学科、不同领域之间通过什么建立联系?学校课程开放的标准与尺度是什么,又应该如何实现开放?如何保证课程的更新优化,从而提升整个学校课程的活性?对课程资源进行精准整合的过程也就是寻找上述问题答案的过程。

三、以教促研,推动教师发展

《国家中长期教育改革和发展规划纲要(2010—2020年)》指出,面对当今世界的大发展、大变革、大调整,"中国未来发展、中华民族伟大复兴,关键靠人才,基础在教育"。而学校要促进教育质量和教育现代化水平的提升,为学生提供更加丰富优质的教育,就离不开一支高素质的教师队伍。教师的专业发展很大程度上影响着学生的发展,教师的可持续性发展也是学校可持续性发展的重要保证。

聚焦"立德树人",指向"五育"融合的初中课程资源精准整合,在开发课程资源、优化课程体系的过程中,一方面指向学生的成长发展,一方面则指向教师的专业提升。我们希望通过重建教师角色定位、唤醒教师发展意识、拉近教研距离等推动教师自身的发展。

(一)重建教师角色定位

初中课程资源精准整合的过程其实是教师重建角色定位的过程。在学科内整合、跨学科整合等不同维度整合的实践过程中,教师需要立足教学的根本目标,重新思考自身与教学资源、教学材料、教学对象,甚至教学空间、同事间的关系,重新定位教师角色,为立足学生、精准教学提供保障。

首先,在与教学科目的关系上,从"教学科"到"用学科教"。即通过课程资源的精准整合,重新思考学科在学生成长发展中扮演的角色,转变以学科教学为中心的教学思路。学科教学的目的并非清晰无误地将学科知识复刻进学生的大脑,而是引领学生在本科目的学习过程中,寻求自身思维及情感思想的积极变化。对学科的认识的转变,为教师评判教学资源的价值,教学过程的设计与组织、教学效果的评价提供了重要的参照。

其次,在与学生的关系上,从"师本位"到"生本位"。在教学过程中,教师的认知不能替代学生的认知,知识只有通过学生的自主建构,才会有机整合在学生的认知系统之中,因此教师的教学应坚持以学生为中心。而不同阶段学生的身心发展规律及不同学生的个性差异意味着学生建构知识的方式也存在差异性。课程资源的精准整合过程就是以学生为中心开发教学资源,优化课程体系的过程。在精准整合的实践中,教师将对学生认知规律、阶段发展特点、个体差异产生更深刻的认知,让教学的中心真正落到学生身上。

最后,在与同事的关系上,从"分科教学"到"合作教学"。教学中心由学科向学生和由教师向学生转变的过程,意味着各个学科不是分别在教育学生,而是在合作塑造学生。教学效果的评价不再单纯针对学生在不同学科中的表现,而是要综合考察不同学科对学生的作用,即其为学生德、智、体、美、劳等方面的素养所带来的提升。课程资源精准整合的过程,特别是学科融合教学的过程,为不同学科的教师提供了合作教学的机会,使教师能够通过整合教学,在与其他学科的对比中进一步明确本学科在学生综合素养提升中的独特价值。

(二)唤醒教师发展意识

教师专业发展是指"教师在个体的专业知识、专业技能、专业情意、专业自主等方面,由低到高、逐渐符合教师专业人员标准的过程"[①]。教师专业发展的实现,一方面需要学校提高认识并创造条件,提供培训、科研等具体的发展途径,另一方面则需要教师总结教学经验,形成教学反思,在反思中激活自我发展意识。

教师的自我反思是"个体以自己的活动为思考对象,对自己所做的行为、决策及由此产生的结果进行审视和分析的过程"[②],是教师维持可持续发展的必经之路。反思的形成有赖于经验,课程资源精准整合的实践为教师提供了丰富多样的教学经验,促进教师从专业知识的发展、专业技能的发展、专业情意的发展、专业自主的发展等角度形成反思,从而唤醒教师的自我发展意识。

1.专业知识的发展

专业知识的发展指中学教师从事教学工作所必备的广博的普通文化知识、系统的学科专业知识和教育科学知识的不断积累和更新。这里既包括文、史、哲、化、生以及数学、外语、美术、音乐、体育等基础文化科学的知识,又包括所任学科的基本理论和技能,还包括教育学、心理学、学科教学法等教育科学知识。[③]

在课程资源的精准整合中,学科内课程资源的精准整合可推动教师围绕立德树人目标重新审视本学科知识的教学价值,教学资源整合的过程也是重新梳理学科知识的关系、加强学科知识系统关联性的过程。在追求整合精准性的过程中,教师需要了解学生的认知规律、心理发展特征等专业知识,并探究项目化学习等全新的学习模式,这就为教师教育学知识的积累与更新创造了条件。

2.专业技能的发展

专业技能的发展指中学教师不断掌握和娴熟运用从事教学工作必备的教学基本能力和技能,并不断形成和提高教学能力的过程。[④]

课程资源的精准整合对教师理解和驾驭教材、指导学生学习、组织教学等方面有较大的促进作用。首先,教师需要围绕教学目标有效组织教材中或教材

[①]张欲锐.中学教师专业发展的实现策略[J].教育探索,2012(4):111.
[②]苏春景.小学新入职教师的自我突破策略初探[J].课程·教材·教法,2011(7):76.
[③]张欲锐.中学教师专业发展的实现策略[J].教育探索,2012(4):111.
[④]张欲锐.中学教师专业发展的实现策略[J].教育探索,2012(4):111.

外的教学资源,反思教材内容,灵活地使用教材,加强教材中教学内容、教学材料间的系统联系性。其次,课程资源的精准整合将教学的中心指向学生,在"生本位"的教学关系中,需要教师反思如何才能引导学生形成对知识的深度理解、完成自主知识建构。最后,教学资源的多样化、科技发展带来的技术革新决定了教师需要反思并更新教学组织的模式,从而推动学习真正地发生。数字化资源的开发、应用也是中学教师专业技能发展的重要内容。课程资源精准整合不仅包括各类线下资源的整合,线上资源的整合也是该课题的一个重要方面,这就对教师自身数字化教学的技能提出了要求。

3.专业情意的发展

专业情意的发展指中学教师树立专业理想、培养专业情操和专业意志的过程,是教师专业价值观和情感的集中体现。[1]正如前文所述,初中学校课程资源精准整合的过程,其实也是教师重塑角色定位的过程。教师加深对教学科目育人价值的认识有助于强化教师的学科认同感,促进整合过程中同事间的思维碰撞与教学合作,更进一步强化教师的职业认同感,同时激发教师克服困难、钻研学科的精神。教师围绕学生组织教学的过程,促进教师明确育人责任、强化责任意识、培养敬业精神。教师在教学资源的开发与创新运用中获得了创造的主动权,有助于教师累积教学成就感,增强对教学科目及教学教研的热爱。

4.专业自主的发展

专业自主的发展指中学教师在专业发展过程中能够不断地对自己的教育教学进行反思,不断增强研究意识和能力的过程。表现为教师对教育工作具有强烈的使命感,能够重新思考和检讨已有的教育理念和教育行为,并注意总结经验,不断把自己的经验理论化,实现教育教学实践向理论形态的转型。[2]

现阶段初中学校课程资源的精准整合既是教学实践,同时也是教学研究,需要教师思考各种前沿教学理论向教学实践转换的策略与途径,需要教师对整合过程中的经验与问题进行深入的反思,需要教师从教学的实际案例中总结规律、提炼理论,这在一定程度上激发了教师专业发展的自主性。

(三)拉近教研距离

教育教学研究对教师专业发展的重要作用已成为各类教育的共识,教育教

---

[1]张欲锐.中学教师专业发展的实现策略[J].教育探索,2012(4):111.
[2]同[1].

学研究是教师专业发展所必需的动力,是教师提升教学质量的重要途径。但教育科学研究至今未成为多数中学学校教师职业生活的重要趋向,且对学校的教育教学质量及教师专业水平的提高尚未起到理想的推动作用。[①]

研究对象指向教育教学中的真实问题,研究结果指向教育教学的实际应用,"因教而研,研为教用"。我们希望缩短教学与研究之间的距离,使教研得到更真实、更及时的实践反馈,避免教学研究脱离真实教学的问题;希望缩短教学与科研的距离,使教师主动参与到教研工作之中,教、研合一,提升教师研究能力,反哺教师教学能力,实现教师专业能力的发展。

综上,本书研究的主要目的还在于依托研究的思想基础及具体过程,从教师角色定位、教师专业发展意识、教师与教研关系等角度,促进教师专业知识、专业技能、专业情感与专业自主的发展意识的全面提升,助力教师发展。

初中学校课程资源精准整合研究的目的主要包含三个层面。

1. 开发优质教学资源,提升教学质量

立足"立德树人"的根本目标,通过学科内、跨学科资源精准整合助推深度学习,以校内校外资源精准整合促进知识向实践转换,以线上线下资源精准整合连通教育与真实生活,使学生的学习走向深度理解、实践探索,并连通真实生活,从根本上提升学校教育教学的质量,以实现"立德树人"的育人目标。

2. 优化课程结构设置,促进"五育"融合

面向"五育"并举的课程变革,围绕当前"五育"融合的整体推进、关联作用、关注个体的新特征,通过多维度课程资源的精准整合优化课程结构,促进课程结构从离散走向融合、从封闭走向适度开放、从固化走向动态生成。

3. 优化教育教研机制,推动教师发展

树立"教研一体"的发展观念,充分发挥教师在课程资源精准整合中的主体作用,通过重建教师角色定位、唤醒教师发展意识、拉近教研距离等推动教师自身的发展,为实现"立德树人""五育"并举提供根本保障。

[①] 温忠孝.浅析中学教育教学研究与教师专业发展[J].教学管理与教育研究,2021(1):109.

第四节　初中学校课程资源整合的要求

一、课程资源的提取：开放性与丰富性

课程资源的种类繁多，面对如此广泛的课程资源，教师作为课程资源开发与利用的核心主体，应对不同层次、不同维度的富有教育价值的课程资源进行提取。在提取课程资源的过程中应具有开放的眼光，转变原有的将教材、教参等资料作为唯一课程资源的思想，扩大教育视野。凡是有利于提高学校教育教学质量和效果的资源，都应加以提取与充分利用，使其具备课程潜能，进而转化为学校的课程资源。

（一）课程资源提取的开放性与丰富性是落实新课程目标的需要

"教师、教材、学生"被称为传统课堂模式下的"旧三元"。随着教育改革的不断深化，"旧三元"转变为新课程教学中的"新三元"——"学生、资源、教师"，充分凸显了"以生为本"的新课程教育理念。在传统的教学观念中，基础教材、教参等教学资料是课程教学的全部内容，而校园内本身有着其他具备课程潜能、可供开发与利用的课程资源，社会生活中更是蕴含着丰富的课程资源。《基础教育课程改革纲要（试行）》明确提出课程资源的开发与利用应满足多样化和选择性的要求。在把握"以生为本"的教育原则下，多维度地开发、利用与整合各类课程资源具有重要性与必要性。促进学生有个性地全面发展所需要的知识是不断更新的。对于促进学生整体发展所需的课程资源，都应合理地提取，将其纳入学校的课程资源里，及时丰富、完善学校原有课程资源，从而加强学生生活与现代社会和科技发展的联系，实现课程资源效益的最大化，发挥其最大的价值。

（二）如何实现课程资源提取的"开放性"

课程资源提取的开放性指的是提取渠道的开放性，多维度地提取课程资源，实现课程资源的"广度"。主要体现在三个方面："学科边界的开放""学校与社会边界的开放"和"线上与线下边界的开放"。

1.打破学科间的界限,实现"学科边界的开放"

课程资源的提取不再局限于单一的学科渠道。学校必须突破学科间的壁垒,将视野拓展到其他学科领域,关注到跨学科的课程资源。学校通过搭建跨学科交流平台,全面把握学科内的知识体系,并在此基础上探索学科间知识的交叉点,将其提取并转化为优质的跨学科课程资源,开发专题性、综合实践课程,从而丰富课程教学内容,提升教学质量,落实教学目标与实现培育学生核心素养的育人目标。

2.打破校内外的界限,实现"学校与社会边界的开放"

中国著名教育家、思想家陶行知先生曾说过,"社会即学校",指出应拆掉校园与社会之间的围墙,使学校教育与整个社会的资源和自然资源联系起来,使学生的自身发展与社会、自然的发展联系起来。社会与自然中同样蕴含着丰富的可提取的课程资源,教师应善于挖掘各种具有课程潜能但尚未被开发利用的社会资源和自然资源,赋予其课程潜能,加以开发与利用,发挥其课程价值。比如可以利用博物馆、图书馆、艺术馆、科技馆、社区等资源,还可以挖掘高校资源,与当地高校进行合作,设立高校合作基地,创立与高校的资源合作机制。校外人力资源同样也可以转化为一种优质的课程资源,他们始终处于社会中,与社会保持动态的联系,可以以他们为媒介向学生传递社会中的信息,通过与社会各界的合作,实现全员育人。

3.打破虚实界限,实现"线上与线下边界的开放"

网络给学校教学带来了海量的信息资源,这些资源具有信息容量大、智能化的优点,教师可以把各种与学科相关的网络资源分类加工,转化为课程资源,作为对学科教学的一种补充和拓展,与学科教学深度融合,以此提升学科教学效果。除此之外,网络资源的更新速度快,随社会的发展实时更新社会热点,具有动态性的特点。教师可以将这些资源转化为课程资源,培育学生的核心素养。还可以建立网络学习资源库,构建线上学习知识体系,为学生拓宽学习途径。学生利用线上资源进行拓展学习,让学习变得"无界"。师生也可以通过互联网进行互动,拉近师生之间的距离。

(三)如何实现课程资源提取的"丰富性"

前面提到了课程资源提取渠道的开放性,而通过多维度的提取渠道如何丰富课程资源,也值得学校探索。课程资源提取的丰富性主要是指内容的丰富性,实现课程资源的"深度"。本章节的第一部分提到了课程资源的不同分类,按资源渠道可分为校内课程资源与校外课程资源;按存在方式分为显性课程资源与隐性课程资源;按功能特点分为素材性课程资源与条件性课程资源。

1.立足学校办学特色,挖掘校本课程资源,构建校本课程体系

新课程明确指出学校应致力于开发能充分体现学校办学特色和彰显学校文化内涵的校本课程资源。除了学科资源本身的开发,学校也应关注校内外潜在的校本课程资源,通过多种渠道对校内外课程资源进行挖掘、提取,再加以开发与利用,将其转化为丰富的校本课程资源。

一是充分挖掘校内校本课程资源,发挥教师的能动性。教师同样是一种很重要的课程资源。我们可将学校的特色和国家课程相结合,根据社会发展的需要和学生的实际需要,结合教师自身的专业优势,将这种优势转化为具有学科特色的课程资源。除此之外,各学科教师还可以运用各自的优势,共同参与校本课程资源的开发,创设涉及多学科的特色校本课程。

南渝中学沿袭南开"公能"课程体系,各学科将入于耳、藏于心的必修课程作为实践基础,通过学生的实践探究,行之以身,以项目化实践课程的方式呈现出来,项目化实践课程也是学校特色校本课程之一。比如学校语文学科的《诗经》音诗话表演,学生通过自身的理解进行演绎,体会《诗经》之美,该活动旨在培养学生的语文核心素养;数学学科的居家实践项目式课程——制作几何体并观察其截面图形,帮助学生更直观地认识立体图形的截面形状;英语学科的英文歌曲唱作大赛,以让学生自己原创英文歌曲的方式培育学生的英语核心素养;以及学校创办的跨学科特色课程——科技文化节,旨在让更多学生体验科技实践的乐趣、探索科技应用的奥秘,培养创新型人才。

选修课程也是特色校本课程的一种形式,选修课程的内容能体现出一个学校的特色,课程本身也应该蕴含较强的德育功能,指向培养学生的核心素养,促进学生的个性发展。选修课程一直是南开中学的传统,也是特色,学校秉持"允公允能,日新月异"的教学理念,坚持"五育"并举高质量办学目标,本着多样化、特色化、生活化、项目化的原则,以"生本"意识为指引,以必修课程的标准规范选修课程,为学生开设了几十门选修课程,内容涉及科技、人文、艺术、教育等诸多领域,既兼顾传统,又锐意革新。比如英语学科的"英语文化简介",历史学科的"国宝档案与报刊编辑",美术学科的"服装设计",地理学科的"地理与生活之三餐四季",物理学科的"墨子工坊",生物学科的"探索生物奥秘"等。

二是合理利用校外具有教育价值的潜在课程资源。首先,专家学者是一种优质课程资源。南渝中学开设了专家讲坛系列特色校本课程,有幸邀请到中国工程院院士周绪红院士、中国科学院院士陈仙辉院士为学校师生带来主题讲座。各种优质家庭课程资源也应该充分利用,学校创设家长特色课堂,发挥家长的示范作用,帮助学生树立正确的价值观。由于学生家长的异质性——背景、职业、阅历、兴趣爱好不同,家长课程资源具有丰富性。学校可以建立动态的学生家长资源库,进行分类整理后再加以提取,将这些资源分为不同类型的课程资源。南渝中学也创建了家长讲坛的特色校本课程。如在疫情稳定,学校复课之后的关键时期,学校开展了"致敬逆行者,铸就爱国魂——我与战疫英雄面对面"事迹分享活动。三位参与抗疫的家长,将鲜活的战疫素材带进校园,给学生分享了他们在"战疫一线"的抗疫故事,学生在感动的同时,也学习了英雄们勇于担当、无私奉献的品质和心系人民、国家的家国情怀。校外的资源除了丰富的人力资源,还可以广泛利用社会和自然资源,比如利用校外博物馆、科技馆、艺术馆拓宽学生的视野。教师可以去发掘场馆里隐含的有价值的教育资源,将其与学科教学融合,开拓创新,丰富教学的形式。

2.提取校园文化中的隐性课程资源,丰富课程资源

校园文化作为隐性课程资源的一种重要载体,也是一种潜在的课程资源,其物质形态和精神形态都具有一定的育人价值。校园物质环境有校园内的自然环境、艺术景观、基础设施,如教学楼、办公楼、食堂、图书馆、实验室、体育馆等。校园的物质环境建设除了要具有一定的审美感,还要彰显学校的办学思想、价值取向和校园人文精神,所以学校在创建学校物质环境的过程中必须考虑到"育人"这一功能。南渝中学建立了总面积超过1000平方米的劳动基地——耕读园,草木浓郁,生机盎然,作为学生的实践劳动教育基地,将美育和劳育有机结合。除了自然环境外,教学楼的墙上挂着教育名人及南开知名校友的画像。校园的各个角落里,都贴有一些激励性的中英文名言警句。学校通过对物质环境的营造实现"育人"功能,校园物质环境也提供了丰富的自然课程资源。校园精神环境主要指学校里的校风、班风、校训、教风、规章制度、人际关系等方面,这些都是一种隐性的校园德育课程资源,对学校的发展起到引领的作用。学校秉持"允公允能,日新月异"的校训,建设优良的校风、教风和学风,对学生的价值观起到正确的导向作用。

二、课程资源的选择：围绕"精准"的多维构建

国家基础教育课程改革走过了20年，取得了一系列显著的成效，从课程管理到教师的教、学生的学都产生了巨大的改变。在这样的前提下，我们应当更加重视在日新月异的社会变化中的基础教育的发展。课程资源是教育的一个重要组成部分，随着社会的发展、教育的变革，课程资源也在不断发生着变化。再加上我国近年来科技的发展、互联网的普及，所以就基础教育所处的现状来看，教师在教学中可选择并加以利用的课程资源是相当丰富的。在丰富带来便利的同时，我们也应该看到其为教师选择课程资源带来的困扰。或许并没有最优的资源选择，只有最为切合的选择，如何在浩如烟海的课程资源中选择最切合的内容成为我们需要关注的问题。

（一）基于课程标准与教材进行精准选择

课程标准为教材的编写提供了依据，同时也为教学提供了依据，所以教师在课程资源的选择中，需根据课程标准和教材进行精准的选择。例如《义务教育语文课程标准（2022年版）》对初中生在综合性学习这一部分中有如下明确的要求：关心学校、本地区和国内外大事，就共同关注的热点问题，搜集资料，调查访问，相互讨论，能用文字、图表、图画、照片等展示学习成果。笔者所在的语文教研组为了培养学生关注身边以及国内外事件的意识开展了一系列的活动。

人教版《语文》教材八年级上册第一单元为新闻"活动·探究"单元，学生不仅得学会阅读不同种类的新闻，掌握新闻这一文体的相关知识，还需学以致用，学会新闻采访与写作。基于新课标和教材的要求，语文教研组策划，决定以南渝中学第二届运动会为素材，举办主题为"无体育，不青春"的语文小报实践活动，每班作品独立成刊，广泛发动学生参与其中。从拍照、采访、撰稿到报刊总体的设计，包括主色调的选取、版面名称和主题的确定、各种导语和评论的安排、中缝和边角的处理、新闻事件位置的分配、文字字体及大小的设置、间距和段落的设置等，均由学生独立完成，教师只从旁指导。

2020年，学校开展了"踏春寻美·漫话记'疫'——你是人间的四月天"线上项目式学习活动，引导学生记录特殊的经历，关注国家大事，读好生活这本活生生的教科书。从漫画到连环画，从朗诵视频到MV制作，学生用不同的形式记录疫情期间的感人故事，表达内心对英雄的崇敬。在制作作品时，涉及版权的问

题,学生通过多种渠道,与原作者进行沟通,在获得允许后方才使用。这次活动不仅锻炼了学生表达、交际、合作的能力,更重要的是在实践中实现了对学生情感价值层面的涵养。

(二)基于教师能力与发展进行精准选择

课程资源是非常丰富的,而且会随着时代和社会的发展更加丰富。但需要明确这样一个事实:"课程资源同其他一切功能性资源一样,无论其存在形态、结构,还是其功能和价值,都具有潜在性,也即它不是现实的课程要素和条件,必须经过课程实施主体自觉能动地加以赋值、开发和利用,才能转化成现实的课程成分和相关条件,发挥课程作用和教育价值。"[1]课程资源要在教学中发挥其作用是需要经过教师的选择和利用的。

教师履行着与课程材料的创造和实施有关的多种义务,无论教师是自己编制课程还是运用现有的课程材料,教师总是一个"课程的决策者",因为课程的发展和运用要依靠教师的思维和行动。因此,如何精准选择课程资源便与教师自身的能力和未来发展目标紧密相关了。

教师在选择课程资源时,会有意无意地选择自己认为好的课程资源,这在一定程度上已经反映了教师能力与课程资源选择的关系。教师有识别、选择优质课程资源的能力,但并不是所有的教师都能将其完美地应用于教学活动当中,选择的能力并不等于使用的能力。所以教师在选择课程资源之前,应该对自身的能力进行恰当的判断,选择能灵活运用的资源,或者对资源进行加工,使之符合当下自己的掌控力。

教师在选择课程资源时,还应该考虑自身发展的目标。教师发展目标一般可以分为两大类,一类是经验型教师,另一类是学术型教师。针对不同发展目标选取的课程资源存在较大的差异,并会产生不同的影响。所以每个教师都应该针对学校要求和自身特点先明确自己发展的目标,并围绕这个目标选择资源。课程资源贯穿于教师教学的全过程,切合发展期望的课程资源能够在不同的情境中完善和优化教师的知识结构、提高教师的教学水平,同时也能促进教师更精准地选择、利用,甚至开发课程资源。

本书研究学校如何从"教""研"两个方面培养教师。例如语文教研组为助力青年教师专业发展,举办多场语文学科讲座,与专家名师面对面,促进青年教

---

[1] 黄晓玲.课程资源:界定 特点 状态 类型[J].中国教育学刊,2004(4):37.

师提升自我修养,用最前沿的学科理论武装自己,并将之应用于教学;鼓励青年教师积极参与各类教学基本功大赛、论文写作比赛等,丰富自己的学术积淀。教师利用各种课程资源,不断吸收前沿学科理论,并不断在教学实践中优化、完善、提炼自身的教学策略和方法。

(三)基于学生现状与发展进行精准选择

教育最重要的目的在于育人。不管是什么样的课程资源,其目的的最终落脚点还是在如何更好地实现对学生的培养上,所以在课程资源的选择上,学生应该作为最为重要的考虑因素。如何精准选择课程资源,需要把出发点和落脚点都放在学生的身上。

1.针对学生认知水平进行精准选择

根据皮亚杰的认知发展阶段论,初中生处于具体运算阶段到形式运算阶段。具体运算阶段的学生已经构建了思维的完整性、逻辑性的体系,但还没有形成抽象逻辑思维。处于形式运算阶段的青少年能通过逻辑推理、归纳或者演绎的方式来解决问题;能够理解符号的意义、隐喻和直喻,能够做一定的概括。教师在选择课程资源的时候,必须充分考虑到学生的接受能力,不能超越学生当前的认知阶段,同时需要在教学中利用各种课程资源寻找突破点,促使学生向更深层次发展。

由于初中生逻辑思维水平有限,还需依靠具体形象来理解,教师在教授知识点时可以利用多种方式,如图文结合、形象化表演等方式。例如笔者在执教《孔乙己》时,学生对"只有穿长衫的,才踱进店面隔壁的房子里"中的"踱"难以理解,笔者进行现场模仿,让学生明白"踱"其实就是悠闲地慢走,由此体会到短衣帮与长衫客之间的差距,以及孔乙己不被容于这两方的悲惨命运。

2.针对学生生活进行精准选择

针对学生的生活进行选择可以从三个方面来谈,一是教师在选择课程资源时尽量选择贴近学生生活的内容,便于学生理解,更激励学生关注周围的生活,培养学生观察、识别、选择、开发、利用资源的能力。例如人教版《语文》教材七年级下册的综合性学习"我的语文生活",可引导学生关注周边店铺招牌、广告词,以及逢年过节小区门口、家家户户门口贴的对联,让学生在实践中感受到语文就在身边,语文与我们的日常生活息息相关,由此激发学生学习的兴趣。课程资源要贴近学生生活,更要让学生试着将其融入自己的生活,只有将学生的生活与所学的内容紧密联系起来,才能破除为考试而学习的思维弊病,在一定程度上降低学生学习的功利性。

二是教师在选择课程资源,以及发挥这一课程资源的作用时,需要精准把握学生的兴趣所在,用学生感兴趣的内容来教授知识,用学生感兴趣的方式、语言来帮助学生掌握所学内容。例如在教授人教版《英语》教材七年级上册"Unit 7 How much are these socks?"时,教师直接在班级举办义卖活动,学生在活动中不仅掌握了询问价格、介绍物品信息的知识,还将义卖筹集的善款,捐给需要帮助的人。为了锻炼学生的口语,教师将学生自由演讲内容放宽,比如鼓励学生介绍自己喜欢的偶像等他们感兴趣、想表达的话题,大大激发了学生学习的积极性。

三是教师在教授距离学生生活不太贴近的内容时,需要精准选择利于创设情境的课程资源,拉近教学内容与学生之间的距离,让学生通过创设的具体情境理解、把握教学内容,避免陷入尴尬无效的学习状况之中。

3.针对学生发展进行精准选择

教育的目的是育人。教师在可利用的课程资源内精准选择对学生身心发展起着良好作用的内容,为学生潜能的长远发展和学生情感价值的实现打下坚实的基础。古人言"授人以鱼不如授人以渔",在课程资源的选择和利用中,重点不仅在于传授知识让学生掌握,更在于让学生利用现有资源学会学习。只有让人学会学习,才能促进人的长远发展。

尽管有不同版本的教材,但由于我国幅员辽阔,教材的编写者在编写教材时秉持的是普遍适用的原则,在这种情况下要实现学生的个性化发展就需要教师在选择课程资源时,从学生的角度出发,了解并把握学生的特点,为学生提供适合的教育和各种展现自我才能的机会,让学生主动积极地参与教学活动,从而实现学生的个性化发展。

综上,尽管课程资源很丰富,但我们在选择的时候必须有方向,必须精准。在日常教学活动中,课程资源需要基于课标和教材、教师能力与发展、学生现状与发展这三个维度来进行选择,这样才能实现课程资源最大化利用,实现教与学的共同发展。

三、课程资源整合：建构性和生成性

(一)初中课程资源整合之建构性

1.建构主义理论概述

建构主义是当代教育学中一种重要的教育模式，其中，建构性也是教育工作者的重要认知方式。建构主义最初来源于苏格拉底的"产婆术"，在此基础上意大利著名哲学家维科做了更深的研究，正式提出了建构主义的概念。建构性经过后期进一步的研究，逐步形成了情境、协作、会话、意义四个重要的学习环境。其中，情境对于学生的学习有着重要的意义和价值。因此，在当前初中课程资源整合中，教师在建构性的基础上必须要充分重视学生学习环境的建构。除此之外，教师还要注重协作这一要素，将之贯穿于教学的全过程，其中包含生生、师生之间的协作，对于教学评价、教学质量以及学习效率的提升都发挥着重要作用。会话对于促进学生的学习和工作是重要的。在整个学习协作的过程中，学习小组的成员可以通过对话和交流互动，共同完成学习任务，从而实现学习的意义建构。意义建构是指事物的规律、性质，及事物之间的关系，建构主义学习环境的目的是促进学生的意义建构，进而促进其自身认知结构的形成。

2.基于建构主义的初中课程资源整合的基本框架及要素

通过阅读有关建构主义的书籍，我们发现在建构主义中有不同的学习设计模式，其中有些具有较好的应用实践性。乔治·加侬及其妻子米歇尔·柯蕾通过长达15年的研究，以建构主义为理论支点，构建了一套完善的课程整合体系，提出了由情境、小组、桥梁、任务、展示、反思这六大要素构成的基本框架。下面总结了这六大要素。

(1)情境

情境主要作用于教学主体，主要指带动师生产生一定的情感变化的环境。在初中教学资源整合之中，情境的建构主体主要是指学生，教师通过有效的教学方式来调动学生情感的变化，并将之融入整个课程教学之中，使得学生以充沛的情感融入教学之中，保障教学活动高效进行。在初中课程资源整合中，要明确教学目标和主题，创设情境，提高学生的学习效率。

(2)小组

小组的分配需要考虑的因素有很多,如:一个小组不能全是前几名的学生,也不能全是后几名的学生,要根据成绩合理分配,还要考虑学生的性格、特长等,使每个小组实力都差不多。通过分组使小组成员分享知识经验,可以培养他们的合作精神,使小组成员有一定的互补性。遇到困难时小组成员可以一起讨论研究,小组成员之间不仅可以在学习上互相帮助,也能在生活上相互支持,这对他们今后的发展也有较大的意义。

(3)桥梁

根据课程资源实际,结合学生已有知识经验与新学的知识,把这些知识与实际生活联系起来。这样可以使学生更容易地接受新知识,使他们在学习中不仅能学到新知识还能巩固旧知识,使他们能真正体验到学习知识的快乐,激发他们的学习兴趣,从而进一步提高其学习的效率。

(4)任务

在初中课程资源整合中必须要明确教学任务,也就是在教学中,任务主要是指有目的地指引学生进行学习的活动,即教学任务。教师可以通过问题设计,让学生通过问题的解决来实现本节课的学习目标,教学任务对整个教学过程有一定的指导意义。

(5)展示

展示就是学生对课堂内容进行了深入的探究,并将自己或小组的探讨结果,用简洁生动的方式向他人展示出来,从而检验其学习的效果。通过展示可以调动学生的积极性,给学生提供一个锻炼的平台,增强学生的自信心,可以更好地激励他们全身心地投入到学习中去。

(6)反思

在初中课程资源整合中,教师在教学中要有意识地引导学生进行反思性的学习。一节课结束后,每位学生都应该对所学的知识有所反思,这样才能更好地去弥补课堂中知识的不足,查漏补缺,才能使成绩有所提高,学习能力得到进一步加强。

上述六点作为基于建构主义的初中课程资源整合的基本框架,为教师的教学设计提供了模块依据。

3.建构主义下初中课程资源整合的注意事项

(1)以学生为主体

在课程资源整合中,可以充分发挥学生的积极性、主动性,完成个人有意义的建构,巩固学生的主体地位。将建构主义运用于初中课程资源整合中,使学生在课堂中的学习转化为一种自我探究的学习。如在初中语文的古诗词教学中,教师将信息技术整合到课程教学之中,通过播放相关的音频、视频来提升学生学习的积极性。

(2)注重培养"协作"学习能力

将建构主义融入初中课程资源整合之中,以学生为中心,在学习过程中,学生与周围环境的互动对引导他们正确理解和掌握所学的内容起着至关重要的作用。学生在教师的指导和帮助下进行讨论和交流,学生之间互帮互助,培养协作精神,共同组建学习小组,在这样的小组中进行协商和辩论,共同发展与进步。

(二)初中课程资源整合之生成性

1.生成性的概念

"生成性"指引着课堂教学发展的方向,是新课程改革倡导的一个新策略、新理念。张大均在《教育心理学》中指出,生成性是有效使用学习策略最重要的原则之一,是指学习过程中要利用学习策略对学习材料进行重新加工,产生某种新的东西。但在传统教学中,教师仍存在对课堂中学生生成资源的开发与运用持有轻视态度的现象。学生被动地接受知识,导致了学习方式死板,缺少变通的情况出现。因此,教师需要根据课程的教学目标以及学生的实际情况等变化来进行课程资源整合,灵活地调节教学方式,将课前备课与教学生成巧妙结合,在实际教学中更好地传授和综合运用语言知识,提升学生的学习效果。

生成性资源虽然和其他课本的教学内容是不一样的,但它却依托于其他课本教学内容来开发。生成性资源的综合开发和利用,是受教师的指导和学生的发散性思维共同影响的。在进行初中课程资源整合的过程中,每一个知识点可以直接进行生成性资源的开发和利用,甚至于课本上的插图以及初中课程资源整合课堂上的突发事件也都可以直接进行整合利用。

2.生成性的内涵

(1)课内生成与教学预测

"生成"是一个与"预成"和"既定"相对应的概念。这一概念与"教学"相连,生成性教学这种新型教学形态随之产生,具有动态性和情境性。而"预设"则是指教师在授课前围绕教学目标而进行的教学设计。生成性教学是一种开放的教学方式,认为教学不能完全按照每位教师所预设的教学步骤按部就班地进行,在过程中师生、生生之间和各种教学文本之间不断地进行碰撞,产生着自己所创造的激情与火花,形成了新的课堂教学生长点,这就构成了整个教学实践过程中的一种生成性资源。

(2)初中课程资源整合中的生成性资源

从我们理解的初中课程资源整合基础教育课的教学内容和课程性质两个方面来讲,初中课程资源整合对于初中教学有着重要的影响,结合上文中生成性资源的内涵,可以将初中课程资源整合课堂生成性资源的内涵理解为:在初中阶段的课程资源整合课堂中,由学生与课本、学生与学生、教师与学生的交流沟通而产生的师生意料之外的新问题和新状况,都有可能成为积极有效的初中课程资源整合课堂中的生成性资源。

从一个初中教师的教学角度本身出发,初中教师的一切日常言行举止、瞬间的学习启发和教学灵感、偶然出现的教学错误等都将具有很大可能成为学校课堂教学的重要生成性动力资源。从对个体学生的教育视角分析来看,初中课程资源整合课堂的各种生成性学习资源就是泛指一个学生个体,其在自主、合作、探索的学习过程中所不断发展产生出来的各种奇思妙想、独特的哲学见解、质疑性的询问、顿悟人生灵感乃至一切与之无关的各种学习方式、情绪、行为方式等。

在如此的课堂教学中,初中课程资源整合过程中,教师可以创造性地带领学生主动学习,增强学生的主动性,创造更有效的课堂教学环境。

3.初中课程资源整合中生成性资源的分类

在初中课程资源整合中,根据不同的分类标准,可以将生成性资源分为不同种类,具体如下:

(1)生生差异产生的生成性资源

每个学生都具有独立的个性以及不同的发展水平,学生与学生之间的差异,导致出现了不同的课堂反应,不同的课堂反应从而产生了可以加工利用的课堂内的生成性资源。

(2)对比设疑产生的生成性资源

在实际课堂中,教师势必要进行设疑问答,从而推动课程进程。在设疑中获取不同学生的意见和看法,从中可以探寻出学生的人生观、价值观和世界观,以求更好地利用课堂资源进行教育活动。不同学生对于同一问题的见解和看法,通过不同看法的对比设疑,可产生推动课堂氛围的生成性资源。

(3)偶发事件产生的生成性资源

在众多类型中,生成性的课程资源最主要的含义就是指在现代化的课堂教学过程中所需要生成的一种课程资源。它们是在真实的课堂教学环境中,通过师生之间的一种动态化教学活动的过程中产生,并能够促进其教学发展的各种条件和因素来源。而课堂上的事件未必完全符合教师的课程预设,总会有突发事件和状况的产生,而由此带来的生成性课程资源最为考验教师的课堂教学机智。

(4)学生错误产生的生成性资源

在初中课程资源整合课程的学习中,虽说每个人有不同的见解,但在某些问题上,由于学生经验不足,可能会产生错误的价值观、人生观及世界观,这些错误问题,也是教师需要面对的生成性资源。面对学生的错误,教师必须加强生成意识,提高教育机制,以学定教,逐步建成动态化课堂。

4.生成性下初中课程资源整合策略

(1)学校、教师与专家建立长期、定期的联系

在教师的成长发展过程中,同样需要不断地学习、前进,这就要求教师要从不放弃发展学习,学校也要为教师发展提供条件,教育专家也要对教师的教育教学工作提供专业的指导和培训。这需要学校、教师与专家建立长期、定期的联系,保证教师对生成性资源的处理有正确的理论指导和实践依据。这种三方的长期、定期联系,为教师灵活处理各种生成性资源提供了有力支持。

(2)教师应将教学理念和实践不断结合,提高应变和创新能力

在有学校提供定期培训的基础上,课堂中更重要的是教师在面对突发情况时及时地做出反应,发挥教育机制,这是一个教师智慧的表现。无论是何种教学生成,只有教师在课堂上具有应变的能力,课堂中的生成才可能是有益于学生学习的。教师虽然会在课前进行教学预设,但课堂上的生成有可能和预设方向完全相反,这时就需要教师灵活地根据具体情况加以引导。若是面对突发状

况,教师不会发挥教育机制,没有及时抓住生成性资源并加以利用,则可能会导致比较严重的后果。教学中要求教师将所学理念和实践不断结合,不断提高应变和创新能力,以此保证课堂有序不间断进行。

(3)教师应善于捕捉细节

在学习者具备灵活地处理各类生成性资源的能力基础上,在课堂实践中,教师必须掌握和学会倾听,依据其中所反馈的信息去正确地调整他们的教育学习行为,从而据此正确地判断一个学生思维障碍的所在,最终决定以什么样的方式深入到学生观点上进行讨论。更为重要的是,在学生发言的过程中,教师一定要善于敏锐地捕捉细节,无论是正确的,还是错误的,都需要特别注意。

第五节 初中学校课程资源精准整合的原则

课程资源精准整合的原则是指导各学科、各部门进行高效整合的基本行动指南。它既指导研究者的行动,也确保研究者的研究基调,整合原则应贯穿于"研究—实践—总结"的全过程和课题开展始终。

课程资源整合涉及多个学校部门、操作环节、整合内容。目前大多数的课程资源融合都不够精准直接,这就很有必要切实研究课程资源精准整合的原则,以便在各个环节精准实施。整合原则对精准开发课程资源、精准管理课程体系、精准实施教学活动以及精准驱动学生项目学习都具有指导意义,是指导课程资源精准整合的纲领。

一、初中学校课程资源精准整合所遵循的"人的发展"原则

初中学校课程资源精准整合的目的是指引学生精准学习,发展核心素养;引导教师精准教学,助力专业成长;引领学校精准办学,推进特色发展。当我们在进行资源整合的时候,从简单地说一句话到难一些的开展大型活动,方方面面都离不开人(学生、教师、学校管理者、社会研究人员)的互动参与。显然,人是课程实施的主体,研究者必须在进行课程资源精准整合的时候充分了解人的发展。只有充分了解人的发展阶段、发展状态、发展方向,才能够精准地开展课

题整合,课题与人才能够适应良好,才能够在课题开展的时间流里反向促进人的发展。

"人的发展"一般具有两种释义。一种是将它看成人类的发展或进化的过程,另一种则将它看成人类个体的成长变化过程。人的发展是连续性的发展,是整体性的发展,大体可以分为三个层面:一是生理发展,包括机体的正常发育,体质的不断增强,神经、运动、生殖等系统的生理功能的逐步完善。二是心理发展,包括感觉、知觉、注意、记忆、思维、想象、语言等认知的发展,需要、兴趣、情感、意志等意向的形成,能力、气质、性格等个性的完善。三是社会性发展,包括社会经验和文化知识的掌握,社会关系和行为规范的习得。世人不断社会化、提高社会性,发展成为具有社会意识、人生态度和实践能力的现实的社会主义个体,能够适应并促进社会发展的人。

此处所说的人的发展,特指人类个体的成长变化过程。

(一)必须适应人的特点

人的发展是复杂的,具有未完成性与能动性。

人的未完成性预示着还拥有更多潜能。北宋史学家、政治家司马光主持编纂的一部编年体通史《资治通鉴》中"孙权劝学"写有"士别三日,即更刮目相待"。可见人是未完成的,人随时都在变化,具有待定性、可塑性。

初中阶段的学生更是具有强烈的未完成性。他们是未成年人,正处于心理和生理持续迅猛发展的第二个关键期,是"三观"形成的关键期,对待世界持有较为朴素的眼光。这个发展关键期意味着他们更容易接受新鲜事物,更积极地参与各项活动,更快速地思考问题。当我们构建课程的时候能关注到这些发展方向,将会为学生量身打造课程体系。学生在量体裁衣下的课程中畅游,能吸取到更多双向接收的知识,朝多维方向成长,反过来,教师也可以收获经验(比如修正管理方法、优化上课思路、提高交流技巧)以促进自身成长,达到共同进步的目的。

2021年,某班主任收到毕业6年的学生郑某发来的短信,喜不自胜。短信里写道:"某老师好,我是郑某某,我考上某某大学了。初中的郑某某很自我,很固执,很冲动,总是不能充分考虑,很抱歉,那时候该温柔一点儿。我还记得有次活动,我跟某某参加,在最后合影的时候,您来给我们照相,那时候我真的很骄傲,原来成绩不好的学生也能让老师注意……"

人的未完成性虽然已经蕴含着人的生命发展潜能及其广泛发展的可能性，但人必须借助于社会文化环境作用才能逐步地完成自己的发展使命。人自从以社会实践与一般动物区别以来，就越来越自觉地审视自己的生存环境，越来越自觉地改变自己所处的环境，越来越自觉地寻求自身发展，越来越使人发展成为自主能动的人。

这种自主能动性在人的发展过程中帮助个人自决，那么，课程资源融合、管理体系参与、教学活动实施、学生项目学习驱动的时候要着重引导人的能动性，使人成为积极主动内化知识的活生生的人。

调动自主能动性，善用最近发展区，激励自主自动。维果斯基的"最近发展区理论"认为现有的水平与可能的发展水平之间的差异就是最近发展区。着眼于最近发展区，提供带有难度的内容，调动学习者的积极性，发挥其潜能，超越其最近发展区而达到下一发展阶段的水平，然后在此基础上进行下一个发展区的发展。

最近发展区的提出为课程的内容提供了翔实的引领，也提供了激励所有人提高主动性的行动方向，一是了解现有水平，二是预测可能的发展水平。根据两者的情况，找到跨越发展区的可行方案。

例如，一位教师讲《祝福》时，向学生提出了问题："祥林嫂是怎么死的？"这个问题在学生看来似乎是没有疑问的。有的回答："是冻死的。"有的回答："是饿死的。"也有的说："祥林嫂是穷死的。"教师紧接着问："既然祥林嫂是冻死、饿死的，那么为什么她死之前要'我'回答人死后有没有灵魂，有没有地狱，死掉后一家人能不能见面呢？"当学生谈了自己的看法后，教师接着又提出一个更为深刻的问题："'我'回答了祥林嫂的问话后，为什么心里觉得很不安，为什么又想到自己的答话怕对她有些危险？这些描述心理活动的话，跟祥林嫂的死有什么关系？"经过教师的启发，学生发现了新问题，思维处于积极活跃的状态。教师便因势利导，指导学生仔细钻研课文。经过一番热烈争论，有的学生居然提出了祥林嫂是"自杀"而死的看法，并且举出课文中的原话作为自己立论的根据。教师在学生发表见解之后，进一步阐述了作者写祥林嫂的"死"所包含的深刻意义。

（二）必须顺应"人的发展"的规律

人的发展不是一蹴而就，而是循序渐进的，存在顺序性、不平衡性、阶段性、个别差异性、整体性的规律。（如表4-2）

表 4-2　人的发展规律特征表

发展规律	特征
顺序性	人的身心发展是一个由低级到高级、由量变到质变的发展过程,这一发展过程有一定的方向性和先后顺序性,既不能逾越,也不会逆向发展
不平衡性	不同年龄阶段的身心发展和同一年龄阶段不同方面的发展是不平衡的。有的方面在较低的年龄阶段就达到了较高的水平,有的方面则要到较高的年龄才能达到相应的水平
阶段性	在不同的年龄阶段会表现出不同的特征及主要矛盾,也会面临着不同的发展任务。不同发展阶段之间是相互关联的,上一阶段影响着下一阶段的发展,人生的每一阶段对人的发展来说,不仅具有本阶段的意义,而且具有人生全程的意义
个别差异性	由于人的发展的主客观条件不一样,即遗传物质、环境、教育和个体的主观能动性有所不同,所以,在身心发展上存在着个别差异
整体性	人的生理、心理和社会性方面的发展是密切联系在一起的,并在人的发展过程中相互作用,使人的发展表现出明显的整体性。人的整体性发展总是呈现出其各个方面相对独立发展时所不具有的一些特性和功能

二、初中学校课程资源精准整合所遵循的精准性原则

精准性的整合原则是指在立足于一线课程资源整合管理的经验下,将学校—家庭的资源精准糅合,指引学生精准学习,引导教师精准教学,引领学校精准办学,形成体系化、规范化的以学校为基准,多向辐射的课程资源精准整合方案。初中学校的课程资源是极其丰富的,可以是常规课程,也可以是科学实验课程、劳动教育类课程、兴趣课程、选修课程,甚至可以是校庆运动会、家长进课堂、义卖活动、趣味活动……散乱的课程要发挥最大的价值,要"选对池塘"才能"钓对鱼",所以要精准整合。经过精准整合、推敲梳理后,课程被科学安置在不同的点位,使课程不再散乱,反而有章法,有热点,有生命力,可以达到惊人的效果。

(一)减少浪费,节约地球资源,保护生态环境

教育部网站发布的年度教育事业统计结果显示,2023年,全国共有初中5.28万所(含职业初中10所)。初中总班数共107.34万个,专任教师较上年增长3.52%。课程如果盲目设计,实施过程中行动主线大概率会不明晰,造成错误返工,很可能造成资源浪费(诸如印刷纸的浪费、人力物力的浪费)。

(二)以能力全面提升为目的的课程提供优化方案

赵老师献上了一堂精彩的示范课《壶口瀑布》。为了呈现优质课堂,赵老师在课前翻阅了大量资料,与同组老师多次交流琢磨,反复推敲呈现知识的逻辑连续性。经过不断的优化调试,精心的教学设计得以呈现。课堂从生活旅游入手再到黄河的壮阔美丽,将气势磅礴的黄河推入我们眼帘,把坚不可摧的中华民族精神带到我们身边。赵老师说:"我们可能通过不同的方式,让孩子认识经典的美,文化的美。传统文化已经悄然地埋藏在孩子心中,它一定会随着时间的发酵,不断地生长和壮大。"

学生课后感触良多,不仅有课本知识的吸收,还有意境深处的感受。"自己好像真的进入了一个语文海洋世界""在实践中体验语言文字的魅力""还教给了我一种方法,叫作知人论世",学生们这样说道。

可见,资源精准整合后的课程,使参与者都受益良多,快速进步。

(三)为我国教育事业创设减压式学习模式

通过知识精准式投放,参与者可以参与的课堂越来越开放鲜活,参与者将在学习中提升多维度能力。一堂课可以囊括本学科原理、其他学科知识、动手操作能力、团队合作能力、表达能力……在做中学,在学中悟,在悟中沉淀积累。

贯彻精准性原则的基本要求如下。

1.科学设计课程实施框架

知识庞杂的课程往往内容盘根错节,设计者必须要科学梳理脉络后再设计、微调,才会在实施推进中行动井然有序。

在设计之前,设计者先要对所有课程做初步的分类。接下来,应当集思广益地详细讨论课程的布局,课程实施的时间、地点,实施课程的主要人员,课程实施的效果搜集方案与反馈方式……每一个课程方案都应该是框架清晰的、实施步骤明确的、活动开展方便的、活动过程人性化的、活动内容知识和育人两不误的、结果呈现比较直观的。

2.构建课程学习者画像,审视课程学习者需求

课程学习对象是完全不同的个体,性格表现、兴趣爱好都不一样,他们适合用不同的方法引导。那么在课程实施之前可以尝试做到"调查""打标签",再根据"标签"内容完成公正的实践活动,比如充分整合家庭—学校—学生的资源,了解学生的特性,考虑家庭属性需求、心理状态需求、行为偏好需求等,为学生

打上独特的记号,在实践中给予精确的需求满足。

2021年,某教师在课堂上暂时保管了A同学玩耍的魔方,课后A同学情绪激动,来到办公室提出:"请老师现在就还给我"。按照班规,魔方暂时由老师保管或者当天请父母来领取。老师说:"现在给难道要我违反班规吗?"A同学答:"对。"老师坚持按规定办事。A同学一看不能立即拿到,就开始撒泼打诨大哭大闹。老师了解到,该学生遭遇家庭变故后被极力呵护,基本是有求必应,多次用哭闹的方式央求东西。为了纠正学生的错误,老师先安抚他的情绪,再告知他哭闹不能解决问题,东西让家长来领或者暂时交给老师保管,以后上课也不可以这样哭闹。听罢,A同学悻悻走开,回家和家人讲明情况后拿回魔方。之后遇到此类情况再也没有用哭闹的方式来解决。

3.课程多向调试,精准投放

人类文明宝库璀璨夺目,千变万化,文化的多元根本是人的多元。所以在课题实施过程中,"一千个读者有一千个哈姆雷特"是必然的。设计者在课题投放之前根据参与者微小或巨大的差别,多向调试课程的适应度,能把握投放中的精准度。

三、初中学校课程资源精准整合所遵循的"因地制宜"原则

21世纪是知识的时代,面对庞大的知识体量,如何化繁为简,如何因地制宜地利用好已有的信息资源成为新时代教学变革的一个重要命题。我国新一轮基础教育课程改革中,把课程资源作为一个重要理念提了出来。它的提出打破了固有的"教材是唯一的课程资源"的观念,这也意味着课程资源的内涵更丰富了。而"因地制宜"是指要根据实际情况,制定适宜的办法以利于发展。由此可见,各地区、各学校在教材、教学资料之外所拥有的课程资源就具有一定的差异性了,而"因地制宜"原则就产生于这种差异性之上。

(一)课程资源精准整合中"因地制宜"原则的基本含义

因地制宜原则首先诞生于各具特色的资源差异性上。以南渝中学为例,学校依托南开中学的体育文化、体育资源打造了富有南渝特色的课间操、武术操、趣味运动会、阳光体育活动,以及各项体育技能的专项比赛等体育活动;依托耕读园的劳动实践基地开展实地环境下的生物教学、地理教学,以及劳动实践。

并且借此开设了许多富有实践意义的选修课程,依托学校的物理实验室打造了"墨子工坊";依托生物实验室开设了"探索生物奥秘——生物基础实验课";依托计算机教室开设了"Python编程""AI游乐场";依托美术画室开设了"速写""杂物布艺DIY";依托音乐教室开设了"口风琴";依托舞蹈教室开设了"街舞""啦啦操";依托心理咨询室开设了"心灵魔法课"……以上种种,不胜枚举。南渝中学利用学校现有的硬件设施和师资力量,充分发挥干事创业的精神,真正实现"物尽其用、人尽其能"的课程资源的有效开发。

除了从课程资源开发的角度来了解"因地制宜"原则的基本含义外,我们更要考虑到资源开发后的生成创设、持续发展的实践基础、实践意义、实际操作性。故"因地制宜"原则的另外一层含义是指,要充分认识各地区、各学校、各学段的基本情况,尤其要重视课程资源开发与整合所需要的条件和所面临的困难。要对学情、教情、财政情况、政策情况、师资情况等影响宏观统筹设计的诸多要素有深刻的认识:哪些是可以调动的资源,哪些是无法调动的因素,各资源可以调动多少……既要有超前的观念,也要有可以实践的基础,这是"因地制宜"原则的一体两面,是绝不可割裂的。

(二)课程资源精准整合中"因地制宜"原则的必要性及意义

1. 必要性

习近平总书记在党的十九大报告中提出全新论断:我国社会主要矛盾已经转化为人民日益增长的美好生活需要和不平衡不充分的发展之间的矛盾。这一论断表明不平衡的问题仍然存在,也将长期存在。从教者首先要清楚地认识到资源差异的客观事实,宏观层面是各地区教育资源的不平衡性,微观层面是各学校课程资源(已有的和可开发整合的)的千差万别。这是基本国情,也是核心矛盾,大众都渴望优质的教育服务,如何在千差万别的有限资源上提供一个较为均衡的公共服务就成了一道必解之题。南渝中学的选修课程、社团课、体育活动,包括南渝讲坛都是参照南开中学的课程实践所设立;得益于南开中学的声名和荣誉,学校的生源基础也很好,这些都为南渝中学开展课程资源的精准整合提供了便利,这也是南渝中学实践"因地制宜"原则的大前提。

2. 意义

我们已经迈入了新时代,经济社会的发展也出现新形势,在面临新挑战的同时也提供了新机遇,技术不断更迭的新智能时代既对传统的教育形态形成了冲击，也给落后地区提供了弯道超车的机会。技术革新的红利将在教育领域发挥重要的作用，而且对促进教育公平和教育均衡意义显著。对于本身拥有一流硬件设施的南渝中学，我们则利用这些资源打造平台，促进教师发展和学生的个性化成长。南渝中学传承南开"双新"背景下的"公能"课程体系，将涵盖所有学科的名师示范课、骨干教师交流课和青年教师汇报课三类教研课落实到日常教学中，极大地促进了教师教学能力的提升。新教师刚刚踏足新领域，极其需要明确而有效的引领。教师沙龙不仅是经验的交流，更是一场思想的碰撞。

学校十分重视校本教研工作，从学校实际出发，围绕工作中的重要问题、紧迫问题有针对性地开展教研工作，形成与新课程相适应的"以校为本教学研究制度"。南渝中学一线教师积极开展课题研究，以实际行动提升自身综合能力，探索更好的培育模式。继2019年三个教育规划市级重点课题成功开题后，本年度语文组、数学组的重庆市教育科学"十三五"规划课题成功立项。2021年，南渝中学成为沙坪坝区中学首批校本教研基地之一，在"课程创新基地""精品校本课程""课程建设课题"等项目中均有项目成功立项。通过教研工作的深入开展，全体教师群策群力，把握核心，实现已有课程资源的精准整合。

(三)如何在课程资源精准整合中实践"因地制宜"的原则

首先，要充分发挥教师团队的能量，充分利用学校的教学资源，在原有的教学上向相关领域拓展，激发学生的兴趣，把学校外的知识融入学科知识，把理论知识用于实际生活。南渝中学举办的首届科技文化节，以"开启科技前沿之成果、播种科技创新之种子、激发创造发明之兴趣"为主题，旨在让更多学生体验科技实践的乐趣、探索科技应用的奥秘、提升科技实践的能力，丰厚学生的科学素养，展示南渝中学科创特色课程，为未来培育创新型的全面发展人才打下坚实的基础。活动依托于物理、生物、地理、信息技术等教研组开展，以各学科知识为基石，有"气球摩天轮""火焰掌""无土栽培技术""七彩花""海绵智慧城市""雨水过滤系统""机器人舞蹈""3D打印"等30多个展区，囊括物理、生物、地理、信息技术等多个学科的知识，激发了学生对科技的兴趣。各学科教师耐心细致地向学生介绍作品涉及的科学知识，演示操作方式，并热情地邀请学生参与实践操作，让学生亲身体验科技的魅力。

其次，每个学校都会开展丰富多彩的文体活动，将课程资源与文体活动结合起来，既是落实"因地制宜"原则的有效途径，也是对"五育"并举育人模式的最好实践。在科技文化节中,南渝学子用歌舞展示生物的多彩、用话剧表现物理的趣味、用相声讲述地理的丰富,物理教师则用神奇的魔术表演将晚会气氛推向高潮。

话剧在南开的历史悠久,影响颇大,从1909年张伯苓老校长从西欧将西方话剧引入南开乃至津京等地后,无数南开人登上话剧舞台,创编了若干场精彩剧目。南渝中学语文组精心筹备了"仲夏夜"话剧节。让学生在文学阅读中积累知识、开阔眼界,在舞台表演中认知经典、感悟经典。例如《智取生辰纲》《花木兰》《骆驼祥子》《范进中举》《四圣试禅心》《三打白骨精》《桃园三结义》《茶馆》《聊斋志异之连城》《昭君出塞》《威尼斯商人》,这些经典作品中的经典章节在学生的演绎下妙趣横生,他们利用表演的形式拉近了与文学经典的距离。

为加强爱国主义教育,发扬红色传统,传承红色基因,让学生在红色经典的旋律中致敬革命先烈,陶冶声乐艺术情操,增强文化自信,南渝中学特地邀请专家为学生带来了"传唱经典,百年征程"讲座式音乐会。专家从时代背景出发,以《黄河》《洪湖水浪打浪》《红色娘子军》《红星歌》等10首脍炙人口的经典红歌为例,从音乐分类、乐器特点等方面进行了详细的介绍。活动中,专家将"学术讲座"与"演奏音乐会"相结合,利用专业讲解帮助学生从理论的角度认识作品,又通过助演嘉宾的现场音乐演奏加深学生对作品的直观感受和深层理解。深入浅出的讲解和深入人心的演奏相辅相成,让现场观众真切地体验到了红色音乐的经典魅力。

南渝中学还举办"Nanyu Melody——致成长英文歌曲唱作大赛"。语言与音符碰撞,青春与创造相逢。一场全力打造的"英"乐盛会,一个星光熠熠的青春舞台,15首原创英文歌曲,各班选手倾情献唱,全体英语教师实力助阵,校园原创英文歌曲与青春歌舞相融,学生以一场精妙绝伦的视听盛宴真正诠释了英语学习不只在书本上,也在生活里。

最后,可以通过特色作业的方式发挥学生的作用,生成以生为本、以生为主的课程资源。教育部对学生作业管理提出了新的要求,指出作业设计应当符合学生的学习规律、体现素质教育导向,鼓励布置个性化作业,设计探究性作业、实践性作业,探索跨学科作业、综合性作业。

近年来,南渝中学一直坚持开发身边的特色课程资源、建设项目化特色课程体系,根据学生的特点与需求,定期为各年级学生定制集实践性、探究性于一体的跨学科综合作业,旨在引导学生在实践探究中提高知识水平、强化学科核心素养、锻炼综合实践能力。我们不仅在教学过程中向学生讲解每个知识发生和发展的过程，使学生了解不同知识点的内在联系，也通过"环境调查""寻找年味""感受非遗"等系列寒暑假特色作业，让学生在实践中实现对所学知识的综合运用，能帮助学生更好地构建自己的知识体系，提高自身的学科核心素养。

总之，观念的有效性、前瞻性和实践的可行性是"因地制宜"原则在实践中的大前提，提高资源的利用率，设定恰当的整合预期值和目标是关键。

四、初中学校课程资源精准整合所遵循的"创新"原则

创新是一个民族进步的灵魂，是国家兴旺发达的不竭动力。课程资源的整合如果不能以新的方式呈现，那么资源的投入产出比、利用率就不能很好地实现跨越，反而会对新技术条件下的多种优质课程资源造成浪费。南渝中学积极探索，走出了富有南渝特色的、新型的课程资源精准整合之路。朱熹曾说："学之之博，未若知之之要；知之之要，未若行之之实。"项目化学习，是从真问题出发，全程由学生设计活动、展开探索，进而实践改良，趋于成功的一种学习方式。南渝中学必修课程体系的学习，沿袭南开"公能"课程体系，各学科将入于耳、藏于心的必修课程知识作为实践基础，通过学生的实践探究，行之以身，为大家呈现一门门精彩的项目化实践课程。

（一）精心设计，变抽象为形象

南渝中学第一届"仲夏夜"话剧节中，学生形象地演绎出一个又一个的传奇故事，将教材搬上舞台，回顾经典、体味角色、感知文学魅力。此次"仲夏夜"话剧节可谓"应时应景应人"。话剧节的海报是由初2023届语文备课组讨论后精心设计的，以挪威画家爱德华·蒙克《仲夏夜》为底版。一则，暗合莎士比亚的戏剧作品《仲夏夜之梦》，意味着话剧节；二则，画面梦幻、迷离，夜色里满溢浓浓的浪漫气息，符合此次话剧节基调和上演时令"仲夏夜"；三则，画作中一时一景，远山、近树、草地奇妙地契合了南渝中学"耕读园"小景。

重点说到"应人"。此次话剧节也是应当下教育改革和语文教学改革的理念而生，所谓"五育"并举、学科融合，就语文教学来说，话剧展演是最能体现这一精神的。整个话剧节的准备、实施，历时一月有余。学生在紧张的学习之余，挑选中国经典小说作为蓝本，自己写作剧本，竞选导演，组建演出团队，安排时

间和场地进行排练,包括后期服化道的准备,无一不涉及对团队协作、审美鉴赏、统筹安排等能力的培养。大多剧目都考虑到让更多学生参与,甚至个别剧目全班上场,让大部分学生通过此次展演获益匪浅。学校以这样的形式实现了隐性的审美课与显性的表演课、文学课的巧妙结合。

(二)寓教于乐,学以致用

为了激发学生学习英语的兴趣,增强学生的公共管理意识,并提高英语应用与表达能力,初2022届英语备课组组织学生开展了丰富多彩的英语标语画活动。学生根据不同区域的功能和特点,制作与之对应的公益标语,他们用图画和标语,号召大家爱护环境、厉行节约、强身健体。学校还组织学生在公能广场进行了一场以"School Sale for Best Wishes"为主题的校园义卖活动。这场别开生面的英语特色义卖活动将课本知识应用到实际生活中,为南渝学子创造了一个真实的语言运用场景,让学生全程用英语交流,享受英语购物的乐趣。英语对于初一年级的学生来说是一项挑战,面对逐渐增多的课程内容、逐步提升的学习难度,他们不但没有表现出畏难情绪,反而把英语学习玩出了新花样。他们以人物、动物、食物、生活用具为原型,结合英语单词,创作了形象、精美的单词画来帮助自己加深记忆。

(三)任务驱动

以《诗经》为背景,学生上演了一场"白雪遗音,雅韵童声"《诗经》音诗话表演。家国、离愁、亲情,还有古人高妙的智慧,都在这场活动中得以完美体现。冬至时节,学校举办了"日暮诗成天又雪,与梅并作十分春"硬笔书法大赛。学生将那些与"冬至""冬季"有关的诗、词、文作为书写内容,通过对历史的回望,领悟节气、诗词、汉字的浪漫。品读经典有利于学生形成正确的人生观和价值观。初一年级的学生还举行了"朝花夕拾润我心,书韵飘香满校园"主题读书交流会。学生以小组为单位,对文本进行解读和探索,并制作精美的读书报告进行交流展示。

(四)将知识生活化

几何体学习是初中数学的入门课,也是学好数学的敲门砖,为了丰富课程资源,帮助学生更直观地认识立体图形的截面形状,感受几何世界的无穷魅力,南渝中学初一数学备课组精心设计了居家实践项目式课程——制作几何体并观察其截面图形。学生运用非凡的想象力，将土豆、冬瓜、豆腐、萝卜、火腿、西瓜、火龙果、小蛋糕变成数学学具，并用番茄酱、甜面酱、紫甘蓝汁为其上色，制作出了形态各异的截面图形。此外，数学备课组还组织学生运用统计学知识，联系生活实际，开展统计实践活动，并撰写调查报告。

(五)结合时事

"嫦娥五号"的顺利升空，点燃了学生对学习航天知识的热情。在物理教研组教师的指导下，学生利用所学物理知识，用饮料瓶、电工胶布、加压的气枪制作了"水火箭"，并在学校操场上发射升空。此外，学生还利用物理知识制作了乐器、小孔成像仪和潜望镜。

铭记伟大胜利，捍卫和平正义。为培养学生的爱国情怀，弘扬伟大的抗美援朝精神，教育引导学生铭记历史、珍爱和平，南渝中学以"铭记伟大胜利，捍卫和平正义——纪念中国人民志愿军抗美援朝出国作战70周年"为主题，组织南渝学子用书画、手抄报、诗歌、视频等多种方式，向英雄致敬，为祖国献礼。此外，学校还在礼堂举行了专题成果展，将部分优秀作品进行汇报展示，并邀请作者登台讲述创作的灵感与心得，以及作品背后的感人故事。

(六)创意DIY

地理源于生活，地理教研组开展了"我的星球——DIY地球仪"活动。学生将心中的七大洲四大洋、山川河流、高原山地、沙漠戈壁绘制在风格各异、独具特色的地球仪上。

小小的生态瓶蕴含着大自然平衡运作的原理，学生运用生态系统的知识，设计出了既科学又精美的生态瓶。为了让自己的生态瓶能够在没有人为干预下的情况下运作更长时间，学生动足了脑筋。有的学生专门去嘉陵江岸边采集水草和泥鳅；有的学生在偌大的水缸中添加了水藻、樱花虾和螺蛳；有的学生在草缸中加入蚯蚓；有的学生模拟水陆生态系统养殖蛐蛐和螺蛳；有的学生还引进了各种新奇生物：墨西哥钝口螈、金蛙、美洲大蠊……

美术教研组开展了"面具的设计与制作"活动，学生结合川剧脸谱面具、藏戏面具和威尼斯面具进行讨论学习、自主设计，并运用各种材料、色彩，制作了独具特色的面具。在制作面具的过程中，学生自主了解面具的起源、演变、发展过程,以及面具与人类、社会的发展关系,从文化、民族等多角度认识面具艺术,从而进一步体会世界不同地域文化的差异。

课程的意义,植根于真实教学问题。南渝中学"公能"特色课程一直以来秉持着为真问题求真探索的态度,以项目化实践学科情怀,在课程实践中激发学生的学习兴趣,提高学生的人文素养和科学素养,落地立德树人的育人使命。南渝中学会继续坚持将实践活动和课堂教学相结合,发展学生的核心素养,提升学校项目学习的内驱力,丰富学校"公能"特色课程的内涵。

第六节 优质课程资源整合的教学设计案例

案例一 "STEM+"理念下的"生态工程"教学设计

重庆市南渝中学校生物教研组 张霞

依据《诗经植物图鉴》,设计生态工程实境"诗经植物园",运用项目式教学法,融合生态工程基本理论指导、传统文化熏陶和劳动教育浸润为主题的课程,践行"STEM+"教育理念,培养理工素养,厚植传统文化。

一、整合背景分析

(一)课标分析

《普通高中生物学课程标准(2017年版2020年修订)》在"学业要求"部分,揭示了生态工程学习的教育意义,即完成本内容学习后,对相关的生态学实践应用做出合理的分析和判断,并尝试提出人与环境和谐共处的合理化建议。"STEM+"包含了科学、技术、工程、数学与人文精神、艺术素养和社会价值观,其中特别强调科学与人文精神和社会价值观的养成。在此理念下进行生态工程教学,可培养学生的理工素养,厚植传统文化。

(二)教材分析

《诗经》是中国的经典源头,更是先民生活、自然与艺术的最佳见证。诗篇主题植物135种,依据《诗经植物图鉴》,栽种"诗经植物",创建"诗经耕读园",

通过植物,让学生了解《诗经》,诵读经典。在造园过程中,融入土地分析、生态恢复、景观生态学等多学科知识,引导学生运用生态工程的基本原理,培养学生尊重自然、顺应自然、保护自然的生态文明理念,为学生搭建一个了解景观设计师、林业工程师等职业的平台。

(三)学情分析

初中学生行为活跃,思维敏捷,在自然、开放的环境中,不断地观察、记录、思考、发现问题并做出解释,继而拓展出更多有趣的研究,这是顺应该年龄段学生天性的亲自然教育方式。

二、整合要点分析

(一)学科内大单元学习整合点

课程将劳动实践与生态工程实践课堂在空间和时间维度上融合,诗经文化、劳动教育、生态工程知识三者在知识维度上关联,以生态工程的基本原理,整体、协调、循环、自生为理论基础,创建"诗经耕读园"。(如图4-4)

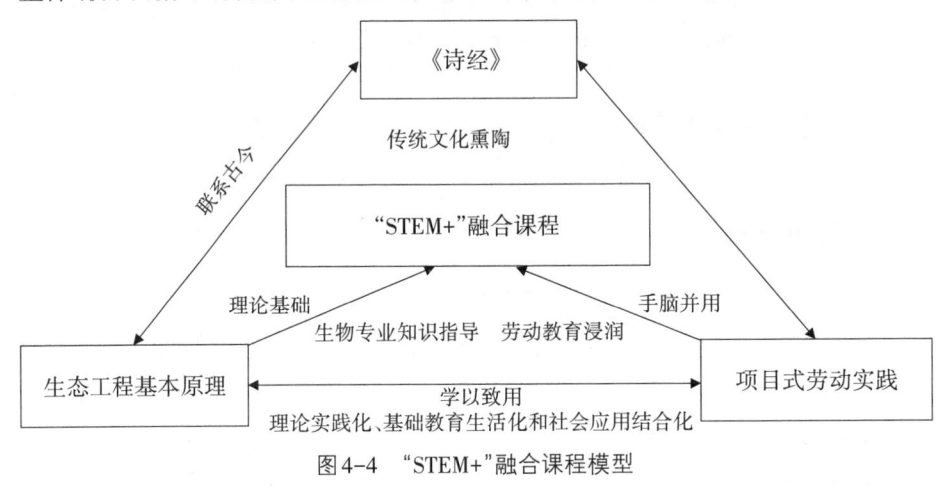

图4-4 "STEM+"融合课程模型

(二)跨学科学习整合点

课程以层层递进的关联任务,逐步推进项目的落实,驱动学生自主学习,主动参与,以任务推动教学目标的达成。(如图4-5)

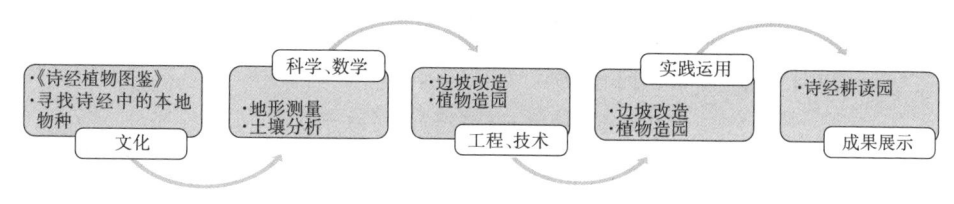

图 4-5 跨学科学习整合图

(三)思政引领整合点

我国自古就有知识分子"耕读传家"的传统,中华优秀传统文化中包含了大量论述如何建立人与人、人与自然和谐关系的内容。这些优秀传统文化中蕴含大量生物学要素,也为传统文化与生物知识的融合提供了丰富的教学素材。

(四)技术融合整合点

分析"STEM+"因素,围绕学生核心素养的培养,制定了如下技术融合整合点。(如表 4-3)

表 4-3 "STEM+"因素与技术融合细目表

"STEM+"因素	技术融合
科学	探究土壤理化性质对不同植物生长发育的影响;掌握地形测量的方法,学习用绘图软件绘制地形图;理解生态工程遵循的原理
技术	学习边坡改造技术;植物合理布局及规划技术;水土保持边坡体系空间配置技术
工程	理论联系实践,在劳动中运用生态工程建设的基本原理,发展体力与智力,形成关注生态文明建设、绿色环保生活的理念
数学	掌握微地形测量、等高线绘制,构建真实情景中的生态模型
文化	通过小组合作学习《诗经植物图鉴》,了解植物古名和今名的对应关系;领悟诗篇主旨与植物特性的关联,融情寓景,文学与美学熏陶

三、整合实施过程

(一)文化熏陶

小组同学合作,诵读、理解《诗经》内容,讨论,筛选出《诗经植物图鉴》中适应本地气候、土壤、光照等条件的植物,如卷耳(苍耳)、薇(大野豌豆)、集稂(狼尾草)、蓷(益母草)、葍(旋花/打碗花)、蕨(蕨)、莪(播娘蒿)、苤苢(车前草)、蓬

(飞蓬)、茨(蒺藜)、艾(艾草)、勺药(芍药)、亚麻、苃(锦/葵)、萱草等。领悟诗篇主旨与植物特性的关联,分析示例。(如表4-4)

表4-4 植物与《诗经》的关联示例

植物名	植物简介	诗文
蓷	今名:芜蔚;益母草 学名:*Leonurus sibiricus L.* 科别:唇形科	中谷有蓷,暵其干矣。有女仳离,慨其叹矣。慨其叹矣,遇人之艰难矣! 中谷有蓷,暵其修矣。有女仳离,条其啸矣。条其啸矣,遇人之不淑矣! 中谷有蓷,暵其湿矣。有女仳离,啜其泣矣。啜其泣矣,何嗟及矣! ——《国风·王风·中谷有蓷》
稂	今名:狼尾草 学名:*Pennisetum alopecuroides* (L.) 科别:禾本科	既方既皂,既坚既好,不稂不莠。 去其螟螣,及其蟊贼,无害我田稚穉。 田祖有神,秉畀炎火。 ——节录《小雅·大田》

(二)综合运用科学、数学知识

1.绘制耕读园地形图

在地理老师和数学老师的帮助下,测量学校实践基地耕读园各个端点的经纬度和海拔。绘制耕读园地形图步骤:(1)在天地图网站截取一张耕读园卫星航拍图片。把这幅地图放在PPT软件里,通过插入—形状—任意多边形(自由曲线),用鼠标把耕读园轮廓和人行步道临摹下来。(2)根据耕读园的图片,大体判断出坡度和高度。通过手机"两步路"App,确定耕读园各个端点的经纬度和海拔,以及最高点的海拔。(3)在PPT中,每一层等高线填充不同的颜色,由浅到深。再将所有颜色改为黑白,由浅到深体现海拔差异。最后加上图例、比例尺、经纬度。(图4-6)

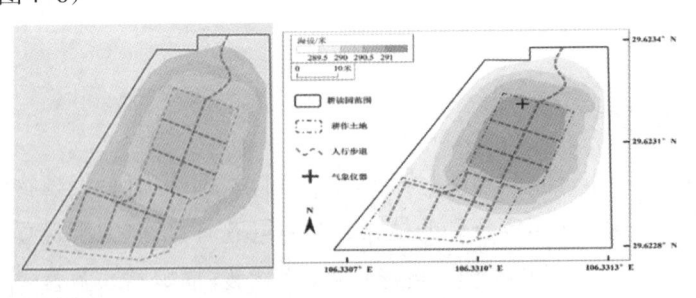

图4-6 耕读园地形图

2.分析种植条件

耕读园有平顶和坡地两种地形,但起伏较小,光照强度、温度、CO_2浓度等环境因素无明显差异。整体光照充足,通风条件好,但土壤层较薄,平均10 cm,土壤腐殖质含量较少,蓄水能力弱。

3.设计种植方案

学生从《诗经植物图鉴》中选定18种本地物种,其中观赏类植物谖草、芍药、游龙、稂、鹝、苊、麻,拟种植于平顶,打造靓丽的景观。野菜与药材类植物苄苢、莪、蕨、蓬、蓷、茨、耳、薇、稂、萑,拟分散种植在坡地,以增加学生坡地采摘野菜,寻找药材的乐趣。为传承巴渝人的传统生存、生态智慧,课程以耕、读、渔、樵为主题,设计了台地园、生态耕读、梯田湿地,挖掘了耕读文化内涵。(图4-7)

图4-7 智慧生态工程设计图

(三)工程技术实践

1.边坡改良。对于较高的边坡,学生分层开挖,采用折线式、台阶式放坡,或者根据边坡岩土层变化情况按不同坡率放坡,台阶式边坡中部设置护坡道等方式,对边坡进行改良,因势利导保持水系畅通。

2.植物造园。分析种子萌发所需要的条件,对含油脂较高的种子如亚麻种子进行浅播,含淀粉多的种子如狼尾草种子进行深播。结合植物的水分代谢,移栽幼苗时为降低其蒸腾作用,提高存活率,移栽后浇灌足量的水,并覆盖上透明薄膜。理论指导实践,实践检验理论。学生深度理解了生态工程建设基本原理的内涵和外延(表4-5)。

表4-5 生态工程原理的内涵和外延

原理	实践运用	内涵	外延
自生	合理选择植物种类、合情布设栽种数量与改造环境	自我组织、自我优化、自我调节、自我更新和维持	实现系统结构和功能的协调,形成有序的整体
循环	将田间绿植处理还田,增加土壤肥力,减少废弃物	物质循环	前一环节产生的废物尽可能被后一环节利用,减少整个生产环节废物的产生
协调	选择本地物种;合理密植	生物与环境的协调与适应	生物数量不超过环境承载力,避免系统的失衡和破坏
整体	融情寓景,建设育人新场所	社会、经济、自然构成的复合系统	统一协调各种关系,保障生态系统的平衡和稳定

四、整合反思评价

华夏民族从遥远的上古时期开始,便已耕读于天地之间。《易经》中有"天地之大德,生也"。鉴此,"生态"既是"生"之存在"状态",亦是"生"之发展"态势",强调生物与环境的和谐共生。课程因地制宜,创建"诗经耕读园",打造生态工程实景教学场地,培养科学素养,树立"天人合一"的和谐观,发挥美丽校园育人功能。

通过本项目的实施,我们发现以STEM为基础,融入人文社会科学,开发"STEM+"课程有很大的发展空间,可利用校园景观充分开展学科交叉教学;开展景观竖向设计提升地理地形及空间感知;传递景观文化,深化学生对社会及乡土历史的认知。

案例二　初中学校优质课程资源精准整合的实践研究

重庆市南渝中学校英语教研组　曾艳、李阿璇

近年来,基础教育课程改革呼声不断,促使更多元化的教学方式走进国内学校,其中项目化学习(Project Based Learning,即PBL)概念受到热捧。它是一

种倡导多学科融合、注重创新精神和实践能力培养的新型学习方式,引导学生在真实情景中合作探究学习解决复杂问题,指向落实核心素养整合,努力培养"人格完整、适应未来"的学生。本文以"英文歌曲唱作大赛"为例,从项目化学习背景、项目整合要点、项目实施方案等几个方面进行了具体阐述,以期为构建基于核心素养的课堂教学新样态带来正向的启示价值。

一、项目化学习背景分析:为什么开展这项活动?

核心素养的落实在我国受到广泛关注,国家也从政策层面上提出核心素养的概念。2014年3月,教育部发布了《教育部关于全面深化课程改革落实立德树人根本任务的意见》,提出了"核心素养"这一重要概念,阐释了推进课程改革深化发展的首要前提是制定与构造学生核心素养体系。《普通高中英语课程标准(2017年版2020年修订)》也明确指出英语学科核心素养主要分为四个方面,语言能力、文化意识、思维品质和学习能力,并将其作为新时期英语新课改的目标。《义务教育英语课程标准(2022版)》强调义务教育英语课程要培养学生的四大核心素养,制定了明确指向学生核心素养的英语课程目标,不能再采用单一的传统教学,要为学生创设不同的情境,从而发展学生的语言能力,培养文化意识,提升思维品质,提高学习能力,这四个方面相互渗透、融合互动、协同发展。

从学习目标来看,项目化学习指向核心素养,与英语学科核心素养的本质和实现的目标一致,二者在育人功能方面有着一定的内在联系,都关注学生的多方面综合素养的培养。项目化学习的实施有助于培养学生的核心素养。落实核心素养是教育的总目标,项目化学习则是落实学生英语学科核心素养的有效载体与途径。

二、项目整合要点分析

(一)核心知识整合

为贯彻落实核心素养培育,项目化学习的核心知识应从学生理解和掌握的核心知识出发。通过充分研读课标、分析七八年级教材编排单元之间的逻辑联系,选取七八年级教材内容与学生的生活和兴趣紧密相连的"致成长"主题,确定本项目学习的核心知识,完成学习任务清单的制定。

(二)关键问题整合

驱动性问题是指围绕项目主题设计的,契合科学课程标准的,具有凝练意义的问题,它是能够引发学生自主探究和推动学生问题解决的关键性问题。我们以"在即将进入九年级的阶段,如何编创一首讲述自己初中两年成长故事的英文歌曲,以此致成长"为关键问题,促使学生主动去回顾初中两年的学习生活,将所学的英语知识运用在真实的情境中,引导学生全面认识、发现和关注自我,同时给学生提供一个可以展示自我的舞台。

(三)核心素养整合

知识是素养的媒介和手段,而知识转化为素养的最重要途径就是情景。

在"致成长(To Youth)"的项目化学习教学实践中,我们以学生为本,在其已有的知识认知系统的基础上,引导他们去探索、搜集相关联的信息资源,让碎片化、断点化的知识转变为结构化的知识,把复杂多元的问题拆解成由浅入深、层层递进的问题链,让学生在对解决问题的追寻中找到知识之间的纵横联系。

语言能力提升:让学习者运用初中两年所学的不同时态描述过去、现在的故事和未来的展望,运用教材所学和与"致成长"主题相关的知识点表达自己的观点。让学习者在交流、思考、表达、创造的过程中使用英语,自然而然将知识转变为能力,让学习者的英文写作能力、英语综合运用能力得到充分的锻炼。

思维品质提升:英语思维是英语真正流利、熟练的境界和标志,所以如何在英语学科教育中培养学习者的英语思维极为关键,也是重要的难题。此次项目化学习促使学习者通过频繁的语言交流、书面表达,不断尝试练习用英语思维去解决问题,启发学习者辩证性思考,培养学习者的英语思维品质及思辨能力。

文化意识提升:文化意识体现英语学科核心素养的价值取向,包括对中外文化的理解、认同,是跨文化认识、态度和行为取向的外在表现。歌曲作为一种独特的文学形式,是中西方文化交流的一个重要载体。学习者在对如何编写英文歌词的探索过程中,会主动去认知、了解不同国家的情感、态度和价值观,学习者的文化意识及跨文化交际能力也在潜移默化中得到了一定的提升。

学习能力提升:在此次"致成长——英文歌曲唱作大赛"的教学实践中,学习者首先用低阶认知策略去获取和整合所需的背景知识,然后再对主要核心知识进行拓展和提炼,结合高阶认知策略(主要包括决策、解决问题、创见、实验探究、调研)最终获取和整合知识,提升解决问题的学习能力。

本次项目化学习课程实践是整合核心素质的"融合剂"和"催化剂",可以在一定程度上推动实现英语学科新课改目标,使其要求的语言能力、思维品质、文化意识和学习能力四大核心素养的整合培育真实落地,让学生成为全面发展的人。

(四)跨学科整合

跨学科设计可以打破传统教学中的单一的知识体系,帮助引导学生从不同领域逐渐领悟到共同之处,形成超越某一具体领域的跨学科概念,把多学科的零散知识整合成跨学科概念,并内化为连贯的、清晰的、整体的认识。学生要主动建构起自身的知识体系,解决实际问题。所以,学生在学习某一学科核心概念时,要有整体意识,学会总结升华,并提炼出抽象概念,才能在学习科学知识的同时,形成科学思维、态度与方法,培养科学精神。

跨学科整合打破学科边界,将各门学科知识融合在一起;科学知识、科学思想与科学方法的结合和渗透;科技、人文与社会的互动和关联。这种综合不是单纯把知识作为综合的唯一对象,而是从时代和人的发展出发,从自然学科和人文学科整体、人的整体素养和知识对经济发展和社会进步的作用三个层面全面提高学生的综合能力,建立综合与分科课程有机结合并相互平衡的课程体系。

英语学科具有无可争议的跨学科性,它与音乐、语文、数学、历史、地理、思想品德和美术等学科密切相关。此次"致成长——英文歌曲唱作大赛"项目化学习体现了多学科融入的作用,将英语与跨国文化、音乐创作、美术等相结合,比如美术学科的知识——"设计及制作歌词册"和音乐学科知识——"谱曲、编词、音乐制作、乐器弹奏、歌曲演唱等",在发展学生英语核心素养和艺术核心素养的同时,帮助学生理解英语与生活的关系、英语与美术的关系、英语与音乐的关系,并形成"稳定与变化"的跨学科概念,同时也满足了学生的多元化发展需求。

(五)其他整合

项目化学习教学实践还应重点关注"做学教"的整合,要改变传统课堂结构,把学校变成学生真正的学习中心,把教师变成学习指导者、帮助者和护卫者,把家长变成学习的支持者和参与者,把学生变成学习的发现者、实践者、创新者,把学习变成一个综合的过程,将学习融入教育实践中去。

三、项目实施方案

(一)聚焦核心概念知识,明确项目学习任务

选取与学生的生活和兴趣紧密相连的"致成长"主题,围绕"成长"一词,以"Share past experiences and memories and look ahead to the future"为项目话题,以小组为单位,展开合作探究。

课程通过引导学生利用所学的英语知识,将原本零散的各个单元的知识点有效整合在一起,先用英文短文的方式呈现出来,之后各小组借助网络平台,搜集国外经典的以"成长"为话题的英文歌曲的歌词素材并进行整理和汇总,探究英文歌词所需要素,研究英语语言现象,将英文短文转化为歌词的形式。完成歌词编写后选择现有的曲子或重新谱曲。最后经过集体讨论修改,完成一首原创英文歌曲。项目最终成果以原创歌词册和在唱作比赛中公开展示的形式呈现,由师生共同制定覆盖全过程的评价标准。

(二)创设驱动性问题,激发学生的内在动力

在即将进入九年级的阶段,如何编创一首讲述自己初中两年成长故事的英文歌曲,以此致成长呢?通过驱动性问题使学生回顾初中两年的学习生活,将所学的英语知识运用在真实的情景中,引导学生全面认识、发现和关注自我,同时给学生提供一个可以展示自我的舞台。

(三)运用高阶认知策略,开展深度学习实践(表4-6)

表4-6 项目化学习运用的认知策略

主要学习实践	认知策略
小组明确项目主题及学习目标,利用课本和搜集的资料确定跟英文短文主题相关的英语知识点。选择特定的词汇,句式结构,语法	搜集信息 整理信息 组织信息
1.小组共同讨论,写一篇以若"成长"为话题的英文短文,将前期讨论的知识点运用其中 2.学习经典英文歌曲,学习如何编写英文歌词 3.学习英语的语调、连续、失音、爆破等语言现象 4.将英文短文转化成英文歌词的模式 5.将英文歌曲与现有的曲调相结合,编创一首英文歌	比较、分类 抽象、归纳 分析观点 创见

续表

主要学习实践	认知策略
1.小组讨论将要展示的英文歌词 2.根据学习成果,利用评价量表进行自评、师评、互评,及时根据修改建议进行修改	分析观点 分析错误
1.小组讨论设计歌词册的外观,使其符合公开展示的要求 2.小组制作该组的歌词册	创见
在英文歌曲唱作大赛中小组公开演奏歌曲,最终评选出最佳唱作表演	创见

此项目实施过程中所涉及的学习实践有以下四个方面。

1.社会性实践:学生被分成几个项目小组,形成小组分工。在合作探究中表达自己的观点,倾听他人的观点并给出回应,与小组成员交流沟通。

2.探究性实践:学生在小组合作探究中互帮互助,共同探究出问题的解决方案。在本项目中,小组共同讨论原创歌曲的主题,学习与成长相关的英文歌曲,学习如何编写英文歌词,学习英语中的语音、连读、失音、爆破等语言现象。

3.调控性实践:各小组在指定时间内完成阶段性任务,同时在项目化学习实践过程中对每个阶段的成果进行总结、修订和反思。

4.审美性实践:运用美术和信息技术的相关知识设计原创歌词册,并完成歌词册的制作。

(四)展示项目化成果,形成全过程评价

除了要对学生学科知识点及能力进行评价外,还要关注活动过程中学生的问题解决能力、团队合作能力、自我管理能力、批判性思维等综合能力,既要对项目主要成果进行总结性评价,更要重视对整个实践过程进行全过程评价,在过程中及时评价并提出改进建议,激励学生进行总结反思,不断调控学习行为,进行更深层次的探究。

公开成果:

1.符合"致成长"主题的英文短文。

2.制作完成的原创歌曲歌词册。

3.英文歌曲唱作大赛上的公开歌曲表演。

设计覆盖全过程的评价表(表4-7):

表4-7　项目化主要成果评价表

评价内容	评价标准	自评	互评	师评
英文短文	是否符合项目主题 是否凸显对项目核心知识点的理解 是否准确表达了相应的文章主题 是否具有一定的创新性 是否蕴含英语思维和情感			
原创歌词	是否符合项目要求 是否凸显对项目核心知识点的理解 是否体现对项目主题的深度思考 是否蕴含英语思维和情感			
歌词册	是否富有创意 是否符合公开展示的要求			
小组讨论纪录	小组成员是否全程参与成果创作 小组成员是否有合作分工 小组成员是否进行真实且有深度的讨论			
公开展示	小组成员是否以最佳方式呈现编创的歌曲 是否回答了驱动性问题			

四、项目整合反思评价

◆活动效果

通过八周的项目化学习实践活动,英语教研组对不同小组的学生进行了访谈,从访谈过程中发现,项目化实践活动的实施对于学生的英语学习态度、学习兴趣产生了积极的影响,对于形成核心素养也有一定的成效。

◆作品

学生最终呈现的歌词和表演都超越了课堂期待的最佳成果,除了用词精准、语法严谨、符合文化语境的基础要求外,还充分体现了八年级学生关于成长的独有认知与感悟。

◆学生感受

英文歌词不仅是地道语言的载体,还承载了丰富的人文内涵和文化知识。

英文歌词提供的西方文化情境让我们在感知与对比中体会到了中西方文化的差异,拓宽了国际视野,增强文化自信,并在丰富的情感体验中反思自我,丰富了自己的情感体验。

◆教师评价

英文歌词实际上是由地道的英语语言组成的语篇,每一首歌的歌词都包含了丰富的语言知识,如:英语语音知识中的连读、爆破、重音,英语语篇知识中的修辞手法运用和语法衔接手段运用(照应、替代、省略、连接)。从本次项目化教学实践活动中搜集到的"致成长"主题英语短文和原创歌曲歌词册中,我们可以很明显地看到学生开始学会利用已学的知识去表达心中的所思所想,在歌词创作和舞台演唱的实操过程中收获了兴趣与成就,交出了让自己满意的答卷。

◆专家评价

十年树木,百年树人。教育改革已经进入纵深区域,"教与学"变革已成焦点,能否以项目化学习作为推动学习变革的"药引",是值得反复实践的有益尝试。

案例三 "双减"背景下化学思政课程的教学设计——以"金属及合金与中华民族的伟大复兴"为例

重庆市南渝中学校化学教研组　谢怡然

一、整合背景分析

(一)课标分析

在"双减"背景下,如何以润物无声的方式将学科知识、学科素养,与课程思政相连接,上好一堂充满思想教育的化学课,如何多角度、多层次、多元化地设计课堂、设计作业,以及对作业进行评价,成为完成"立德树人"这一根本任务的基本要求。

(二)教材分析

金属的化学性质是人教版教材《化学》九年级第八单元课题二的内容,具体内容主要有三点,金属的化学性质、置换反应的概念和金属活动性顺序。最后金属活动性顺序的引出则是重中之重,不光是中考的核心内容,也是高中的元素化合物、原电池、电解池等内容学习的基础。另外,这部分知识真正在实际的生活生产中应用广泛,冶金技术的发展从农耕文明的农具等到现代文明的电子科技、工业设备等,是国家软实力发展的前提,极大地影响着中华民族的文化自信。另外,金属材料在武器装备上也是必不可少的,在科技、国防、军事方面应用广泛,占据核心地位,这些都是国家硬实力的象征,更是中华民族伟大复兴不可或缺的力量。

(三)学情分析

学生对金属的化学性质已有一些零散的认识,如前面学习中已经做过镁条、铜丝与空气反应以及铁丝与氧气反应的实验,也接触到酸与金属的反应以及铁与硫酸铜溶液的反应等知识。上述认识为本节学习奠定了良好的基础,但是学生缺乏对金属化学性质的系统认识,对不同金属化学性质的差异缺乏关注,这就需要教师在教学中注意提高学生认识一类物质化学性质的能力,同时让学生进一步体会"分类研究物质"这一学科思想方法的意义。

二、整合要点分析

(一)学科内学习教材优化的整合点

根据人教版教材《化学》九年级第八单元的编排,金属的物理性质和合金的认识板块属于课题一的内容,金属的化学性质属于课题二的内容。本节课根据学生的认知发展规律对教材体系进行了合理的调整,将课题一金属的物理性质和合金的认识、课题二金属的化学性质有机融合为一节课,以根据自己的教学思路,促使学生积极主动地建构知识,保证全面高效地实现课程教学目标。

(二)跨学科学习学科融合的整合点

实践生活中的情境或问题往往包括多学科知识,对于问题的解决也需要综合应用多学科知识,但是从便利教育和研究出发,大多数学科知识形成了泾渭分明的实践界限,因此教师需要围绕自身教授的学科知识和其他学科知识之间的关联,把其他学科知识以不同方式糅合到知识体系中,丰富和充实学科教学内容,以此来促进学生对学科知识全面而又深刻的理解。

本节课以素材的形式将文学融合课堂,以金属的发展历程将历史融合课堂,以中华民族的复兴历程将政治融合课堂,打破了不同学科的书本边界,以丰富教学内容,建构更为立体或者更为全面的知识结构。

(三)思政引领整合点

学科知识学习对个体人文底蕴的促成有一定效果,但是并不能完全促成人文底蕴,学生必须要广泛涉猎各种人文知识,加深对文化的理解和体验,才能有人文底蕴的沉淀。因此,教师在学科融合实践教学中必须要把课堂知识积累转向人文底蕴发展,这样才能通过教学实践促使学生在夯实知识基础的同时不断提高人文素养。

本节课从书本走向实际生活生产,从农耕文明的农具到现代文明的电子科技,从国家软实力到硬实力,增强文化自信的同时坚定党的领导,增强民族责任感。

(四)媒介资源的整合技术融合整合点

本节课通过化学模拟实验室软件"ChemLab"组织学生设计并模拟实验以制定严谨合理的实验方案,再提供实验器材将实验方案实行,实现了实验的可视化,为学生创设一个参与表达、交流、亲身经历活动的机会,让学生在活动过程中采用分类研究、对比分析的方法,主动思考、探究、归纳总结规律,提高探究能力、对比归纳能力、模型建立能力,形成化学基本观念,发展科学探究、模型认知、证据推理的核心素养,培养了学生严谨的科学探究态度和创新意识。

(五)教学方法与学生思维的创新整合

本节课采用的是基于"五要素"的主题学习法,将学习内容情境化、学习板块结构化、学习过程问题化、学习活动探究化、学习语言艺术化,利用独立思考和小组合作相结合的课堂教学模式,在奥运火炬的情境中,通过提出的问题,引导学生发现问题、解决问题、实验验证、归类总结、升华主题。

三、整合实施过程

(一)整体思路

本节课以核心素养为主线,以奥运火炬为主题,通过识火炬材料、问火炬奇秘、揭火炬奥秘、拓火炬材料四个环节展开,再以探究实验贯穿,以渗透化学学科核心素养。另外,在识火炬材料、拓火炬材料两个环节讲好中国故事,从古代的强盛时期,经历落后挨打时期到现在的引领世界时期,期间的发展离不开冶

金技术的发展,更离不开党的正确领导,首尾呼应,在渗透核心素养的同时,落实了"立德树人"的理念。(如图4-8)

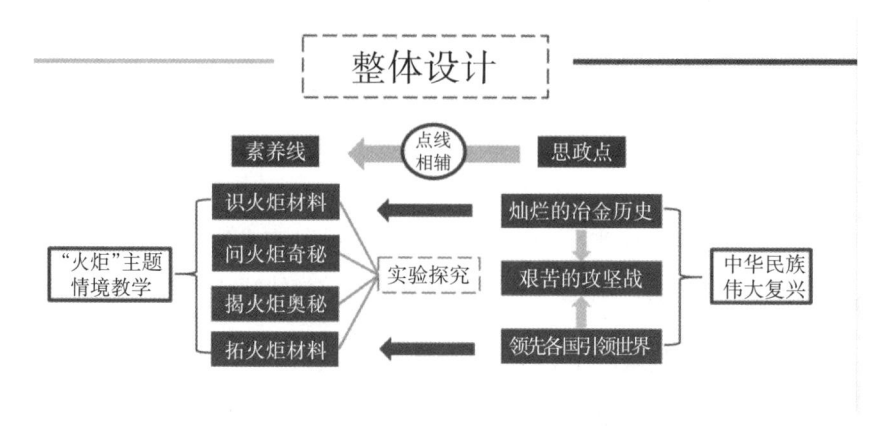

图4-8　整体设计

(二)片段一

以火炬材料发展加上毛泽东的词,引出人类历史的三个时期,分别以材料命名,将金属材料与生产力、战斗力相联系,再通过展示中国古代灿烂的冶金史,培养学生的文化自信。(如图4-9)

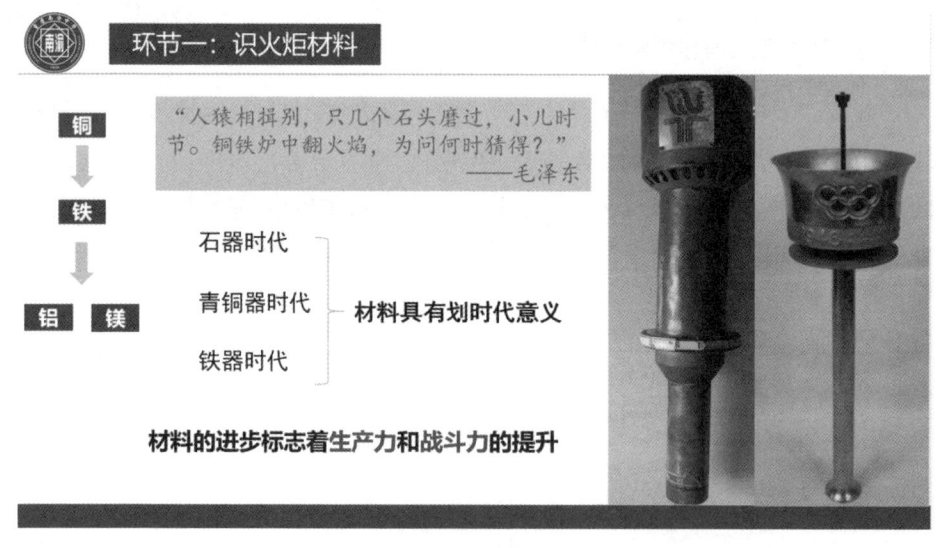

图4-9　环节一

(三)片段二

通过"火炬"燃烧秘密提出问题,然后引导学生思考,设计实验探究原理,解决问题。通过这些活动的设计与实施,为学生创设一个参与表达、交流、亲身经历活动的机会,让学生在活动过程中采用分类研究、对比分析的方法,主动思考、探究、归纳总结规律,提高探究能力,形成化学基本观念,发展科学探究与创新意识的核心素养。(如图4-10、4-11、4-12)

将重点以实验探究方式自然得出,避免了学生的死记硬背,实现课堂活动提质增效,有效落实了"双减"政策。

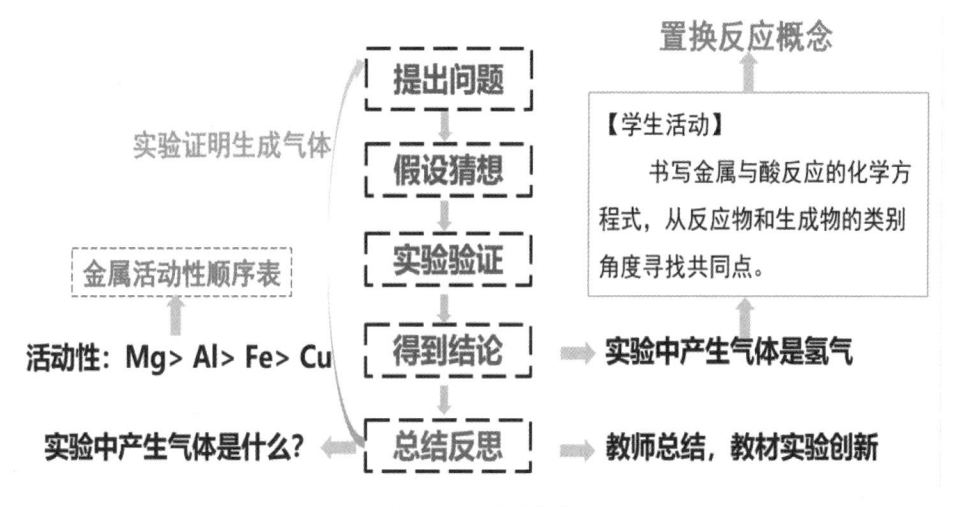

图4-10 实验流程

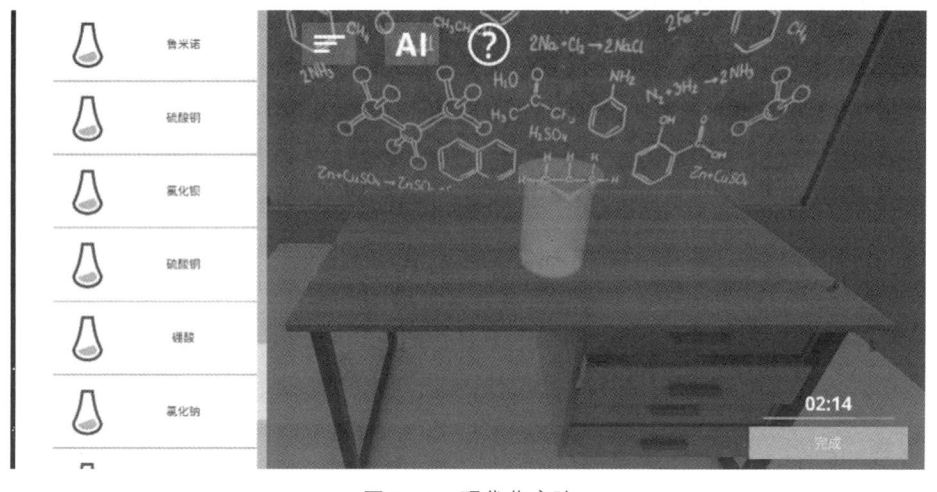

图4-11 现代化实验

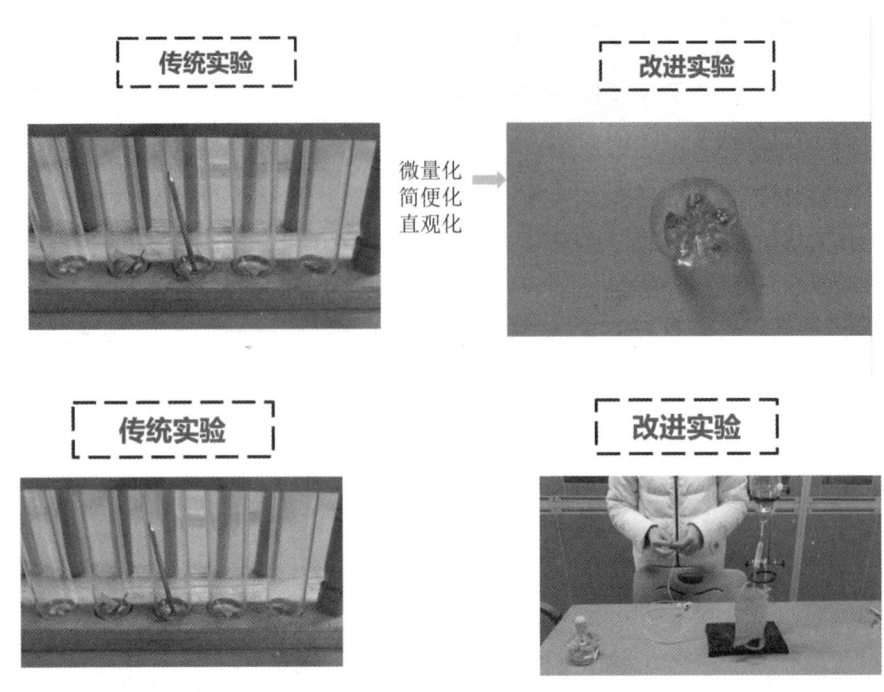

图 4-12　传统实验的改进

(四)片段三

以湿法炼铜素材作为练习题(图 4-13),学练结合,加强学生对活动性顺序表的应用,并对置换反应进行了拓展,另外融入湿法炼铜在冶金史上的地位的知识,再次输入文化自信。同时,湿法炼铜以价值较低的铁置换出铜,融入以贱换贵的经济价值思想。

课堂练习:

湿法炼铜技术是中国首次使用,沈括在《梦溪笔谈》中提到"信州铅山县有苦泉,流以为涧,挹其水熬之,则成胆矾(注:$CuSO_4 \cdot 5H_2O$),烹胆矾则成铜,熬胆矾铁釜久之亦化为铜"。

(1)写出文中"铁釜化为铜"的化学方程式。

(2)"湿法"炼铜和"火法"炼铜哪种方法先出现,为什么?"湿法"炼铜的经济价值何在?

图 4-13　练习题

(五)片段四

合金技术发展迅猛的今天,我国军事、科技、国防等实力都日益强盛,这一切都是在党的正确领导下艰苦奋斗得到的。我们应培养学生的国家意识和政治认同感,发展科学精神与社会责任的核心素养,启示学生不忘历史,肩负责任,为中华民族的伟大复兴而奋斗!(如图4-14、4-15、4-16)

> 2020年7月23日,"天问一号",中国首个自主研发成功的火星探测器
> 2021年11月,"神舟十三号"载人飞船的轨道舱壳体结构、蒙皮、返回舱侧壁金属壳体等用的都是铝合金材料
> 2021年,研制用于中国空间站核心舱的系列关键材料

图4-14 天问一号　　图4-15 神舟十三号　　图4-16 中国空间站核心舱

四、整合反思评价

基于合适的整合点选择合适的整合路径是教师对各种资源整合的过程,也是建构适合学生发展环境、为学生全面发展提供支持的过程。要使各种环境的条件更加符合需要,必然要解放思想、开阔视野、灵活方法,打破各种实践边界,使课堂教学在破界与融合中促进学生全面成长。在教学中,既要重视知识的认知价值,还要深入分析和挖掘知识的迁移价值和情感价值,更要看到教学资源背后所蕴含的思想、观点和方法,创设丰富多彩的教学情境和探究活动,引导学生自主、合作、探究学习,全面实现课程目标。

本节课以核心素养为主线,以奥运火炬为主题,通过识火炬材料、问火炬奇秘、揭火炬奥秘、拓火炬材料四个环节展开,再以探究实验贯穿。以实验为知识的载体,渗透核心素养的同时,充分展现了学生在课堂中的主体性。

另外,在识火炬材料、拓火炬材料两个环节讲好中国故事,从古代的强盛时期,经历落后挨打时期到现在的引领世界时期是新中国成立初期进行了一次次

艰苦的攻坚战,攻克了一个个冶金技术的堡垒换来的。中华民族实现了伟大复兴,离不开冶金技术的发展,更离不开党的正确领导。这些思政点在合适的时机融入素养主线当中,点线相辅,在渗透核心素养的同时,落实了立德树人的根本任务。

案例四　传统文化中的科学元素——"科学探究——杠杆的平衡条件"

重庆市南渝中学校物理教研组　刘太娟

习近平总书记说:"要加强对中华优秀传统文化的挖掘和阐发,使中华民族最基本的文化基因与当代文化相适应、与现代社会相协调,把跨越时空、超越国界、富有永恒魅力、具有当代价值的文化精神弘扬起来。"基于这样的思政背景,本课以"传统文化中的科学元素"作为切入点,利用传统文化中的杠杆作为教学素材贯穿整个教学,利用创新教具进行科学探究、突破认知难点,在文化传承与科学探究的交替中培育学生的爱国情怀和核心素养。

一、整合背景分析

(一)课标分析

《义务教育物理课程标准(2022年版)》强调要将中华优秀传统文化等重大主题教育有机融入课程,增强课程的吸引性,让学生体会到我国古代科技对人类文明发展的促进作用,增强文化自信和民族自豪感。课程标准明确要求本节内容的教学要通过定量的实验探究找到规律,建构物理知识框架。

(二)教材分析

本课选自沪科版《物理》八年级全一册第十章第一节,位于单元之首,既是对力学知识的进一步应用,也是学习其他机械和力矩平衡的基础。教材主要呈现了三部分内容——认识杠杆的五要素、探究杠杆的平衡条件、杠杆应用实例。杠杆的五要素是科学认识杠杆的结果,学生通过五要素认识杠杆,有效落实了科学思维的培养；在科学探究过程中，教材进一步明确了科学探究的方法和步骤，让学生通过科学探究，逐步掌握杠杆平衡的条件，为力矩平衡的学习打下基础；教材呈现了古代和现代的部分杠杆，在我国古代，早已有了桔槔、舂、杆秤这些利用杠杆原理的工具，它们设计巧妙，简单实用，在古代社会活动中扮演了重要的角色，是传统文化中的瑰宝，也是增强文化自信的优秀教学素材。

(三)学情分析

在知识经验层面，八年级学生已经具备了力学知识基础和杠杆使用经验，能够说出绝大多数生活中常见的杠杆，也能够结合学习经验总结出杠杆的定义和要素。在学习兴趣层面，学生对于科学探究和生活化的物理知识兴趣浓厚，尤其是面对不太熟悉的传统文化中的杠杆时倍感兴奋。在认知方式层面，遇到问题时他们既喜欢独立思考，也喜欢合作交流，这为小组合作学习奠定了基础；他们对于物理规律的认知，符合从"具体到抽象、特殊到一般"的特点。此阶段正是学生价值观形成的关键期，优秀传统文化、现代大国实力等教学素材的自然融入，能够有效培养学生的科学态度、责任意识和爱国情怀。

二、整合主题要点

(一)重难点整合

本课的重点是科学探究杠杆的平衡条件、中国传统文化中的科学元素；难点是力臂概念的构建、科学探究杠杆的平衡条件。

(二)学习目标整合

1.通过对桔槔、舂等工具的学习，掌握基本的物理概念、规律。
2.通过观察桔槔、舂等工具，构建出杠杆模型。
3.通过科学探究，提升自主探究的综合能力。
4.通过对传统文化中的科学元素的学习，增强文化自信和创新精神。

(三)教学方法整合

在本课中，我采用情境主题化、实验创新化、作业项目化的方式组织教学，以传统文化中的杠杆作为情境主线，开展"认识杠杆、探究杠杆的平衡条件、杠杆应用"三个板块的教学,结合以"制作杆秤"为主题的项目化作业设计,形成完整的教学链。在整个过程中,我引导学生通过独立思考、合作探究、项目实践完成学习,实现学生核心素养的螺旋式提升。(图4-17)

情境主题化
实验创新化
作业项目化
→ 教法+学法 ←
独立思考
合作探究
项目实践

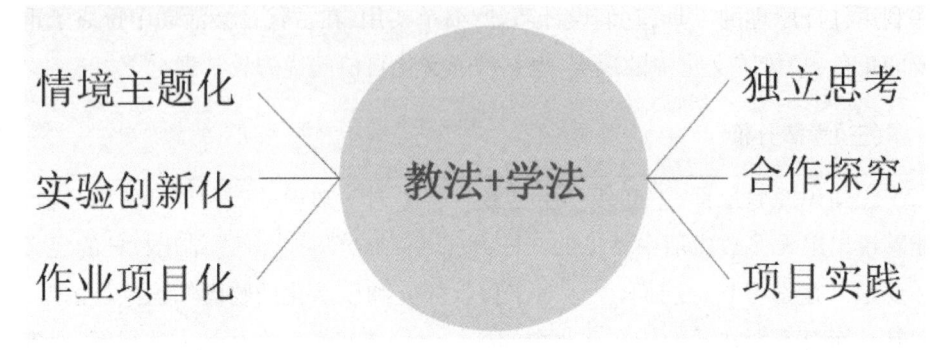

图4-17　教学方法

三、整合实施过程(表4-8)

表4-8　教学实施过程

教学片段	实施过程
【引入】	图1　自制"桔槔"　　图2　自制"舂" 1.体验传统文化——杠杆的转动 如图1、2所示,教师课前自制教具"桔槔""舂",在课堂之初让学生参与传统文化中杠杆的使用,深度体会杠杆是依靠一根硬棒在力的作用下转动的,感受传统文化的魅力 2.发现生活中的杠杆 组织学生发言,举出生活中杠杆的例子,并说出该杠杆是如何运作的

续表

教学片段	实施过程
【片段一】 认识杠杆	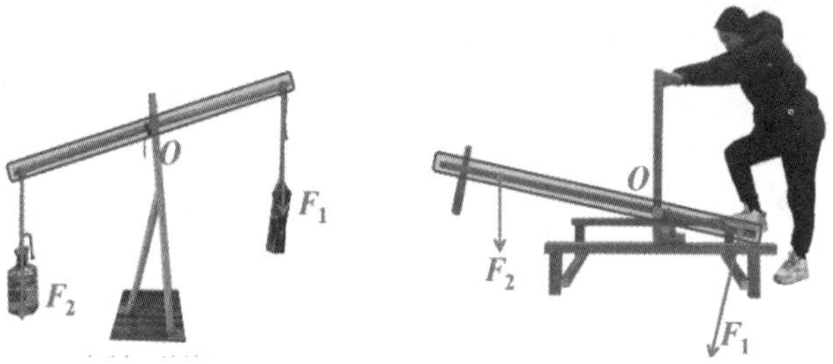 自制"桔槔"　　　　　自制"舂" 图3　抽象杠杆模型 1.杠杆五要素中的其三 通过对桔槔、舂的使用和观察，组织引导学生抽象画出杠杆模型，概括杠杆的定义——在力的作用下能围绕着固定点转动的硬棒。引导学生发现杠杆五要素中的三个简单要素：支点(O)、动力(F_1)、阻力(F_2) 2.杠杆五要素中的其二： (1)体验传统文化——杆秤的平衡 "悬于权衡，则毫发之不可差"，古代杆秤的发展帮助贸易往来实现高精度计量。图4是一架杆秤，请学生演示杆秤的使用，通过杆秤的使用可以确定影响杠杆转动效果的因素有动力和阻力的大小；难以确定"支点到力的作用点的距离"，还是"支点到力的作用线的距离"会影响杠杆的转动效果  图4　杆秤

续表

教学片段	实施过程
【片段一】认识杠杆	(2)探究力臂的本质 设计创新教具"力臂"演示仪,探究影响杠杆转动效果的因素到底是"支点到力的作用点的距离",还是"支点到力的作用线的距离"。具体步骤如下。 在力的作用下,木板可以围绕固定轴发生转动,因此可以将木板看作杠杆,ABCD是同一圆周上的4个点,它们到圆心O的距离相等,EBF是在同一竖线上的3个点,支点O到竖线的距离是OB。实验发现: ➢ 右侧钩码挂于D点 ➢ 左侧钩码依次挂于A、B、C→AO=BO=CO→杠杆状态改变→支点到力的作用点的距离不是影响转动效果的因素 ➢ 左侧钩码依次挂于E、B、F→O到竖线的距离均为OB→杠杆状态不变→支点到力的作用线的距离是影响转动效果的因素 图5 自制"力臂"演示仪
【片段二】探究杠杆的平衡条件	2.探究:杠杆的平衡条件 (1)学生分组实验 ➢ 实验方法:调节杠杆水平方向平衡后,在杠杆的两侧分别挂上一定数量的钩码,通过改变钩码的个数和移动悬挂位置来使杠杆达到水平平衡,记下此时的动力、动力臂、阻力、阻力臂的大小,多次实验后,通过分析数据得出杠杆的平衡条件是:动力×动力臂=阻力×阻力臂 图6 传统"平衡条件演示仪"

续表

教学片段	实施过程
【片段二】探究杠杆的平衡条件	➢实验评估:优点——简单、方便、易操作;不足——杠杆所受拉力的方向只能竖直向下,杠杆只能水平平衡,得出的实验结论建立在杠杆水平平衡的前提下,结论并不具有普遍性 (2)教师演示实验 ➢实验方法:圆盘上的卡槽内装有两个可移动的滑轮,通过改变滑轮的位置实现拉力的方向任意,力臂的大小任意,杠杆平衡位置任意。平衡后用白板笔在圆盘白板上记录下拉力的大小和方向、力臂的大小,从白板上直观观察实验数据,多次实验后引导学生得出实验结论:动力×动力臂=阻力×阻力臂 图7　自制"平衡条件演示仪" 第一次实验　　　第二次实验　　　第三次实验 ➢实验评估:该实验现象直观,且能够做到拉力的大小、方向任意,力臂的大小任意,杠杆平衡位置任意,这样得出的结论才更具有普遍性,该实验有效克服了教材实验的不足

续表

教学片段	实施过程
【片段三】 杠杆应用	交流讨论——古今应用 组织学生发言,举出更多生活中杠杆的实例,如:舂、桔槔、杆秤、天平、塔吊等。教师重点介绍优秀传统文化中的杆秤的发展,以及我国现代塔吊事业实现从落后欧洲到登顶世界的蜕变,提升学生的文化自信和民族自豪感,激发学生的爱国情怀
【片段四】 作业设计	为响应"双减"号召:课后作业分为"必做"和"选做"作业 必做:1.精选书面习题7道;2.(周末作业)以杆秤为主题的项目化实践作业,让学生自主设计、制作、调校一架杆秤,并设计"造杆行动"评价量表进行科学评价,让学生在智力运用和劳动实践的融合中获得解决问题的关键能力 选做:1.精选书面习题3道;2.(周末作业)通过上网调查了解杆秤背后的中国文化,完成"杆秤背后的文化"报告,培养学生的爱国情怀和文化自信

四、整合反思小结

(一)思维导图(图4-18)

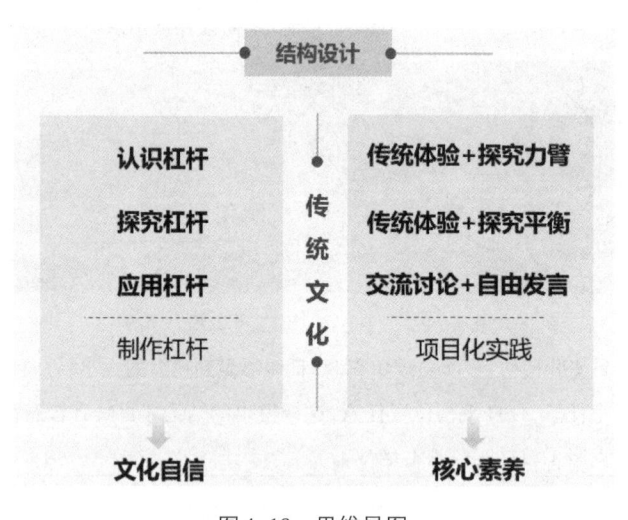

图4-18 思维导图

(二)反思

在设计"科学探究——杠杆的平衡条件"这节课的时候,我反复阅读课标、教参、教材，最终确定了本节课的思路：以传统文化中的杠杆作为情境主线，开展"认识杠杆、探究杠杆的平衡条件、应用杠杆"三个板块的教学，结合以"制作杆秤"为主题的项目化作业设计，形成完整教学链，培养学生的文化自信和民族自豪感。在教学环节中，我组织学生通过体验传统工具、探究科学原理、集体交流讨论等多种方式进行学习，实现学生核心素养的螺旋式提升。

为了增强学生的文化自信，我选择了复现传统工具并让学生参与体验使用，在使用中感受到传统文化的魅力所在。推及现代社会的巨型机械——塔吊，我国也是从依靠进口走到世界领先，带领学生逐步提升文化自信。

为了让学生实现知识本体的深度学习，我选择自制"力臂演示仪"并采用生成教学的方式来突破力臂难点；为了突破"杠杆平衡条件"实验的局限性，我自制教具"杠杆平衡条件演示仪"实现杠杆其他方向的平衡条件探究。

在课堂的尾声，我引导学生认识到劳动人民在劳动实践中积累了大量的智慧成果，无论是怎样的杠杆和机械，都有它独特的利用价值，这些用途最终指向一个终极目标，那就是帮助人们提高生产生活的效率，改善现有生活，使人类的明天愈加美好；引导学生跨越时空距离，积极主动弘扬传统文化，勇于担当，做时代新人。

上完本课后，我也产生了一些遗憾，对于传统文化工具背后文化内涵的挖掘还不够深入；课堂上未引导学生对桔槔和舂使用过程进行准确的受力分析，学生对于桔槔和舂的受力还不甚明了。针对以上问题，我将在今后的教学中做出改进。

案例五　新课改背景下英语整合课程教学设计——以人教版新目标英语八年级下册"Singapore is a place you'll never forget"为例

重庆市南渝中学校英语教研组　邱子珈

一、课程整合背景

2014年，教育部印发的《关于全面深化课程改革落实立德树人根本任务的意见》清晰地指出了要加强学科间的相互配合，增强整体性，不但要强化相关学科的"纵向有效衔接",还要强化各学科间的"横向协调合作",充分发挥课程结构的综合育人功能,不断提高学生综合、系统、全面地运用知识解决生产生活中实际问题的能力。

2016年,教育部发布《中国学生发展核心素养》,其核心是要培养全面发展的人,指向学生综合运用知识的能力和解决问题的能力。

"双减"工作要求减负提质,即通过减少重复性、机械性、低效性的课内外学习任务,减轻学生的学业负担,提升教育质量。这也要求教师不断强化对课程整合的认识,以全面整合的视角探索"减负提效"的实践道路,落实立德树人根本任务,促进学生全面发展和健康成长。

《义务教育英语课程标准(2022年版)》提出,英语课程的总体目标是培养学生初步的综合语言运用能力,并通过英语学习促进学生的新知发展,提高学生的综合人文素养。教学内容被整合为主题、语篇、语言知识、文化知识、语言技能和学习策略等六要素。六要素是相互关联的有机整体,要求教师在教学时要综合考虑并充分利用课程资源以呈现有趣、有机、有效的课堂。

二、课程整合意义

课程整合主张超越原本单一分散的课程体系,打破学科间原有的界限,探寻不同学科之间的内在联系,重构一种具有综合性、整体性的课程,并形成一个完整的、连贯的体系,帮助学生将所学知识迁移到实践之中,培养学生的学习迁移能力。因此课程整合是贯彻落实立德树人的必要途径,是提高中国学生核心素养的有效途径,有利于推动"双减"持续向纵深发展。

三、课例背景分析

(一)教材分析

本节课的教材为人教版八年级下册"Unit 9 Have you ever been to a museum?" Section B 的 2b 阅读部分。本单元围绕"人与社会"的主题展开。Section A 部分主要涉及社区生活中的"fun places",Section B 拓展到旅游景点。本节课围绕"人与社会"主题范畴中"历史、社会与文化"板块里世界主要国家的文化习俗与文化景观展开。通过阅读文本,教师带领学生了解新加坡美食,感受多元文化,探索当地的特色景点,合理选择最佳观光时间,激活学生对重庆的认识,引导学生从文本中提炼出介绍城市的框架和语言,让学生能够描述熟悉的文化现象和文化差异,能够介绍重庆得天独厚的旅游优势,了解重庆"行千里,致广大"背后"千里之行始于足下""致广大而尽精微"的人文精神。在最后的作业布置环节中,让学生从多角度介绍重庆参加中国国际文化旅游博览会的情况,让学生联系课堂所学与生活实际,将所学付诸实践。

(二)学情分析

本节课的教学对象是八年级学生,学生已经掌握了一定量的词汇、句型来表达自己的观点。在Section A部分中学生已经讨论过博物馆、公园等各种场所类的相关话题,具有一定的语言知识储备,因此可以较为容易地用英文表达自己对文化旅游城市的看法。对于课堂涉及的新加坡,大多数人听说过,但可能去过那里的少,了解也少。学生对于自身所处的城市重庆非常熟悉,但进行介绍时缺乏整体性和语言的丰富性。

四、课例整合要点

(一)教材优化整合

以前的英语教学多是单一语篇教学,教学缺乏连贯性和整体性,不利于开展持续性评价。每堂课平均用力,导致重点不突出,难以引导学生构建知识体系和深度学习。本堂课的学科内整合主要采用了大单元整合教学。通过认识重庆、认知祖国、认识世界三个小观念的形成,让学生逐渐学会如何去认识一个地方并系统地介绍一个地方,从而完成"让世界认识重庆"的单元任务(图4-19)。通过单元整体教学可以节约课时量,帮助学生类比学习相似知识点,建立结构化知识体系,提升思维能力,助力核心素养的形成。

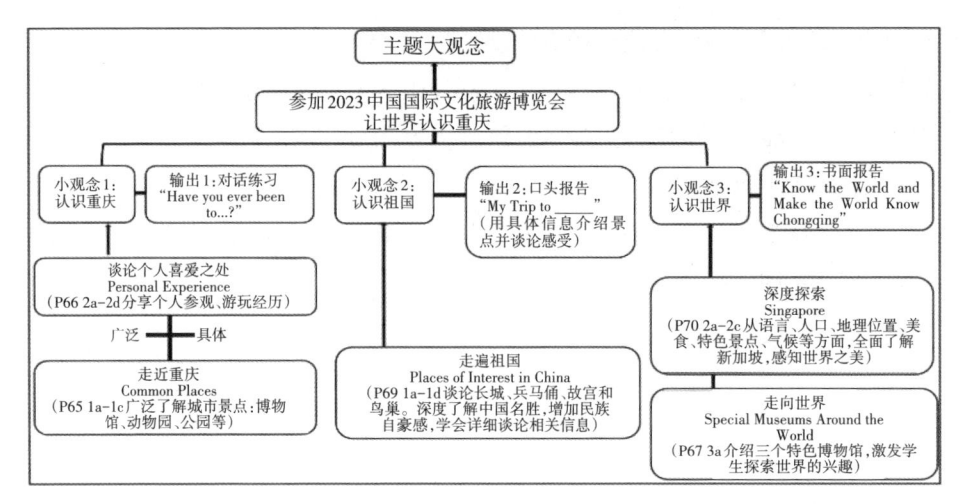

```
                        ┌──────────────┐
                        │  主题大观念  │
                        └──────┬───────┘
                ┌──────────────┴──────────────┐
                │ 参加2023中国国际文化旅游博览会 │
                │      让世界认识重庆           │
                └──────────────┬──────────────┘
    ┌────────────┬─────────────┼─────────────┬────────────┐
┌───┴────┐ ┌─────┴──────┐ ┌────┴───┐ ┌──────┴─────┐ ┌────┴───┐ ┌──────────┐
│小观念1:│ │输出1:对话练习│ │小观念2:│ │输出2:口头报告│ │小观念3:│ │输出3:书面报告│
│认识重庆│ │"Have you ever│ │认识祖国│ │"My Trip to ○○│ │认识世界│ │"Know the World│
│        │ │ been to...?" │ │        │ │(用具体信息介绍景│ │        │ │and Make the World│
│        │ │              │ │        │ │点并谈论感受) │ │        │ │Know Chongqing"│
```

图4-19 单元任务

(二)跨学科整合

本堂课通过地图学习新加坡的地理位置,了解新加坡以及其对于中国人而言的地理位置优势,即"close to China"。然后进一步了解新加坡的气候特征,分析出最佳旅行时间"whenever you want"。文本材料中分析了另外两个中国人去新加坡旅行的优势,即"three quarters of the population are Chinese"以及"You'll find a lot of food from China"。于是,教师引导学生从历史角度思考新加坡华人居多的原因,即明朝特别是郑和下西洋的时候,出现了中国第一次移民的高峰。他们的后代繁衍生息就成了现在新加坡的华人。通过跨学科的整合,帮助学生建立了知识之间的联系,让学生联系生活实际,解决问题,也拓宽了学生英语的语用边界。

(三)以学生为中心的教法整合

英语课程整合不能忽略学习者的特点和需求。课程整合理论中有一种是"以儿童为中心的整合理论"。进步主义教学之父帕克认为教育教学要以儿童为中心,遵循儿童的天性,注重儿童的兴趣,引导儿童同外界建立联系,促进儿童多方面能力的发展。

本堂课采用Jigsaw Reading的方式代替传统的Careful Reading,将语篇材料分解成四个部分随机发给学生,让学生阅读片段并加以推理分析。未阅读相关内容的学生通过基于信息差的思考和提问来获取信息,从而对信息进行整合,加深对语篇的理解,提高阅读能力。整个过程尊重学生的学习主体地位,充分发挥学生的自主性。学生小组首先合作找出关于话题的兴趣点、关注点,再通过学生提问、学生回答的方式一步一步加深对文本的理解。教师在整堂课中主要起衔接作用,并帮助学生将所探讨的内容结构化。

(四)思政视域下的课程整合

英语作为当今世界运用最广泛的语言,是中国人了解世界的工具之一,同时兼具着让中国走向世界,让世界了解中国的重要作用。英语课标要求培育学生的文化意识,比较中外文化异同,加深对中华文化的理解和认同。本堂课在分析新加坡作为一个旅游国家的优势后,让学生对比介绍重庆得天独厚的旅游优势,培养了学生判断文化异同的能力,进一步让学生体会旅行的真谛和重庆"行千里·致广大"的人文精神,增强了学生跨文化沟通与交流的自信。

(五)信息技术与课程的整合

学习语言最重要的是提供语境。在中国,英语作为一门外语,离开课堂后我们很难给学生提供可供操练的语言环境,因此课堂的真实语言环境对于学生而言尤为可贵。信息技术的运用不仅能增强学生的学习兴趣,更能帮助师生超越时间和空间的限制,让学生更多地接触真实世界的英语,增强英语学习的真实感。本堂课充分利用音频、视频材料,让学生"见到"真实的新加坡,向学生展示重庆独特的魅力,以及重庆"行千里·致广大"的人文精神,基本达到了提升学生的学习兴趣、增加学生的体验感的目的。

五、课堂实施过程

(一)读前

教师通过自我介绍的关键词"Trust-worthy, Open-minded, Understanding, Responsible"引出 TOUR 的概念(图4-20),导入旅行的主题。接下来引出重庆的友好城市新加坡,引导学生运用已知知识谈论新加坡,然后通过视频进一步了解新加坡。

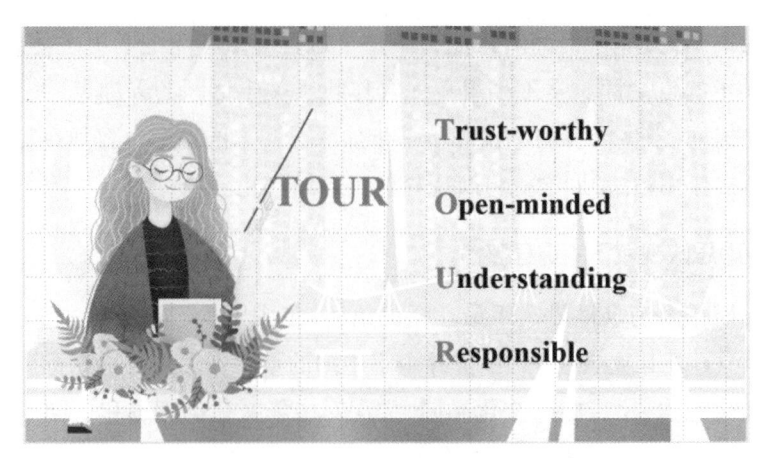

图 4-20　自我介绍关键词

(二)读中

1.假设情境。学生收到新加坡学生的来信,并快速阅读第一段,在地图上找出新加坡的位置,认识地理位置的表达方式,同时讨论这样的位置赋予旅行城市的优势,实现学科融合教学。

2.通过采用以学生为主的阅读方法 Jigsaw reading 代替传统的 Careful reading,将语篇材料分解成四个部分,放在四种不同颜色的信封里随机发给各组学生,让学生阅读片段并加以推理分析。未阅读相关内容的学生通过信息差利用 raise and answer questions, myth and fact 和 order the sentences 等方式来主动从其他同学处获取信息,从而对信息进行整合,加深对语篇的理解,提高阅读能力。并从四个信封的内容中得出"Tasty food, Open country, Unique place, Right time"四个关键词,总结新加坡的旅游优势(图4-21)。

图 4-21　优势关键词

3.深度阅读(图4-22)。以美食为例引导学生思考怎样更加全面、具体地介绍一个地方,帮助学生加深对文本的理解,也通过联系生活实际知道如何更好地做好地方宣传。

图 4-22　深度阅读

(三)读后

来而不往非礼也,作为姐妹城市,我们也要介绍并邀请新加坡的朋友来重庆旅游。让学生运用所学内容介绍重庆,并通过评价量表做出评价。(图4-23)

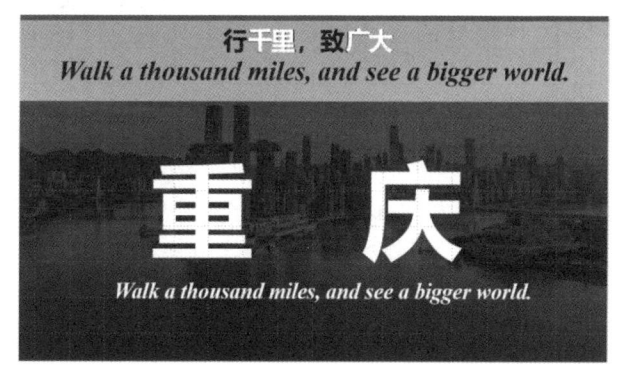

图 4-23

六、课堂反思

本堂课通过整合教材内容,以设定新加坡和重庆的中学生互相邀请参观对方城市的情境开展阅读教学。通过精妙的教学主线、精心的活动设计、精彩的问题驱动,把教学活动与主题意义探究结合起来。在教学过程中,教师充分发挥学生的主观能动性,整合他们的已知、问题和理解,逐渐推动课堂的进程。本堂课还通过整合信息技术帮助学生更直观地了解新加坡这个城市,分析新加坡与家乡城市的差异,在原来的基础上创新,介绍我们的家乡重庆,激发学生对家乡的热爱和对家乡文化的认同,从而实现立德树人的目标。

第五章

初中学校课程资源精准整合的制度逻辑

第一节　建立健全学校学科课程管理制度

一、课程管理制度

(一)课程制度建设

学校课程制度建设是新课程改革的要求,2001年6月教育部发布的《基础教育课程改革纲要(试行)》提出了"课程改革目标""课程结构""课程标准""教学过程""教材开发与管理""课程评价""课程管理""教师的培养与培训""课程改革的组织与实施"等九个方面的规定,目的就是要构建符合素质教育要求的新的基础教育课程体系。实际上,这就是建立新的基础教育课程制度的具体要求和目标。这些目标的具体落实和实现体现在学校层面就是学校课程制度建设。《基础教育课程改革纲要(试行)》明确要求,学校在执行国家课程和地方课程的同时,应视当地社会、经济发展的具体情况,结合本校的传统和优势、学生的兴趣和需要,开发或选用适合本校的课程。学校不再仅仅是忠实地执行国家课程、地方课程的组织,而是需要以课程政策、地方状况和学校传统为基础,将国家课程和地方课程校本化,并开发符合新课改理念的独特的校本课程。

(二)学校课程开发

1.以学科为中心的资源精准整合与课程开发

学校以学科为单位,发挥学科优势,首先围绕语文、数学、英语、物理等多个学科设立若干个学科研究小组,分年级,以小组为单位进行学科课程的开发。在此基础上,以资源与教学的精准整合为目的开展学科课程的创新设计,探索学科课程资源精准整合的策略与途径。学科课程层面的整合研究主要从学科特色课程、学科活动课程两个方面进行。其中,学科特色课程立足学科知识学习及学科能力的培养,指向课堂教学的深化;学科活动课程是学科课堂教学的延伸,指以某一学科为中心,多学科协同参与的项目活动课程,旨在学科意识的培养与学科素养的提升。

| 优质课程资源精准整合 |

对此,各学科、各年级研究小组展开了丰富的理论与实践探索,提供了大量学科课程资源精准整合的实践案例。(如表5-1,表5-2所示)

具体案例统计如下。

表5-1 学科特色课程案例汇总

学科	课程内容
语文	南渝语文新闻采写实践活动 (课程说明:围绕人教版《语文》教材八年级上册新闻单元的学习,开展语言运用实践) 《朝花夕拾》主题读书交流会 (课程说明:围绕人教版《语文》教材七年级上册名著阅读的学习,对文本进行解读和探索,拉近与经典的距离)
数学	探索生活中的"体""面" (课程说明:围绕几何课程的学习,通过制作几何体,培养数学几何思维) 勾股定理手抄报 (课程说明:围绕勾股定理的学习,通过网络了解勾股定理在国内外的发展史以及实际应用,并用手抄报展示成果)
物理	"水火箭"制作与发射实践活动 (课程说明:围绕初中物理压强知识,通过"水火箭"的制作提升物理动手与实验能力) 杆秤是怎么做出来的 (课程说明:围绕初中物理杠杆原理的学习,通过杆秤制作深化知识学习,培养动手能力)
地理	我的星球——DIY地球仪 (课程说明:围绕初一年级地形地势等知识,通过地球仪DIY活动,提高对知识的综合与运用能力)
生物	生态瓶马拉松 (课程说明:运用生态系统的知识,通过设计生态瓶理解大自然平衡运作的原理)
化学	化学手抄报 (课程说明:从生活实际出发,制作一张与化学知识相关的手抄报)
历史	思维导图 (课程说明:以"时空观念"为核心,以"历史大事年表"为架构,以"思维导图"为工具,总结梳理中国古代史,制作一份思维导图)
美术	面具的设计与制作 (课程说明:结合中国川剧脸谱面具、藏戏面具和威尼斯面具进行讨论学习、自主设计,并运用各种材料、色彩,制作独具特色的面具)

表 5-2 学科活动课程案例汇总

学科	课程内容
语文	《诗经》音诗话表演 (课程说明:以音诗话综合表演的形式,引导学生重读经典《诗经》,提升文化素养) 《西游记》话剧创作与表演 (课程说明:以话剧的创作与表演拓展《西游记》名著阅读学习,提升学生的学科综合素养) "仲夏夜之梦"语文话剧表演 (课程说明:以话剧表演的形式培养学生团队协作、统筹安排、解读经典、审美鉴赏等能力,达到"五育并举""学科融合"的目的)
数学	数学主题演讲比赛 (课程说明:以演讲的形式表达学生对数学的理解,提升其对数学的学习兴趣) 数学历史话剧表演 (课程说明:通过对数学相关故事的表演,探究数学与生活的关系,提升学生对数学学习的兴趣)
英语	"Nanyu Melody——致成长"英文歌曲唱作大赛 (课程说明:用演唱的方式,帮助学生更好地了解英语的语调、连读、失音、爆破等语言现象,培养良好的语感) 英语标语画创作 (课程说明:通过制作不同区域的公益标语,激发学生学习英语的兴趣,增强学生的公共管理意识,并提高其英语的应用与表达能力) 以"School Sale for Best Wishes"为主题的校园义卖活动 (课程说明:将课本知识延伸到实际生活中,用真实的语言运用场景,以趣促学,使学生学以致用) 南渝中学首届英文配音比赛 (课程说明:以寓教于乐的方式激发学生学习英语的热情,提高学生的英语口语水平)
物理	科技文化节 (课程说明:以"开启科技前沿之成果、播种科技创新之种子、激发创造发明之兴趣"为主题,让更多学生体验科技实践的乐趣、探索科技应用的奥秘,提升科技实践的能力)

2.跨学科精准整合的主题项目课程开发

除了以学科为单位构建研究小组,分学科挖掘学科学习资源,结合该学科的学习特点探究教学资源与教学实践的精准整合外,我们还构建了跨学科项目活动开发研究小组,探索跨学科资源、校内外资源精准整合的策略与途径。主要通过以下工作展开集中研究与实践探索。

(1)学科融合的研讨与案例研究——从学科核心素养出发寻找不同学科融合的切入点;集中展开文献研究,了解跨学科课程整合、项目化学习的研究现状与教学案例。

(2)融合主题的开发——立足校园生活、社会热点,探索适宜开展跨学科整合的主题。

(3)项目资源的开发——立足项目主题与目标,从学科、学校、家长、社会等多个层面挖掘教学资源。

(4)项目活动的设计——以资源的精准整合为目的,探索跨学科项目活动设计策略。

(5)项目活动的实施与总结——将项目设计转化为教学实践,搜集教学数据,撰写项目纪实。对案例进行反思,撰写研究论文。

(6)项目模式的建设与规范——对学科资源整合模式进行流程化、系统化梳理,形成清晰的项目模式。为课程精准整合的可迁移、可生成做准备,助力精准整合长期推广。

3.以培养学生兴趣为重点的特色课程开发

(1)选修课程

学校本着多样化、生活化、项目化、特色化的原则,采取走班制的教学方式,以"生本"意识为指导,开设丰富的选修课程,建立南渝学生选修体系档案,记录跟踪学生成长,形成科学评价。南渝中学是重庆市第二个申请设置业余电台(呼号 BG8KCQ)的中学,由此开设的业余无线电通信课程,是最受学生欢迎的选修课程之一。

(2)项目化特色实践课程

各学科组立足学科特色、结合社会实际,研究开发了许多兼具创新性、趣味性与知识性的项目化特色实践课程。英语组策划的"School Sale for Best Wishes"校园义卖活动,为南渝学子创造了一个真实的语言运用场景,最后学生用义卖所得资金购买图书赠送给南开学区共同体成员学校的学生,促进了校际交流。

(3)竞赛选修课程

学校实施"学科特长生六年一贯制培养方案",开设数学、信息学、物理、化学、生物五大学科竞赛课程。周哲欧同学在全国高中数学联赛中表现优异,获得了国内顶级高校的青睐和关注,同时,信竞队学员也在全国赛事中斩获多个冠军。

(4)体育活动

"无体育,不南开。"学校开展了阳光体育、特色大课间等运动课程,组织了校运会、环校跑等群众体育活动,创编了多套室内外课间操;疫情期间设计居家锻炼计划、组织线上体能运动会,引导学生自觉养成良好的锻炼习惯。学校组建的男子足球、田径、女子篮球等学生运动队竞技水平重庆领先、全国靠前,多次斩获重庆市级比赛冠军,足球队在2019"达能少年世界杯"中国赛区决赛中夺得冠军并代表中国参加全球总决赛,2名队员入选国家队。南渝健儿还在各级各类体育赛事上展露风姿,先后斩获国际跳棋锦标赛世界亚军和全国冠军、全国青少年50米自由泳冠军、武术套路比赛太极拳金奖、太极剑金奖等多项荣誉。

(5)社团活动

学校面向初一学生开设文学社、书法社等多个学生社团,社团成员在专业教师的指导下、在社团学生干部的带领下开展了丰富多彩的社团活动,对促进校园文化多渠道、深层次、高质量的发展,传承学校优秀传统文化起到了积极的作用。

(6)艺术团队活动

学校组建舞蹈团、管乐团、民乐团、合唱团、美术组五大艺术团队。各艺术团的教师怀揣着对艺术的热爱,以专业的艺术课程和独特的艺术活动为载体,培养学生发现美、欣赏美、创造美的能力,充分挖掘学生的艺术潜能,全面培养学生的创新能力和艺术文化素养,促进学生的多元发展。

(三)学校课程管理

课程管理是在一定社会条件下,有领导、有组织地协调人、物与课程的关系,指挥课程建设与课程实施,使之达到预定目标的过程。

学校课程管理制度的建设与完善,是学校创造性地实施国家课程计划,体现学校独特办学理念和发展目标的基本保证,是学校发展中专业自主权的具体体现。教师的课程意识、学校管理者的课程领导能力和学校的课程发展机制都依赖于有活力的课程管理制度。只有建立和完善学校课程管理制度,才能为增强课程对学校的适应性和对学生的适应性提供制度的保障。

1.课程管理的内容

(1)国家课程

教育部颁布了《义务教育课程方案(2022年版)》,该方案在之前的基础上对课程方案的培养目标、课程设置、实施要求进行了优化,对课程标准的育人导向、课程结构、学业质量标准、指导性、学段衔接进行了强化。这对推动义务教育高质量发展,全面建设社会主义现代化强国具有重要意义。

国家课程设置包括语文、数学、外语、道德与法治、历史、生物学、地理、物理、化学、信息科技、体育与健康、艺术、劳动、综合实践活动等,同时还要求学校统筹安排课内外时间,有效利用课后服务时间,创造条件开展体育锻炼、艺术活动、科学探究、班团队活动、劳动与社会实践等,发展学生的特长。

(2)校本课程

学校秉承南开"公能"课程育人理念,根据教学资源、学生需求、培养目标开发了一系列校本课程,例如选修课、社团课、竞赛课等特色课程。

2.课程实施的评价

课程评价工作应在相关部门的统一安排下进行。学生成绩按照要求以等级形式进行记录,每次评价后,教务处组织各学科教师就学生对课程的阶段学习成果进行分析。

教务处应了解和把握各学科对教研的需求,积极利用现代化多元技术手段,丰富教研活动的内容和方式,强化教研和科研的专业支撑。

二、学校调课制度

学校调课过多,会干扰正常的教学秩序,也会直接影响教学效果和人才培养质量。因此,对调课现象进行统计分析,从制度建设角度将调课带来的负面影响降至最低,具有很重要的现实意义。

(一)调课原因

为保障学校正常教学秩序,学校规定严禁任课教师私自调课或代课,但在课表的实际实施过程中,由于各种原因,课表往往需要进行临时变动或调整。

调课原因主要分为教师自主调课和因学校公务调课。教师因学校外派培训、参会等原因需要调课,填写调课申请表并将文件交教务处备份,由教务处进行调课。

教师因公开课需要在特定时间和班级上课,由调课教师提前一周填写调课申请表,由于此类调课可能会和原有课程设置冲突,一般来说,此类调课由调课教师本人和被调课教师协商完成,教务人员检查审核同意;若调课教师本人无法自主完成调课,则由教务人员进行调课。

(二)调课方式

调课往往涉及上课时间、上课班级、上课教师的改变。教务处调整课表后,应由教务人员将教师的临时课表和班级临时课表分别发给调课和被调课教师,以及调课班级的班主任、年级主任,由于我校工作涉及教学督导,调课结果还应通知教科处督导室。任课教师要根据临时课表按时到岗上课,申请调课教师和被调课教师应做好课程交接工作,班主任做好学生课程调整通知工作,年级主任和教务人员做好巡课检查工作。

以上课堂教学制度保障了我校教学工作的顺利进行,得到了师生的共同认可,体现了人文管理的温度,确保了课堂教学质量。

三、学校巡课制度

巡课是通过对课堂教学短时间的观察,对课堂上师生状态进行粗略描述的一种管理方法。其突出特点是在较短时间内可以实现对众多课堂的观察,所以,巡课是学校管理者最常用的管理方法之一。

(一)巡课内容

巡课不但要观察学生,更要观察教师。绝大多数学校对巡课的重视程度普遍不高,巡课观察点的设计不科学,侧重点多指向课堂秩序和学生的违规违纪行为。

1.师生课前的准备情况

上课预备铃响至上课铃响之间,任课教师是否到达所任教班级,并准备好教材教辅、教案、课件、多媒体等课堂教学资源,学生在教室内是否安静等待等。

2.教师课表的执行情况

教师是否按学校课表上课,教师是否存在私自调课现象,是否提前上课或延迟下课,是否有迟到脱岗或中途离开课堂的现象。

3.教师课堂的行为规范

教师上课是否做到仪态端庄、仪表得体、仪容整洁,教态亲切自然,并用普通话教学;是否有体罚和变相体罚学生的现象;是否存在在课堂中打瞌睡、抽烟、接打手机等有悖于学校要求的现象。

4.课堂教学的组织纪律

为巡查学生课堂纪律情况,巡课人员在必要时可以进入教室内听课2—5分钟。主要巡查学生出勤情况和课堂秩序,学生是否和周围同学吵闹,是否上课睡觉,是否有其他课堂不当行为等;教师是否对课堂纪律严加管理,是否对学生放任自流,是否有其他课堂违纪现象等。

(二)巡课记录表的设计和使用

巡课的标准不是固定不变的,但是仍需要一个标准来记录和评判巡课结果。为了便于巡课人员的操作,学校制作了巡课记录表(如表5-3)。

表5-3 巡课记录表

| 20__—20__学年度第___学期日常教学检查记录表 ||||||||||||||
| 检查日期: 年 月 日 检查人: ||||||||||||||
节次	班级	任课教师	科目	课堂出勤			教态面貌			教学准备			教学秩序		备注
				提前三分钟	迟到早退	中途离开	旷课	私自换课	接打手机	坐着教学	超前备课	教案完备	无或使用旧教案	教学秩序良好	有睡觉、玩手机等现象	吵闹混乱	

第二节 提升教师课程资源整合意识与能力

一、学校教师发展纲要

为了教师的专业发展,学校制定了教师发展纲要,目的是从政策上主导教师发展,从价值上引导教师发展,从方法上指导教师发展。在政策主导的过程中,校长是教师发展工作的第一责任人,应主动承担起教师发展的责任,确保政策的主导作用和效果。相关处室、教研组长、备课组长向校长负责,在具体工作中确保"第一责任人""中心"作用的有效发挥。在价值引导过程中,既体现学校的价值取向,又反映出人性化的管理理念和管理方式。价值取向直接关注教师核心能力的生成,凝聚着学校的价值观念、道德风尚和学校文化。价值引导的作用在于借助价值唤醒教师的生命意识,实现其自主发展。在方法指导过程中,主要是在实践中用建构主义的方法生成教师新的知识和生命意义。

(一)教师发展的目标系统

1.从专任教师到专业教师

学校根据学生规模配备了足量的专任教师。学校的教师由师范类院校毕业生和综合类大学毕业生两部分组成,经过严格筛选考核都具备某一学科的教学资格,到校后将成为教授该学科的专任教师。所谓专业教师是指具有崇高教育理想、较高教学水平的专任教师。教师发展的第一目标就是要把新进教师,甚至是有一定工作经验的专任教师培养为专业教师。学校将其总结成"一年站稳讲台,三年走通教材,五年成为骨干"。

2.从个体突出到团队优秀

学校在教师发展的散点式培养基础上,大力打造以教研组为基本单位的优秀教师团队。鼓励并帮助教师个体在教育、教学、教研等方面加强培训,尽快在校区市等各级平台上成为学科学术带头人。再以学科学术带头人为龙头,积极构建"育人为本、学术为先"的教研组理念,提升团队的教育、教学、教研水平,打造综合实力突出且特色鲜明的教研组,实现个体到集体的优秀,从而实现学校的整体优秀。

(二)教师发展的制度系统

1. 设定教师职业入职门槛

学校在聘任新教师时,从学历、专业、教学和教研四个方面进行考核。其中,教学上,从大学期间参加的各类比赛的获奖情况和社会实践情况等方面进行考查,讲课比赛获奖者优先。教研上,聚焦毕业论文、发表文章的情况。

2. 制定教师职称晋级制度

中学教师职称分为三级教师、二级教师、一级教师、高级教师、正高级教师。教师职称晋级以师德师风优良为前提,以基本条件为门槛,以综合表现为加分项,根据各级职称人数由高到低晋级。

(三)教师发展的评价系统

1. 师德师风一票否决制

师德师风具体指拥护党的领导,胸怀祖国,热爱人民,遵守宪法和法律,贯彻党和国家的教育方针,忠诚于人民教育事业,具有良好的思想政治素质和职业道德,牢固树立爱与责任的意识,爱岗敬业,关爱学生,教书育人,为人师表,立德树人,模范践行社会主义核心价值观。在师德师风方面有不良表现者,年度教师评价不合格,情节严重者,依法依规处理。

2. 教学评价量化积分制

教学效果的评价要克服主观臆断,要用数据说话,以体现评价的客观性和科学性。为此,学校在教学评价上制定了积分制,积分由教学业绩、学生评价、其他三部分组成。"教学业绩"采用的是增值性评价。学校每学期将组织所有学生对每位教师进行匿名的教师测评,从教育思想、教学态度、教学方法、组织教学、批改作业、辅导答疑六个方面进行评价,教师测评的结果转换为对应的"学生评价"的分数。"其他"由教师自评、教师互评组成,自评和互评的等级转换为"其他"的分数。三项评价以学年度为周期,其分数之和即该学年度的教学评价积分。

3. 全人教育文化引领制

教育者要做到眼中有人,要努力做到教育未来的人。全人教育即以促进学生认知素质、情意素质全面发展和自我实现为教学目标的教育。教师要做到全人教育就要有相应的教育家的眼光、教育者的情怀和水平。学生的认知素质、情意素质短期内是无法展现出来的,所以教师要有耐心。有耐心就必须要有足够的自信心,而南开文化的浸润在全人教育中对教师、对学生都起到了巨大的引领作用。学校的发展从某种程度上讲就是教师的发展,学校从目标、制度、评价三方面为教师发展搭建平台,教师在平台上抱团发展,这必然会促进教师和学校的共同发展。

二、打造学校特色教研组

教研组是一个学校教育教学的基础,也是教学研究的合作团体,更是校本教研的基本单位。为打造各学科特色教研组,助力教师的专业化发展,凸显学校办学特色,南渝中学自建校以来便积极探索新形势下教研组建设的新内涵、新思路,以"公能"精神为指引,重视教师的专业发展,组建优秀学科团队,注重发展各学科教研组的特色活动,充分发挥各学科优势,改进学生的学习方式。

(一)组建专业背景过硬的学科教研组

教师教研队伍的建设,首先要找好领头人,提升教师能力,着力培养各学科带头人,打造校内名师作为学科标杆,组建学科教研组,共同营造教研氛围。

1.梯度型教研组

每一个学科教研组都是一个大家庭,而教研组长就是一个教研组内的灵魂,一个教研组的组内活动能够正常展开,学校任务能够正常执行,这与教研组长自身的能力和责任心是分不开的。教研组长作为第一责任人,首先,要有真才实学,不但要有专业的知识储备,较高的教育教学水平,还要精通教学业务,具有非常优秀的教学业绩,在学科的教学中能够起到学科带头人的作用。其次,一个学科教研组要高质量开展教研活动,要引领教育教学,这要求教研组长具备一定的组织领导能力。除此之外还要求教研组长具备科研能力和创新能力,在教学实践中发现教学问题,探讨并解决教学问题,并且能够不断突破常规的教学,在"平稳中求发展,求创新,求突破",能够更深入地研究教育教学,保障并提高教育教学质量。

2.学习型教研组

各学科教研组均由高级教师、中级教师和青年教师组成,我校充分发挥"传帮带——老带新"的教师培养机制的作用,使骨干教师与青年教师结对成师徒,共建知识体系,这既引领了青年教师的专业发展,也极大地促进了教师队伍建设和成长。

优质课程资源精准整合

各学科教研组每周按时开展一次学科教研活动，集体备课、师徒磨课，各位教师在思维的碰撞中产生知识的"火花"，资源共享、智慧共生，不断提升自己的专业知识水平和教学能力。各学科教研组为了帮助组内教师相互学习，不断加强其教学理念、教学思想、教学方法的交流，帮助青年教师快速成长。骨干教师还呈现了许多精彩纷呈的示范课，每一节课都细心打磨，力求在教学内容、教学方法等方面有新的突破。

例如数学教研组的教师十分注重现代化的教学手段，精准整合信息技术的课程资源，将现代化的信息技术手段融入课堂，为原本抽象难懂的数学课堂增添了很多乐趣，充分调动了学生的积极性，增强了师生互动，打造了高效、有趣的数学课堂。

教研组通过集体备课、听示范课、准备展示课等多种方式帮助整个学科团队特别是青年教师，博采众长、深度挖掘教材、把握教学重难点、明确教学方向、构建知识框架、整合课程资源、促进教育教学质量的全面提高。

各学科教研组除每周开展组内教研活动外，还会在每个学期积极地组织开展学科教研活动，组内教师主动邀请教研员和学区共同体院校的教研组参与教研，丰富教研活动类型。在组织教研活动时，组内教师分工配合，每个流程都有专人负责，这很好地提升了教师活动策划和组织能力。更重要的是教研组内的教师尤其是中青年教师会进行汇报课或展示课，其他学校的教师和教研员等专家级教师会集体听课，课后一起评课，指出每一节课的优缺点。教研组通过这些环节加强了与其他院校的交流，相互学习新思想、新方法，有效地提升了授课教师的专业能力，开阔了教学视野。

我校很多学科教研组也会定期开展专家讲座、教师培训和教师沙龙等活动，甚至邀请院士为师生作专题讲座。例如我校数学教研组曾邀请中国科学院院士张景中为学校师生作了专题讲座《数学教育的挑战和机遇》；物理教研组曾邀请中国科学院院士陈仙辉为学校师生作了专题讲座《神奇的超导和应用》，邀请日本工程院外籍院士、英国皇家结构工程师学会会士、中国工程院院士周绪红为学校师生作了专题讲座《千年庭院为我打开一扇窗》，也曾邀请国际知名结构工程与力学专家、奥地利科学院院士、中国工程院院士杨永斌为学校师生作了专题讲座《半为学子，半为人师》。通过这些教研活动，教研组不但为学生提供了科普服务，也开阔了教师的视野，这有利于教师在教育教学中整合资源，改进教学方法和模式。

3.研究型教研组

一个教研组综合实力的评估除了教育教学情况外,还应评估它的教学研究水平,需要考察整个教研组整体科研的能力。教师通常是经过深入挖掘教材,认真备课、磨课、课后反思,将教育教学过程中发现的问题、深刻的反思、探索到的新的教育教学模式和方法,以及宝贵的经验撰写成论文或编写成书籍。

我校教研组已经建立了常态化的教研制度,形成了浓郁的学习氛围,以及健全的教研工作体系。通过合理分配教师资源,建立健全教师培养机制,提升教研组团队合作能力,通过精准整合师资力量和课程资源,在教育教学方式和方法上力求突破和创新,在教育教学上稳中求进,以提升整个学校的师资水平和教育教学水平。

(二)整合优质教育资源,打造精品选修课程

当代的初中生具有不同的特点,传统的、单一的基础课程已经没办法满足不同学生的发展需要,所以在课程建设上也要求学校以及各教研组能够与时俱进,突破创新。南渝中学建立了三大课程体系,分别为基础型课程、拓展型课程和探究型课程,各教研组也积极响应学校的号召,研发开设了很多门具备学科特色的选修课程,同时还创建了很多社团。

选修课程作为南开一贯的特色,能够充分满足学生的个性发展和成长的需要。通过学校内挖潜力,教师精准整合选修课程资源,以多样化、生活化、项目化、特色化为原则,创立了丰富的选修课程。例如地理教研组依托现有的资源,与高校进行课程开发交流,并借助高校的优势资源与专业队伍,精准整合课程资源,贯彻STEAM理念,开设选修课程"地理与生活之三餐四季"。为配合课程的开展,地理教研组结合校本资源,专门配套建设了南渝气象站,打造了气象科普宣传的主要阵地。政治教研组以立德树人、以人为本、育人育心为宗旨,聚焦学生社会和生活适应、人际适应、学习心理、生涯规划等问题,开设了选修课程"心灵魔法课"。体育教研组本着"无体育,不南开"的精神,高度重视体育文化建设,注重学生身心健康发展,深度开发教师的潜力,精准整合课程资源,开设了乒乓球、篮球、足球、武术等多门选修课程。

(三)整合优质教育资源,开展学科特色活动

一个好的学校不但要有先进完备的硬件设施,更要有优质的师资团队和学校的品牌特色。一个好的教研组同样如此,不但要求教师的专业素质过硬,也

要求教研组具备特色,具有品牌效应。教研组作为学校的基础工作部门,不但承担着基本的学科教育教研和专业指导等职责,更是学校打造品牌特色的基础。

为更好地发挥学科教研组的功能,我校开展了"特色学科教研组"创建活动。在学校的要求和各级部门领导的支持下,每个学科教研组都推出了学科特色活动。例如体育教研组注重实践,勇于探索,在实践教学过程中总结经验,不断开发特色课程资源,形成了系统化的校本体育课程体系。其中特色大课间,打破了传统的常规课间广播体操形式,创新了课间运动形式;武术嘉年华、拔河比赛、跳长绳比赛、趣味运动会等丰富多彩的校园体育活动,磨砺了学生意志,增强了班级凝聚力。再比如历史教研组为培养学生的爱国情怀,弘扬伟大的抗美援朝精神,纪念中国人民志愿军抗美援朝出国作战70周年,开展了主题班会、手抄报展览、汇报演出等系列活动,激励学生铭记历史,增强使命感与责任感,发扬爱国主义精神,努力学习,为实现伟大的中国梦添砖加瓦。

开展学科特色活动,有利于特色学科教研组的创建,也有利于教师专业素质的提升。为推动特色学科教研组建设,学校各部门以及学科教研组联动,举办了多项特色活动,如物理教研组牵头,生物教研组、地理教研组和信息技术教研组联合,同时邀请了两所重庆高校共同举办了科技节特色系列活动,包括专家讲座、学生科技作品展览以及学科特色文艺会演等。再如2020—2021学年度寒假期间,各学科教研组布置了特色寒假作业,开学后举办了一场别开生面的展览活动。此次活动共设立5个展区,每个展区的作品都经过了重重选拔,跨学科整合、学科特色融合也是此次活动的亮点。

教研组是学校教学工作的重要组成部分,是教师提高个人专业素养的主阵地。为了全面提高教师的专业水平,积极探索新形势下教研组建设的新内涵、新思路,激发内部活力,促进教师个人成长,凸显学校办学特色,促进我校校本教研工作再上新台阶,促进我校课程改革再有新突破,需要制定相关制度和措施。创建特色学科教研组,有利于凸显教研组群体建设的特色化,最终促进教研组群体与教师个体的双赢发展。

第三节　营造助力学生课程资源整合实践开展的学习环境

一、学校特色课程场馆建设

学校特色课程场馆,既有别于社会场馆,又不同于常规课堂教室。要从学校自身的特色出发,根据学生的学习特点,紧跟时代步伐,创建智慧校园。《教育部等六部门关于推进教育新型基础设施建设构建高质量教育支撑体系的指导意见》指出:教育新型基础设施是以新发展理念为引领,以信息化为主导,面向教育高质量发展需要,聚焦信息网络、平台体系、数字资源、智慧校园、创新应用、可信安全等方面的新型基础设施体系。教育新型基础设施建设是国家新基建的重要组成部分,是信息化时代教育变革的牵引力量,是加快推进教育现代化、建设教育强国的战略举措。基于特色课程,建设一批有目标、有特点、有活力的场馆设施,能够营造适宜课程资源整合实践开展且极具生命力的学习环境。

(一)课程场馆建设的价值

课程场馆是以课程目标为价值导向,以实体或虚拟展品为载体组织课程内容,以专业人员服务为支撑辅助课程实施,以场馆学习为基本方法的教育场馆。课程场馆能够为课程实施拓展空间场域、丰富资源和提供专业支持,是课程改革深入发展的基础条件,为课程改革创新发展提供资源平台。

课程场馆是能够丰富课程实施的资源。课程场馆提供的资源可分为实体资源和虚拟资源两大类。实体资源来源于场馆所提供的各类展品,包括以博物馆为代表的场馆中的展览品,以实验室、3D打印创客空间为代表的场馆中的实验设备,以教育基地为代表的场馆中的物质陈设。虚拟资源包括场馆中的数字化、智能化设施所带来的数字信息和虚拟体验,以及在线展览、数字全景展厅等线上虚拟场馆。场馆中的数字资源以现代化设施设备为依托,线上的虚拟场馆以线下的实体场馆为原型,因此虚拟资源是在教育内容和教育手段现代化的背景下,通过技术革新实现的对实体资源的延伸和开拓。实体资源与虚拟资源相伴而生,共同构成了现代化的课程场馆资源。

课程场馆能够提供课程实施的专业支持。课程场馆能够为学生的知识理解、技能提升、情感熏陶提供专业支持。实验室和活动教室等专用教室,以学生知识技能培养为指向,为学生学习提供多元信息,便于学生组织实践操作。主题教育基地等课程场馆,有助于学生形成具身体验,唤醒学生的情感共鸣。课程场馆对课程实施的专业支持,可以进一步划分为四种类型:以实验室、活动室为代表的实体型实践操作类,以多媒体专用教室为代表的虚拟型信息呈现类,以VR创客空间、体验馆为代表的虚拟型具身体验类,以及以教育基地、文化公园为代表的实体型情感熏陶类。

(二)学校特色课程场馆的定位和建设

中小学开发建设的课程场馆,大部分都具备多形态的课程资源和多维度的空间功能。校内自建课程场馆通常具有专用教室和自建场馆(校内科技馆、美术馆等)两种形态。

基于学校特色课程而建设的场馆,既有别于社会场馆,也有别于学校功能教室;既要从学校课程自身特色出发,关注学生的校内学习,也要与社会场馆对接,辅助学习探究的延伸。因此,场馆建设要与特色课程资源深度整合,学校特色课程场馆的开发建设既要回应中小学教学实践对课程空间的实际需求,也要体现课程研究的发展方向,为课程建设提供有益的外部条件,同时应从建设理念上反映课程改革的整体价值导向。建设一批以开放性、多元性、连通性、创新性为基本原则,充分利用周边课程资源,发挥自身特色,结合自身实际情况的创新特色课程场馆。

(三)学校特色课程场馆的升级发展思路

1. 以课程标准为导向

课程标准是课程设置、设计、开发以及进行各学科课程资源精准整合的引路石。在建设场馆的过程中,应当确保场馆课程内容与学校相关课程标准的适切性与一致性;在后期的升级改造中,更应当形成基于课标的场馆课程的研讨机制,紧密联系学校相关学科教师和校内外研究团队,确保场馆升级建设过程的科学性和适宜性。

2. 加强智能化环境建设

在信息技术革命已然开始、人工智能领域快速发展的今天,场馆的课程化升级应当结合高端科学技术的发展方向,引入智能化设施设备,这是"互联网+

教育"在场馆教育领域得以落地的关键。例如,引入虚拟模型,利用现代科学技术增加学生在场馆内的互动体验,有利于各类资源的精准整合,同时也有利于提高学生的实践能力,为培养德智体美劳全面发展的社会主义接班人添砖加瓦。

3.实现区域场馆资源的精准整合

要营造助力学生课程资源整合实践开展的学习环境,仅依靠校内课程场馆,作用是有限的,因此在后期发展中,还应当积极与校外场馆、兄弟学校之间形成友好合作模式,共建共享、共通共融,丰富场馆资源。

在兄弟学校之间,通过走校游学等形式建立学校联盟,进行资源共享共建。例如,对在南渝中学学区共同体之间建设的特色选修课程,兄弟学校的学生,每周五下午可以通过跨校学习的方式,走进自己学校没有的特色场馆,学习不同的特色课程,利用各学科知识及场馆内的工具或课外知识,进行资源精准整合从而解决当堂课程问题,形成极具特色的综合实践主题课程。

与校外场馆的合作共建同学校之间的合作有所不同,需要中小学和校外场馆积极沟通,达成一致的合作意向,制定明确的合作规范,形成具体的合作细则,从而明确馆校双方的责任和义务,为区域内的馆校合作提供有效的制度保障。

二、学校课程分享交流平台

搭建学校课程分享交流平台,将显性教育与隐性教育有机结合,能够发挥示范性和引领性作用,促进教育教学观念转变,引领教学内容与教学方法改革,推动初中学校优质课程资源的共建共享,建设终身学习型校园文化。搭建学校课程分享交流平台,是加强专业教师间互相交流的介质,有利于促进课程资源整合,用人文关怀的眼光看待科技发展和工具运用,以高效的科学思维方式启发人文社会科学教学探索,提升课堂教学的感染力。

(一)学科教研联盟

学科组是学科课程建设、教育教学研究与学科团队建设方面持续探索、创新实践的主力,在推动学科核心素养扎实落地、学科高质量建设等的同时,也是促进学科课程间资源精准整合的纽带。加强学科教研联盟基地的建设和交流合作,打破校际、学科间的壁垒,提升教研工作的针对性、有效性和吸引力、创造力,激发教师专业发展的活力,释放教师专业发展的动能,提升教师专业素养,有利于促进相关课程资源精准整合。

南渝中学重视多元多层次备课。教师从备课到教学,需经过独立初备课、学科组集中备课、个人再次备课等多个环节的磨砺。在丰富自身的同时,不断丰富课程内容,梳理课程逻辑,形成最有效的资源整合。此外,以学区共同体为载体,南渝中学统筹谋划,推动实施"共享"核心理念,积极组织共同体间各学科的联合教研活动,加强区域内各个学校的校际联系,畅谈学科建设。教师用"和而不同之声,奏同课异构之曲",交流教学设计和教学方法,探讨"如何上好一堂课"等问题。

学科要发展,课程资源要整合,还应当积极加强不同学科组之间的联系和合作,建设学科教研联盟基地,探索跨学科实践育人策略。例如,探讨"体育运动与物理知识的紧密联系",需要体育教研团队与物理教研团队的共同参与。物理教师从斜抛运动、做功中的力学原理的角度出发,结合运动图示、物理公式深入讲解影响抛掷实心球、立定跳远、跳绳运动效果的物理因素,并给出建议;体育教师则在此基础上讲解如何在运动中感受肌肉的放松与发力,呼吸的快慢与运动节奏的变化。强调身体的灵敏性、协调性、柔韧性以及核心力量,对发展初中生的身体素质起着至关重要的作用。物理、音乐、生物学科组,则围绕"声音"进行跨学科实践探索,在学习理解新课标的基础上,借鉴"全链式"高阶思维教学法,构建学科"融合链"、教师"引导链"和学生"思维链",讨论并设计了实践项目——自制能演奏的乐器。学科组之间的联合教研活动,聚焦课程资源整合,能有效促进学科特色发展,助力教师专业化成长。

(二)课程展示平台

打造高效精品课堂,助力精准智慧教学,是课程资源精准整合的出发点。这就要求初中学校教师深挖教材,探索教法,以课例示范、校本创新等方法,开阔专业视野,展现优质整合课程。

1.课例示范

教师是立校之根本,也是进行课程资源精准整合的主力军。如何利用手边的资源,讲好每一个故事,做好每一个细节,呈现出多元化的优质课程,值得每位教师探索和实践。学校搭建校内汇报课、交流课、示范课及优质课大赛等平台,能够有效促进多堂优质课的生成和教师的专业发展。

"教而不研则浅,研而不教则空。"一堂精准整合的优质好课的前提是优质备课,教师自身要善于寻找、充分利用备课资源,具备良好的资源搜集、管理能力,这不仅利于教师优质备课,还为教学研究、论文撰写提供了可靠的资料依据。由于科技的发展,网络资源内容日渐丰富、搜集越来越便捷,但是要教师花更多的时间和精力,精心选择、认真对比,时刻注意资料、观点的可靠性。教师也可以建立自己的资源库,精挑细选、分类收藏、适时更新。"众人拾柴火焰高",优质课的产出,单靠教师自身的力量还不够,集体备课的意义毋庸置疑。备课组成员积极共享资源,结合实际修改,及时反馈改进,共同探讨,共求进步。

2.校本创新

在三级课程管理新政的激励之下,我国20多年来的校本课程开发呈现理论研究与实践探索的双繁荣景象,也成为初中学校进行课程资源精准整合的有效途径之一。

例如,校本创新往往是将学校所在地域中散在的资源凝聚为学校自主开发的课程,这些资源包括历史上积淀下来的中华优秀文化传承、红色革命传统文化、民族民间文化、现代中国文化、现代科技文化等。校本课程的创新与发展,能为不同发展方向的学生提供更多的可能,为学生的终身发展奠定基础,使其形成精益求精的工匠精神和创新能力。

以南渝中学为例,学校传承"公能"课程体系,聚焦课程育人理念,聚力时代新人培育,充分利用校内外优质教育资源,充分调研、量身定做,本着多样化、生活化、项目化、特色化的原则,尊重学生发展的差异性,开设丰富的校本选修课程、社团课程,囊括了人文素养、科技创新、体育竞技、艺术修养、生活技能五大领域。南渝中学作为共同体领军学校,以每周五下午的集中"走校互选"等基本方式共享校本课程。

(三)网络平台

近年来,随着网络用户要求的不断提高及计算机科学的迅速发展,人们获取知识的途径更加多元化,突破了时间和空间的局限性。一场突如其来的疫情,在给中小学教育教学带来了巨大挑战的同时,也推动着学校课程分享交流平台的变革。顺应时代发展,线上课程软件层出不穷,各有优势。线上教学方式也与线下课程截然不同,如何在线上教学期间形成一套有效机制,搭建牢固的网络课程分享交流平台,充分调动学生的积极性,体现线上课程的优势,形成线上特有的整合性课程,是各中学在近些年一直探讨的问题。

例如,南渝中学经过近3年的探索,已逐渐搭建起网络课程平台,形成一套特有的课程分享交流机制。学校依托学校现教图书实验中心,完善校园网络设施,确保网络流畅。在此基础上,每间教室安装交互面板,以实现每堂课程线上线下均能同步进行。每个班级利用网络平台建设1个视频通话账号,科任教师只需进入对应班级授课。从课前到课后,线上课程依然保持有完整的环节,学生有预习、课堂有交流、课后有复习、师生有点评,并通过双师机制、巡课机制确保每位学生均能堂堂到,堂堂清。同时,学校鼓励教师通过网络平台相互分享教学技术的运用、线上教学内容的设计、线上教学环节的组织、混合式教学模式建设等教学心得,充分融合运用腾讯会议、钉钉、QQ群课堂、电子版教材、视频动画、仿真小程序等多元载体,结合案例和前沿的科研动态,不断丰富每一堂课程,不断实现课程资源的精准整合。对于网络课程,学校致力于搭建课程数据库,将极具代表性的课程存放于数据库中,以便师生、学校间的资源共享。

第四节 实现师生课程资源整合自主学习

一、教学活动实践化

随着新课改不断深化,素质教育理念已然深入人心。过往的单靠教师的讲授和学生的聆听的教学方式已无法适应素质化教育的需求,也无法让学生完全获得学习能力,只会让学生变成知识的储存器。学生学习能力的获得一定是在真实的场景中,借助学科实践活动来理解掌握知识,内化学科知识,最终实现知识的自我输出。故任何学科都应从师授生听的教学模式向教学活动实践化转变,在日常教学中融入一些灵活多样的实践活动,在为教学增添新鲜元素的同时,也可以使教学变得更加有趣,还可以为学生提供一种运用知识的实践空间。在初中课堂教学过程中,教师不妨尝试将更全面的实践活动与特定的知识教学相结合。这不仅有利于学生综合能力和素质的培养,还能为他们提供更大的发展空间,促进他们的全面发展。

(一)教学活动实践化的内涵

教学活动实践化一般是指教师以教材的理论知识为基础,依托教材内容为培养学生的学习兴趣,拓宽学生的知识面,提升学生的综合素质而设立的一系列教学活动,是弥补传统课堂教学不足、适应现代化教育及新课程改革目标要求、提升学科素养的教学方法。

(二)教学活动实践化的原则

教学实践活动是受制于并服务于教学内容的,同时也是实现教学目标的手段,故在我们进行教学活动实践化时需要遵循一定的原则。

原则一:教学实践活动内容要紧扣课本。

从活动内容来看,知识储备有限的初中生进行的学科实践活动一定是和教学内容相匹配的,教学活动要指向教学目标落实,教学目标得到落实,我们的活动目的才算达成,不能仅仅关注活动的形式是否新颖。这样,学生具备一定的理论知识,通过实践活动适当地拓展延伸,会显著提升他们的综合素质。

例如,南渝中学地理教研组依据学科特点,充分考虑学生的兴趣和综合能力的培养,与西南大学农学与生物科技学院共同开发了一门选修课程"地理与生活之三餐四季"。课程围绕地理知识与农业实践展开,分为理论课堂和实践课堂两部分。理论课堂在室内进行,授课内容包括饮食文化、农学科普等;实践课堂则在耕读园校园农场进行,将书本里的知识带到真实的场景中,授课内容包括作物种植、气象监测、土壤改良等方面。

原则二:教学实践活动内容要贴近生活。

初中教师设计实践活动时,选题不宜过宽、过大,最好是能与自身的生活紧密联系,消除知识与生活的隔膜。此时,教师应因地制宜,逐步扩大资源利用的范围,让学生顺利完成活动。比如,在语文学科的诗歌教学中,为了促进学生更好地把握诗歌情感,可以开展"为你读诗"家庭活动,让学生在与家人的互动中学习诗歌。"为你读诗"家庭活动举办后也受到了家长和学生的一致好评,不仅促进了欢乐家庭氛围的营造,也激发了学生对诗歌的兴趣。除此之外,为了激发学生的诗歌创作热情,教师可以因时制宜,让学生在秋天的路上捡一片树叶,在上面进行诗歌创作;在春天,捡一片花瓣,在花瓣上作诗。这远比在教室里给学生一支笔、一张纸效果要好得多。

原则三:教学实践活动内容要有深度性和探索性。

教学实践活动内容不能流于形式,让学生停留于认识和简单了解等浅表层次,而应该让学生成为主体,让学生参与其中进行更有深度的思考,这样才更有利于学生高阶思维的发展。

比如我校语文教师交给学生一个核心任务:选择一个小说中的侠客人物,并协助教师装扮成他的样子。这个任务包括许多子任务:用准确的词语概括5位侠客的个性特征;指出5位侠客的共同点和不同点;至少写出3个你放弃的人物;写一封信来说服教师同意装扮;写一段人物出场的造型描述;与学校图书馆合作,对图书馆有关侠客的图书进行重新分类。

结语:在教学实践活动中,教师应积极引导和鼓励全体学生参与活动,使其在这些活动中发现和解决问题,从而丰富学生的经验,发展学生的实用能力和创新能力,进而促进学生的全面发展。当然,具体的教学实践活动还要因材施教,根据学生的年龄、学段、个性差异、接受能力来分层设计。

二、实践活动项目化

项目化教学是一种新型的教学模式,它强调以学生为中心,围绕某个真实而典型的项目,令学生自行发现问题、解决问题,进行探究式学习,最终达到培养信息搜集和实践能力的效果,不仅可以推动学生自主解决问题,还有助于推动学生合作学习。相比传统的问题探究式教学,一方面,项目化教学所探究的内容更加复杂,涵盖多个小节,甚至不同学科的知识;另一方面,项目化教学也更加注重发挥学生的作用,即在问题提出、计划设定、质量搜集等多个方面都以学生为主,这对于新课改学生中心地位的充分落实,对于学科核心素养的有效培养都有着重要的作用。故在中学日常教学中,教师需要积极开展项目化教学,应用各种方法有效提高项目化教学的效率,以此更好地培养学生的能力,完成立德树人的根本任务。

例1:项目化学习在整本书阅读实践活动教学中的应用研究——以《海底两万里》为例

语文学科的核心素养包括"语言建构与运用""思维发展与提升""审美鉴赏与创造""文化传承与理解"四个方面。可见,项目化学习与语文核心素养的理念一致,都强调教学活动在真实情境下进行,都关注学生各项技能与品格的获得。

整本书阅读的项目化学习,即一本书就是一个项目,因此围绕整本书这个项目开展一系列的实践活动,设置学习情境,引导学生进行合作学习,促进学生语言运用能力、审美鉴赏能力、思维能力,以及文化传承意识的提升和发展。学生在整本书的阅读过程中,随着阅读探究意识的不断增强,会不断发现新的问题,提出新的见解。基于此,整本书项目化学习的驱动性问题,就要指向语文学科的核心知识和概念,不能为实践活动而活动,而忽视了真正指向语文学科核心知识和概念的理解,忽视了学生语文核心素养的提升。

1.做好项目规划工作,避免名著阅读检测化

名著阅读的阅读量大、情境复杂,学生在阅读的时候往往会因为经验的不足而存在一定的障碍。

因此,教师需要把握整本名著的内容以及学生阅读的认知经验、阅读时间等,从而有效地做好名著的规划工作。依据名著内容和学情实际,规划项目内容和方向。每一周周二下午的语文课都是南渝中学语文学科的阅读课,故规划如下。

第一阶段(第1—4周):通读作品,梳理出小说中的相关情节,进行情节概括和梳理。

第二阶段(第5—6周):结合作品中的具体章节,选出自己喜欢的情节和人物,进行赏析。例如有的同学选择了"鹦鹉螺"号的主人尼摩船长,那么就可以结合尼摩船长的具体事迹来分析他的人物性格。比如从"用海底沉船里的千百万金银来支援陆地上人们的正义斗争"中,可以看出他是一个具有正义感、反抗压迫的战士;从"南极冰山脱险"中,可以看出他的英勇顽强、不畏艰险、镇定沉着。

第三阶段(第7—9周):选取相关议题进行深入探讨,分析作品的主旨。

第四阶段(第10—12周):以主题思想为纲,以重点为线索,用编、排、演、画等学习任务,重构作品。

2.做好项目实施工作,避免名著阅读浅表化

项目化学习的有效实施是名著阅读的关键。教师需要注重依据名著的特点和内容,选择值得探讨的专题,设置有效的问题,从而驱动学生对作品进行深度探讨,把握作品的深刻意蕴。大部分初中生在进行专题研究的时候往往经验不足,思维路径狭窄,导致研究不够深入。教师需要借助一定的问题,提供一定的阅读支架,帮助学生进行深度研究。笔者执教这一专题的时候,操作如下:
(1)《海底两万里》作为最早的一部科幻小说,它的科学性和幻想性分别体现在

哪些地方?(2)《海底两万里》看似是一部科幻小说,但其实里面讲述的更多的是人性,这部作品里的人性体现在哪些地方?

3.做好项目评价工作,避免名著阅读虚假化

项目评价是名著阅读的效率提升的关键点。有效的学习项目评价可以推动学生主动阅读、主动发现、主动研究,所以教师需要设计一个评价标准和针对性的评语。当然不同的活动形式应该有所对应的评价方式,才能最大限度地激发学生阅读的热情。比如说对于《海底两万里》的航海路线,教师可以从路线的清晰程度、完整程度,每个地点所发生的事的正确性等几个方面进行点评。再比如"为你读诗"活动,教师则可以从音韵美、氛围美、情感美几个方面对学生进行评价,这样的教学实践设计为学生提供了语言实践的平台,顺应学习机制、学习规律,变革了阅读学习的方式,培养了学生独立解决问题的能力。它遵循教学的基本原则和要求,敢于放手让学生充分"动"起来,让学生在自读训练中获得真实而深刻的思考,促进学生思维能力和思维品质的提升,提高了学生语文学习的思维含量和语文综合素养,从而丰富学生深度阅读整本书的经验,使学生受益终身。

例2:重庆非物质文化遗产项目化调研实践活动——弘扬工匠精神 传承非遗文化

从本质上来说,非物质文化遗产就是我们的优秀传统文化散落在民间的各类文化艺术的遗留物,是中华民族共同的文化记忆与精神家园,是文化的根脉与灵魂。非物质文化遗产对于学生来说可能是一个相对陌生的概念,设计这一活动的深层目的是让学生以亲身经历来思考历史和现实,以及文化和人之间的关系,并从这一角度去理解非物质文化遗产。它并非只是一个简单的模拟性的遗产保护活动,非物质文化遗产出现在部编版《语文》教材八年级上册的综合性学习活动中。为更好地达到教学目标,笔者在和学生一起梳理清楚重庆非物质文化遗产的内涵与外延之后,设计了这样一个项目化实践活动:认真阅读书本提供的相关资料,合理运用身边的资源,选择一个你感兴趣的非物质文化遗产项目,进行实地考察,了解该文化遗产的所属类别、所在区域、历史渊源、基本内容、相关器具及制作过程,以及一些基本特征和它的主要价值,并以小论文或者是表格、幻灯片的形式提交调研结果。(以个人或小组为单位皆可)

重庆非物质文化遗产（部分）		曲艺—曲音袅袅	
民间文学类—心中的歌		江北评书	江北区
走马镇民间故事	九龙坡区	麻柳荷叶	巴南区
巴将军传说	渝中区	花鼓	万州区
吴幺子的传说	江北区	传统美术—妙手夺天工	
善书	合川区	麦草艺画	大渡口区
传统音乐—乡音乡情		大渡口乱针绣	大渡口区
木洞山歌	巴南区	南山盆景技艺	南岸区
小河锣鼓	渝北区	北碚五谷粮食画	北碚区
甘宁鼓乐	万州区	綦江农民版画	綦江
三江号子	合川区	传统技艺—手作之美	
横山昆词	綦江区	荣昌折扇	荣昌区
传统舞蹈—山水共舞		荣昌夏布	荣昌区
万古鲤鱼灯舞	大足区	合川桃片	合川区
北泉板凳龙	北碚区	艺庐微刻	永川区
大傩舞	璧山县	彭水灰豆腐制作技艺	彭水县
传统戏剧—身边的戏剧		竹园盬子鸡传统制作技艺	奉节县
三峡皮影	巫山县	龙凤花烛	秀山县
辰河戏	秀山县		
巴渝木偶	渝中区		

图 5-1 （笔者提供的部分可选范围）

这样一个项目化实践活动不仅可以增加学习的深度，还可以增加学习的宽度，开阔学生的视野。实地考察的形式也更能触发学生的灵感，让学生在理性探求的基础上丰富感性体验，使得学习成果更加立体。

三、项目活动主题化

我们开展的一系列教学实践项目化活动应该是围绕某个主题来开展的。要将主题活动纳入项目化的范围，通过精心打磨设计的项目化主题活动，让学生在真实的情境中解决复杂的问题，应对现实的挑战，可以破解主题活动浅表化的弊端，促进学生形成可迁移的关键能力，这样才能形成体系，也能帮助教师和学生对某一主题进行深入钻探。比如我们可以围绕"中国传统文化"这个主题，在教学目标的基础上开展成体系的项目化实践活动，因为学校作为开展教育教学活动的主要阵地，进行中华优秀传统文化教育是学校应该主动担当起的责任，这也符合课程标准对学科教学育人的要求。笔者以"领略中华优秀传统文化"主题为例展示一部分南渝中学的项目化实践活动案例。

例1：白雪遗音，雅韵童声——《诗经》音诗话表演

《诗经》作为中华民族的瑰宝，一直以来是说不尽道不完的。初中课文里，收录了两篇《诗经》的诗歌，分别是《蒹葭》和《关雎》，而南渝中学从初中开始，就让学生带着欣赏的目的去朗读《诗经》，从单纯只会背诵，到后面产生演绎《诗经》的想法。通过自身的演绎，体会《诗经》之美，再用自己的语言写出剧本并表演出来，这是符合语文核心素养要求的。

这是学生不断合作探索实践所得出的成果。这个活动旨在培养学生的语文核心素养，让学生在再创造中实现语言的建构与运用、审美的鉴赏与创造、文化的理解和传承。

例2：致敬经典，逐梦青春——南渝中学"仲夏夜"话剧节

语文学科具备工具性和人文性，它在增强文化认同感、民族凝聚力和创造力上具有举足轻重的作用，所以在语文的项目化教学实践活动中融入中华优秀传统文化是必然的。此次话剧节也是应当下教育改革和语文教学改革的理念而生，所谓"五育并举""学科融合"，就语文教学来说，话剧展演是最能体现这一精神的。

整个话剧节的准备、实施，从4月初开始至5月下旬结束，历时一月有余。学生在紧张的学习之余，挑选中国经典小说和所学的文言文作为蓝本，自己写剧本。学生们一起探索、挖掘文本内容，竞选导演，组建演出团队，安排时间和场地进行排练，包括后期服化道的准备，无一不涉及团队协作、审美鉴赏、统筹安排等能力的培养。而且，大多剧目都考虑到让更多学生参与，甚至个别剧目全班上场，学生在排练摸索的同时一直在学习和反思，教师也一直在帮助他们修改和评价，直到排练的成果很不错。这样的方式可以帮助学生形成一种批判性思维，学会反思和进步，同时让学生在文学阅读中积累知识、开阔眼界，在舞台表演中认知经典、感悟经典。在引领学生感悟中华优秀传统文化的精髓与魅力的同时，促使语文教学更具人文性、成长性内涵。

例3：科创筑梦——南渝中学首届科技文化节

以"科创筑梦"为主题，南渝中学举办了首届科技文化节，"气球摩天轮""火焰掌""无土栽培技术""七彩花""海绵智慧城市""雨水过滤系统""机器人舞蹈""3D打印"等30多个展区，囊括物理、生物、地理、信息技术等多个学科的知识，激发了学生对科技的兴趣。活动以"开启科技前沿之成果、播种科技创新之种子、激发创造发明之兴趣"为主题，旨在让更多学生体验科技实践的乐趣，探索

科技应用的奥秘,提升科技实践的能力,丰厚学生的科学素养,展示南渝中学科创特色课程,为未来培育创新型的全面发展人才打下坚实基础。

针对项目活动主题化,我们需要注意的是主题活动要有明确的学习目标、活动设计和活动评价。在所有的活动结束后,教师都应该对学生的学习成果做出评价和反馈,帮助学生更好地去反思和进步。当然,核心的一点是我们需要始终记住主题活动应当始终聚焦"面向真实世界的问题解决",既提升学生的学科素养,又提升学生的共同素养——批判性思维、创新思维、合作和自我管理技能。重庆市南渝中学也将继续探索、创造、总结、反思、进步。

第五节　推动教师形成教学反思

一、青年教师培训

(一)新教师入职培训

建构基于教师意义的自我生成的教师教育目标、内容和评价体系,才能最大限度地实现教师教育的价值。而新入职的教师缺少教学和管理经验,缺乏职业规划,入职前的培训便成为他们快速成长的主要途径。常言道:"学高为师,身正为范。"南渝中学为了帮助新教师尽快适应角色转换和胜任教育教学工作,增强责任感和使命感,树立正确的课堂观、学生观、教师观和评价观,并熟悉南渝校园及校园文化,举办了新教师培训会,为各位新教师做了全方位的指导。

首先,校领导为所有新教师细致全面地讲解南开、南渝的办学理念。回顾南开的历史沿革,从西南联大讲到如今的沙南街一号,"允公允能,日新月异"的文化传统在其亲切详细的讲述中缓缓流淌。强调教师的个人成长,着重提出了"四心"即"南开之心""仁爱之心""进取之心""奉献之心",要求新教师要深入理解南开文化,始终抱有一颗仁人之心,从爱与责任出发,在工作中积极进取,不畏难,不惧险,甘于奉献,做真正的有心者、行动者、创新者、成功者。这样,才能做传道授业解惑的南开师者。

其次,分管教学的副校长以学生到教师的角色如何转化为切入点为新教师开启教师之路。通过诸如"驱动青年教师专业发展的课程实践和思考"的主题讲座等方式,将南开文化与新教师的世界观相融合。南开"公能"文化下的南渝中学,给新教师搭建了平台。专业发展上,选修课程,为教师提供了更多深入钻研与学习的机会;教学设计上,各个教研组集思广益,在常规作业之外,为学生定制个性化、特色化的作业,并且开展多项活动,让学生参与其中,在活动中学习,在学习中独立,做到精准教学,智慧开发。希望各位新教师,能够搭乘包容大气的"公能"文化快车,实现以问题为导向的精准教学,开发彰显个性的聚能发展课程。

教务处主任要针对课堂教学为新教师做指导。初为人师,怎样才能有精彩的课堂?首先要调整好心态,对于一系列困难大胆说"不",勇敢尝试,不断试错,方能进步。同时,在专业素养上,要做到极致,对自己高标准高要求,不放过一丝一毫。生活中,做到以诚待人,简单生活。真正做到言传身教,为学生做好榜样。

教科处主任要做到教研相长,即教学与科研相互促进,才能让教学工作不会陷入死板枯燥的恶性循环,真正实现教育教学的创新。为帮助新教师树立教研相长的意识,教科处主任通过诸如"教学科研相互成全"的主题讲座,让新教师明白"为何要做研究"这一问题。教研是助推教师专业成长的一把钥匙,它能够不断激发教师潜能,紧跟时代步伐,帮助教师始终保持一颗创新之心,避免"精英化""简单化""神秘化"。在具体实操中我们应该注意"如何选题""怎么寻找突破口""注意内在要求"等问题,并针对这些问题给出行之有效的解决方法。

再次,分管学生工作的副校长会对新教师进行班主任工作的相关培训。通过诸如"当有情怀的教师,做有温度的教育""人生为本·以心为镜·以爱为力——用良好的班级文化助力学生成长"的主题讲座等方式,让新教师充分了解班主任的工作职责。从"专业化发展的六大法则""教师的五项专业能力""专业化的教师形象""悦纳""四度""教学工作中的辩证艺术"几大方面,让新教师不但能从理论的高度对教师工作有新的理解与感知,更能从真情实感的工作体验中收获全新的体会与感悟。作为教师,我们应该"怀揣着智慧与希望上路,遇水搭桥,逢山开道,唱一路欢歌,飘满天笑语"。

学生处主任的专题讲座,为新教师了解班主任工作做了十分细致的讲解。从"班主任工作概要""班级文化建设理论""班级文化建设实践"三个方面出发,结合理论与自身的工作实践,细致讲解如何做好班主任工作,如何在具体的工作中,将建设班级文化落到实处,深入学生内心。

优秀班主任代表的分享也是新教师班主任培训的重要环节,如陈瑞老师分享了家校沟通的妙招。她结合自身班主任工作实践,从"泡菜的故事""开窗的艺术""分享的技术""合作的方式"四个角度提出了"想了解孩子,先了解家长""给家长专业的、有用的建议""发现孩子的闪光点""学会与家长平等沟通"四个建议,再为新教师后期工作的开展提出了卓有成效的方法。

教学工作,除了课堂教学,还有学生的人生教学,心理健康教育也是教师的必修课程。为此,心理教师为新教师提供了心理危机干预培训。概述何为"心理危机",提出具体有效的"心理危机干预操作要点",为新教师提供了很多具有实操性的方法,便于其后期工作的开展。

最后,青年教师的教学感悟是最新的教学体验,更容易与新教师形成共鸣,如唐老师为新教师做了PPT美化与设计的交流与分享。他以十分专业且过硬的技术向新教师展示了如何利用新媒体技术让一堂课能够在内容扎实的基础上做到形式的精致呈现,让形式更好地服务内容,二者完美融合。唯有如此,方能打造"内外兼修"的课堂,达到"1+1>2"的效果。最后,唐老师也贴心地为新教师准备了常用的、好用的PPT网站,为新教师的课堂提供了实实在在的帮助。

南渝中学的新教师培训从校园文化到班级管理,从课堂掌控到家校沟通,从教师职业规划到技术指导,可以说涵盖了教师工作的方方面面,为教师完成角色转变,提升教学和管理能力,提升职业道德素养提供了有效的方法。

(二)学科讲座定制高端,专业引领与时俱进

学科的基本含义是指分门别类的知识,这是学科最广义的解释。对学问和知识进行分类是人类认知能力的有限性与知识范围的无限性之间的矛盾所致。为了便于对知识的管理和保证人类认知活动的正常开展,人类很早就进行了各种知识分类方法的尝试,例如古希腊时期哲学就被分为逻辑、物理和伦理三个方面,中世纪文科七艺(语法、修辞、辩证、算术、几何、天文、音乐)就涵盖了当时人类的全部知识。从这个意义上说,学科早在大学产生之前就已经存在。19世纪以来,学科一直都是大学学术活动的基本组织和重要制度,即使是在跨学科学术活动日渐兴盛的当代,学科也是大学进行人才培养和科学研究的基本组织方式。南渝中学看到了学科讲座对于教师专业成长的巨大作用,将学科讲座纳入青年教师培训的重要环节。学校长期邀请各学科专家名师为学校青年教师进行悉心培训,以学科讲座的形式提高教师的专业素养,帮助青年教师迅速成长。

以语文学科为例,初中语文教学要调动学生的积极性,在具体的教学实践中,引导学生卓有成效地完成文本的阅读,传递课程的价值。然而在真实教学中,如何细读文本而不显得琐碎,讲授文本而不流于肤浅,让学生的细读和深思自然而然地发生,且与文本的整篇语境紧密联系,实在是一线教师亟须突破的困境。于是,南渝中学有幸邀请到西南大学文学院教授,为全体语文教师做了题为"文本细读:语文教学的基本功"的讲座。讲座围绕《义务教育语文课程标准(2022年版)》、阅读教学、文本细读等三个方面,展开了全面而细致的讲解。以《背影》《故乡》两篇初中教材中的经典篇目为例,为大家展现了文本细读的过程和方法。在课堂教学的细读文本阶段,要把握好语言这一中介,从语言入手,回到语言中去;以沉潜与含玩为方法,准确、细致、完整地深入解读文本;最终达到既理解作者意图,又获得个人经验的双重效果。

(三)教师沙龙聚焦发展,各展所长切磋琢磨

在教师专业成长的道路上,个人钻研是一种途径,开展沙龙研讨活动则是一条捷径,是教师专业成长的助推器。沙龙研讨是一种有利于教师主动参与、自由发挥的教研形式,其本质上是一个学习型的组织。它可以给教师搭建一个集体讨论、交流和解决问题的平台,给教师创造"说"的机会,培养教师"说"的勇气,增长教师"说"的智慧,让教师在一种宽松的氛围中各抒己见,交流分享各自的经验,在互相学习中不断提升自己的专业素养。青年教师刚刚踏足新领域,极其需要明确而有效的引领。南渝中学为帮助青年教师树立正确的职业观,促进青年教师的成长,聘请教学经验丰富的教师分享成长历程;聘请教研专员解读双新、强基计划、核心素养等教育前沿政策;聘请优秀班主任讲述与学生的故事,分享德育心得体会;聘请专业人士指导科学发声、调适情绪、办公室运动等;聘请教学专家指导论文写作、课题开展、学生活动组织、选修课程开设等;聘请命题专家讲解命题双向细目表制作、核心素养有效落地、教学评价方法和标准等;邀请青年教师分享教学、科研、赛课等成长故事。

以第八期教师沙龙为例。中共中央办公厅、国务院办公厅印发的《关于深化新时代学校思想政治理论课改革创新的若干意见》提出,教育是国之大计、党之大计,承担着立德树人的根本任务。思政课是落实立德树人根本任务的关键课程,发挥着不可替代的作用。南渝中学紧跟新时代教育改革发展的步伐,高度重视课程思政一体化建设。2020年1月7日,南渝中学教师沙龙邀请教育部大中小学思政课一体化建设指导委员会专家组成员与南渝中学各学科教研组长、备课组长,及大学城第三中学、重庆市第六十四中学校等南开中学学区共同体学校的教研组长、备课组长就"初中学校学科课程思政的资源开发和精准施策"进行探讨。教师沙龙一开始,专家详细地为大家介绍了大中小学思政课一体化建设的背景及课程思政内涵。随后,部分参会成员就相关学科课程思政举措进行汇报交流。历史教研组长做了题为《将思政理论落实到历史学科——爱国主义教育的"顶天立地"》的报告,初二数学备课组长做了题为《落实立德树人根本任务——厚植初中数学课程思政育人情怀》的报告,语文教研组长做了题为《根植于文化传承的语文——实践活动的开发与实施》的报告,道德与法治初三备课组长做了题为《课程思政——道德与法治学科的资源开发和精准施策》的报告。随后,专家对各学科课程思政建设提出指导意见。他表示要做到共性与个性的统一,需要将课程思政与各学科的学科特点相融合,在考评、讲课当中融入国家政治、经济、科技等领域发生的大事件。他希望南渝教师坚持梦想,合理规划自己的教育教学生涯;坚持知识与方法积累,做到厚积薄发;坚持劳动精神、工匠精神、创新精神、科学精神,以学生为服务中心,与时俱进,实现个人价值与社会价值的统一。

(四)南渝中学学科命题设计能力竞赛

教育部等六部门印发《义务教育质量评价指南》(以下简称《指南》),强调学生发展质量评价应该包括学生品德发展、学业发展、身心发展、审美素养、劳动与社会实践等五个方面的重点内容。同时,《指南》还提出,要运用好学生发展质量评价结果,坚持以评促建。要精准评价每一位学生的学情、能力及问题,一套符合学生发展规律,科学有效、立意高远的试题就必不可少。"一份试题质量的高低,能够直接反映出教师的专业素养和知识储备。"

为促进学生德智体美劳全面发展,培养学生适应终身发展和社会发展需要的正确价值观、必备品格和关键能力,落实义务教育质量评价标准,加强教育质量能力建设,发现和培养各学科专业素养高、专业能力强的懂命题、会命题、善命题的突出人才,我校进一步引导教师深入学习《义务教育质量评价指南》、课程标准,切实了解学生的认知水平,发挥命题对教师专业发展的促进作用。

三月伊始,南渝中学便积极筹备首届学科命题设计能力竞赛。竞赛分为培训、初赛、决赛、述评分享四个阶段。本着以赛代训、提升命题评价能力的目的,本次活动所有教师全面参与,涵盖义务教育阶段所有学科。

(五)青年教师发展论坛——后浪滔滔如切如磋,群英荟萃如琢如磨

为提高教师的课堂教学能力,充分发挥名师的引领、示范和榜样作用,促进教学研究和骨干培养工作的深入开展,推动区市级教学大赛成绩提升,南渝中学教科处教师发展中心在6月份开展了"青年教师发展论坛"活动。通过举办"青年教师发展论坛",以传播教育思想、更新教学理念,坚持在实践中探索、在困惑中学习、在研讨中反思、在领悟中创新的原则,结"专家引领""同伴互助""自我反思"三位效能之合力,以交流教学方法、改进教学手段和分享教学经验为目标,将以名师课堂、教学策略、教学大赛经验交流等为主题的系列教学沙龙活动作为平台,全面提升青年教师的教育教学能力,为青年教师的成长提供保障。

其中,有参赛经验的教师给大家分享了赛课故事,讲到赛前准备是繁杂且辛苦的,既要对课标、教材有精准的解读,又要找到创新点,最大限度地发挥自己的优势。即便前期准备非常充足,但赛课时出现意外是不可避免的,这个时候,一定要沉着冷静,将突发情况巧妙转化为自己的加分项,让课堂既自然又精彩。"上好平时的每一堂课,把每一节课都上成汇报课,上成精品课"是张老师在赛课过程中最大的感悟。

(六)师徒结对——弦歌相继雅音不绝,薪火相传明照四方

"师徒制"起源于学徒培养模式,是一种师父通过言传身教,徒弟通过观察模仿实现教学互动、专业能力提升与专业技能传承的教育模式。20世纪七八十年代,为响应"教师专业化发展"趋势,教师教育受到重视。作为促进在职教师、新教师及师范生专业能力发展的重要途径,"师徒制"在教师教育领域受到广泛应用。新教师入职教育中的"师徒制",专指针对新入职教师开展的,由学校选派的经验丰富、能力出众的带教教师担任师父,为新教师提供有针对性的、过程性的实践指导的培养模式。

"老带新"是南开的传统,也是南开文化不可或缺的一部分。南开的每一位老教师,都是一笔宝贵的财富,也是南开得以开枝散叶、持续发展的底气所在。本着南开对新教师"一年站稳讲台,三年走通教材,五年成为骨干"的培养要求,

无论是学科教学还是班主任工作,学校都会为新教师指定一个师父。立足于新教师的长远发展,根据各个专业的教学和育人需求,帮助新教师制定自己的职业生涯规划,鼓励他们参与教学研讨和科研创新。

"躬行自得前贤法,家礼犹还三代风。"在师徒结对中还出现了多对师徒又带徒弟的情况,这一条传承的线,让南开的血脉以"公能"精神为底色,源远流长。

二、选修课程分享

马克思关于人的发展理论和现代教育观告诉我们,人的素质必须突出综合素质,以实现全面发展才能适应社会。而要做到这一点就必须有相应的、科学的、合理的、完整的课程来加以落实。自20世纪80年代开始,重庆南开中学就积极探索,以课程设置改革为突破口,探索学校内涵发展、特色建设的新途径。目前学校已经建立起了有自身特色的必修课程—选修课程—自修课程和学科课程—活动课程—隐性课程有机结合、相互补充的课程体系。南渝中学自建校以来,便秉承南开中学"允公允能,日新月异"的校训,传承创新"公能"课程体系,用特色课程促内涵发展。作为中学整体课程三大板块(必修课程、选修课程、互动课程)之一的选修课程,是实施素质教育的主要途径,是南开,也是南渝课程体系不可或缺的部分。

南渝中学以文化为魂,以课程为径,继承南开传统,开设了有别于传统课程的走班选修课程,以此补充、完善传统课程,也建立了南开自由、包容、创新文化下的独特课程体系。本着"五育融合""综合育人"的教育宗旨,多样化、生活化、项目化、特色化的原则,南渝中学以"生本"意识为指导,每学期为学生开设体艺、科技、人文、学科特长、生活技能等五大类别、四十几门选修课程,限定人数保证小班化的教学效果,一次两节满足全体学生的选课需求。课程内容既兼顾传统,又锐意革新。不同于必修课程的安排,四十几门选修课程各具特色,真正做到让学生选择打心底喜欢的课程,走进心心念念的课堂。兴趣是最好的老师,学生从自我兴趣出发,走出传统课堂,满怀期待地走进选修课程教室。此时的他们不仅是课堂上认真倾听的接受者,更是课堂的参与者与设计者,与老师、同学进行思想碰撞,完成最大限度的交流。这一过程,不但可以满足学生个性化发展的需求,更能培养学生思维及实践能力。

选修课程的开设不仅是为了学生的兴趣拓展和个性化发展,也是对选修课程教师的一次极佳的锻炼。项目化学习要求教师优化、细化课程内容,核心知识稳扎稳打,全科设计、教学详案、课堂组织、学业要求等一个都不能少,一个都不能松,以必修课程的标准规范选修课程的开展,发挥教师最高的教学水平,最终取得实际真成果、学生好评价,让选修课程成为一门有趣味、有内涵,真真正正得到学生认可的精品课程。

对学生的检验可以体现在课堂学习效果及课后作业完成的情况上,对教师的检验,则需要更加灵活的方式和更加专业的评价。每学期选修课程结束后,教师需要结合教学实践和课程设计,在选修课程分享大会上展示选修课程阶段性成果,并对未来做出细致成熟的规划。

以特色选修课程"生物创意坊"为例。"生物创意坊"任课教师周渝从课程定位、课程目标、课程模块三个维度进行了"生物创意坊"选修课程汇报及成果展示。其实"生物创意坊"选修课程的成果已做到"肉眼可见"。在环球自然日2019年重庆赛区决赛中,学生在教师的带领下沉着冷静,表现突出,取得了十分优异的成绩:知识挑战组一等奖3组(全市中学仅10组)、二等奖1组,科普绘画组一等奖2人、二等奖1人、三等奖2人。其中,知识挑战组一等奖3组,科普绘画组一等奖1人,英文组5组入围全球总决赛。

三、主题征文比赛

教师课题论文的源泉是真实发生的教育教学活动,我校的"公能"课程体系、独具特色的课堂教学、丰富多彩的课外活动不仅让南渝学子全面发展、学有所长,也让南渝教师受益良多,为教学带来无限的可能。为促进教师教育教学专业与综合素养发展,提升学生的学业质量,推动学校优质特色课程内涵发展,南渝中学举行了2020—2021学年度教育课程作品征集活动。

本次征文比赛以"优质课程资源精准整合"为主题,作品形式以学术论文、跨学科教学设计、项目化学习实践活动案例、调查报告、实验报告、行动研究报告、教育故事、教育案例等为主,选题范围囊括教学、教育、科研、劳动教育、"五育"融合、传统文化进课堂等各个方面。并且给各位教师提出了具体的写作要求,如围绕本次作品主题指向展开,理论联系实际,论点鲜明,论据真实恰当,论证有力,文章语言流畅、逻辑清晰、层次分明;坚持正确的政治方向,具有服务教育管理决策,指导学校管理育人实践,创造教育事业良好发展环境的价值;坚守学术道德规范,严禁抄袭、剽窃行为,一经发现,取消该作者的参评资格。

第六节　项目化学习整合案例

案例一　红岩之脊——歌乐山红岩主题研学

重庆市南渝中学校地理教研组　刘奎源、谭刚、羊俊敏、郭尚龙、张洪

红岩不仅是地理概念,更承载了沙区的精神地标,是红色精神在沙坪坝区的集中体现。爱国主义是中华民族亘古不变的情怀,如何让学生真正地体会到爱国情感而并非空洞的口号,成了摆在教师面前的一道难题。沙坪坝拥有非常理想的爱国教育基地,在歌乐山涌现出很多可歌可泣的事例。为打破学科之间的壁垒,将知识融入研学之中,体会最真挚的情感,体会当年的热血青春,这次多学科融合的"红岩之脊"研学应运而生。

一、项目整合背景分析

顶层设计层面,本次研学基于国家第十三个五年规划与2035年远景目标中关于教育的内容,即全面提高教育质量,深化教育改革,增强学生的社会责任感、法治意识、创新精神、实践能力。在"双减"背景下,学生有更多时间走出教室,观察世界,为研学提供充足的内生动力。

教学设计层面,本次研学的设计历时3个月,课程开发团队吸纳了地理、政治、历史、信息技术等四大学科的教师,选择研学地点的首要原则是在歌乐山周边,选择代表性强、历史底蕴深厚的红色景点,串联为研学线路,后期带领学生正式进行研学。

二、项目整合要点分析

(一)核心知识整合

红岩首先是地理概念,其次也是精神地标,所以本次研学是一次地理与思政的融合,核心知识围绕歌乐山的地理环境展开,将历史、政治、信息技术等学科知识作为辅助。

歌乐山,属大巴山系华蓥山脉的分支中梁山,中梁山南延入重庆沙坪坝区后称为歌乐山。主峰云顶寺海拔693米,为重庆市沙坪坝区最高点。歌乐山不仅自然风景秀丽,也以抗战时期的陪都遗迹和白公馆、渣滓洞监狱而闻名,相关的文学作品,长篇小说《红岩》自从1961年以来,印数超过1000万册。本次研学选取歌乐山的著名红色景点,构建起研学路线。

(二)关键问题整合

1.能够应用地理、信息技术等相关软件,设计和规划合理的考察路径,提升地理实践力和信息意识。

2.通过资料搜集和整理,提升整合各学科知识的能力。

3.通过考察、探访、参观等活动,在真实的环境中认识生活中的地理,认识身边山体的各部位,以及自然环境对人类生活的影响,培养人的协调观。

4.结合相关图文资料和探访活动,了解家乡过去的故事,认识家乡环境和人民生活变化背后的英雄,在实践中缅怀先烈,培养为国为民的理想信念。

5.通过研学旅行,逐步积累在真实情景中学习的能力,提高对跨学科甚至超学科问题的探究能力。

(三)核心素养整合

"红岩之脊"研学以学习任务驱动,将中学生核心素养作为设计依据,紧紧围绕核心素养中的文化基础、自主发展、社会参与三个方面,为学生设计了三大课时任务单,帮助学生学会认知、学会思考、学会行动,为落实地理、政治、历史等多学科核心素养的培养创造条件。每个课时结束后有对应的课程评价环节,帮助学生精准实现学习目标。具体项目构架如图5-2所示。

图 5-2　项目构架设计图

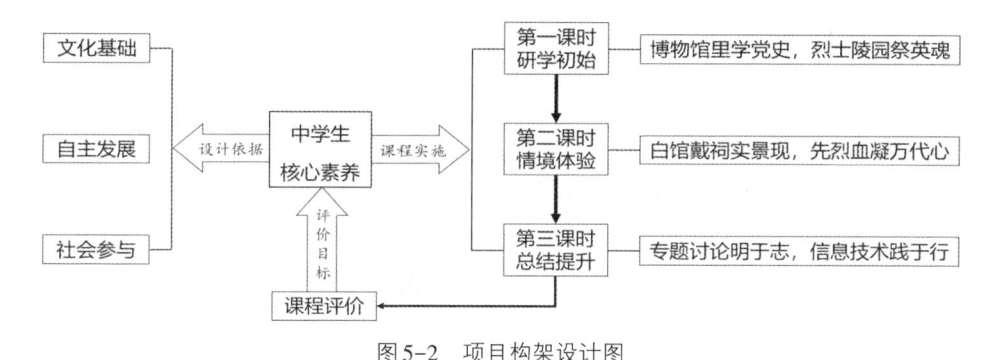

1.第一课时:研学初始——博物馆里学党史,烈士陵园祭英魂

在歌乐山革命纪念馆等红色景点中进行参观、调研等综合活动,认识家乡英烈,观察数字雕塑、狱中八条以及五星红旗,并解释对应的含义;通过对周围地理事物的观察和分析,理解革命时期的艰难困境,重新认识家乡面貌,了解南开校友的英雄事迹,致敬红岩英烈,培养崇高的思想境界和非凡的政治智慧,促进自身全面发展。

2.第二课时:情境体验——白馆戴祠实景现,先烈血凝万代心

学生在教师的引导下,围绕"红岩之脊"展开活动和讨论,从参观红色景点,到认识革命精神,再到解析"红岩之脊"和红色旅游资源背后的含义;从地名的演化,了解这一段铁血的历史,培养爱国精神,牢记使命,为中华民族的伟大复兴而奋斗。一步一步,以各个景点形成螺旋式探究和问题的解决。

3.第三课时:总结提升——专题讨论明于志,信息技术践于行

在实地参观考察结束后,学生应当结合已有认知、研学经历、学习任务单,分小组对问题进行讨论、总结答案,或以视频、宣传海报等形式做总结报告;同时学习对生活有用的知识,在教师的引导下将红色资源开发如何精准对接"青春之城"的建设的建议整理成文,学习如何将建议有序、合法地提交给政府部门。

(四)跨学科整合

地理、政治、历史、信息技术,四门学科互为支撑,自成一体。前三者是文科传统中的有机结合。地理作为切入点,历史补充时代背景,道德与法治是学生需领悟的情感态度和价值观。而信息技术又可以作为后勤保障为三者提供丰富的资料,使得研究学习更加完善。因此将地理、政治、历史与信息技术相结合,形成大单元的教学模式,有显而易见的优越性,同时具有学科融通的可能性。

(五)其他整合

本次研学将各学科评价活动进行有机整合,评价以学生的学为主,用定性和定量、过程性评价和终结性评价等多种形式相结合的方式进行。

对学生在研学过程中的行为表现以及小组合作成果的呈现情况,包括个人发言、实践手册记录、简笔画绘制、相关信息解读、小组合作讨论分享等,采用自评、互评和教师评价相结合的方式,依据研学结束后的收获,由教师和学生共同进行客观打分并给出相应的记录和评价,全面评价学生在学习过程中的成长和变化。

1.通过观察学生在活动过程中的参与度、思考谈论情况、任务完成情况等,记录和评价学生对相关学科知识的掌握情况和实际应用能力,并适时给予鼓励和指导。

2.通过评价量表的形式,进行学生自评、小组互评和教师评价记录。由专家、家长或其他学生群体对学生的学习作品、学习成果交流等做出评价,发现学生在学习中的变化,树立学生的信心,引导学生在全面发展的基础上,实现个性化发展。

三、项目活动实施方案

第一课时:研学初始——博物馆里学党史,烈士陵园祭英魂

地点	任务安排	课程目标
歌乐山革命纪念馆、歌乐山烈士陵园	1.了解并记录有关红岩的著名故事,剖析其中体现的共产党员优秀的品质 2.通过博物馆的实物展示和人物介绍,完成关于烈士的小调研 3.找出博物馆中南开校友的故事,分析南开校训与红岩精神的关系 4.用简笔画绘制新中国重要的旗帜,解读每面旗帜的含义 5.在烈士陵园进行祭扫活动	1.了解红岩历史的基本线索,对红色文化的"人、物、事、魂"产生初步印象 2.培育尊重国旗的意识,维护国家尊严

实施情况:

1.了解并记录有关红岩的著名故事,剖析其中体现的共产党员的优秀品质

教师带领学生参观红岩博物馆,结合讲解员的介绍,完成研学手册的记录,

例如"最后一次党费""狱中绣红旗""小萝卜头"等故事。教师组织学生剖析其中蕴含的优秀品质。

2.通过博物馆的实物展示和人物介绍,完成关于烈士的小调研

红岩博物馆中展示了若干烈士的人物介绍,教师带领学生完成有关烈士的小调研,主要搜集烈士的年龄、事迹,理解"青春"与"国家"之间的关系。

3.找出博物馆中南开校友的故事,分析南开校训与红岩精神的关系

红岩博物馆中有诸多南开校友的事迹展示,南开校训"允公允能,日新月异"与"坚如磐石,百折不挠"的红岩精神具有高度的契合性,学生通过校友事迹,培育爱校精神。

4.用简笔画绘制新中国重要的旗帜,解读每面旗帜的含义

在烈士陵园前,有五面重要的旗帜,分别是中国共产党党旗、中华人民共和国国旗、中国人民解放军军旗、中国共产主义青年团团旗、中国少年先锋队队旗,都与学生的生活密切相关。学生在研学手册上用简笔画绘制旗帜,一方面了解其形状的构成,另一方面了解其背后蕴藏的历史意义。

5.在烈士陵园进行祭扫活动

师生共同在烈士陵园工作人员的主持下进行祭扫,敬献花圈,献上小白花,绕墓一周以示哀悼。

第二课时:情境体验——白馆戴祠实景现,先烈血凝万代心

地点	任务安排	课程目标
白公馆、戴公祠、渣滓洞	1.了解白公馆、戴公祠等地点的名称由来,剖析其背后反映的社会现象 2.观察景区内的标语,解读国民党与共产党关于党员准则的区别 3.参观小萝卜头受难处,了解小萝卜头被害折射出的动机 4.从地理视角分析歌乐山成为集中营选址的原因,以及白公馆内石榴树的生长条件和精神价值	1.了解我党的革命历史、英雄人物,感受不怕牺牲的革命精神 2.简要归纳自然地理特征,说明该特征对人类的影响

实施情况:

1.了解白公馆、戴公祠等地点的名称由来,剖析其背后反映的社会现象

在白公馆、戴公祠景区,教师通过提问的形式,让学生找出名称的由来,从而分析出民国政府公权私用的现象。

2.观察景区内的标语,解读国民党与共产党关于党员准则的区别

景区里有多处当年特务绘制的标语,例如《国民党党员守则》等,反映出当年政府对国民党党员的要求。教师展示《共产党廉洁自律准则》,将二者的可读性、通俗性、精神内核等方面进行对比,并将当年政府的行为与《国民党党员守则》进行对比。

3.参观小萝卜头受难处,了解小萝卜头被害折射出的动机

小萝卜头受难处在戴公祠深处的角落里,教师带领学生参观这里,会发现上面覆盖着厚厚的"三合土",说明特务意欲掩埋罪行,体现出当局对于民主人士的迫害,想以此将革命的希望扼杀在摇篮之中,打击共产党人的革命意志。

4.从地理视角分析歌乐山成为集中营选址的原因,以及白公馆内石榴树的生长条件和精神价值

地理教师在此处是主讲人,着重通过地理视角解读山地环境。歌乐山作为重庆主城边缘的山地,地形具备山地隐蔽的特点,方便掩人耳目。白公馆的石榴树已经顽强生长了几十年,但此地的环境其实并不适合石榴生长,因此石榴树堪称红岩烈士们不屈精神的象征。

第三课时:总结提升——专题讨论明于志,信息技术践于行

地点	任务安排	课程目标
南渝中学	1.小组讨论红色旅游资源没有经历大规模开发的原因 2.小组讨论红色旅游资源如何对接沙坪坝"青春之城"的建设 3.解读"红岩之脊"的含义,融合不同学科对于研学的理解 4.搜集相关资料和素材,制作研学微视频	1.掌握融合不同学科解决实际问题的能力 2.培养信息技术能力、信息意识、计算思维与创新能力

实施情况:

1.小组讨论红色旅游资源没有经历大规模开发的原因

小组通过资料搜集并结合生活体验,讨论该话题。歌乐山是沙坪坝区宝贵的红色资源,保留了原汁原味的革命历史印记。此处让学生思考大规模旅游开发的后果,明白大规模开发不利于文化遗产的保护,而且会削弱歌乐山这块城市绿地的净化功能。

2.小组讨论红色旅游资源如何对接沙坪坝"青春之城"的建设

"青春之城"是沙坪坝区重点打造的城市名片,学生首先通过网络了解"青

春之城"的含义,哪些方面可以反映"青春之城",进而认识到革命精神的传承可以帮助城市塑造精神内核,让历史城市也可以历久弥新。

3.解读"红岩之脊"的含义,融合不同学科对于研学的理解

学生需借助语文、地理、政治等学科知识进行解读,派小组代表发言。"红岩之脊"有一语三关的意味,一是"红颜知己",代表红岩精神与我们的生活紧密相关;二是"山脊",代表地理的山脊地形,歌乐山本身是重庆城区一道突出的山地,是沙坪坝的自然地理环境的代表;三是"脊梁",红岩精神是中国民族精神的集大成者,堪称民族脊梁。

4.搜集相关资料和素材,制作研学微视频

这个环节由信息技术教师指导学生完成,将研学期间拍摄的视频、照片等材料剪辑为短视频,发布至网络平台。

四、项目整合评价反思

(一)教学评价

本次研学开展较为顺利,取得了预期的效果,总结出以下几点可取之处。

1.实地场景教学,落实核心素养

红岩研学选择在景区中开展,对学生而言是落实多学科核心素养的绝佳场地。初中是学生身心快速发展的重要阶段,如何打破常规、打开教室壁垒,采用多元化的方式培养学生的核心素养,是跨学科合作的重要任务。基于红岩研学,将学生置于真实环境当中,通过开放的情境让学生从自然、人文等各个角度重新认识家乡,融合多重学科视角;同时,本次研学课程将多种教学方式集于一体,利用不同的教学方式分层次引导学生多角度思考问题,从而拓展学生思维的深度和广度,落实其核心素养。

2.情怀根植乡土,立足红色文化

在策划研学旅行时,其精神内核应根植于红色文化,以增强学生的文化自信。中国传统文化追求"天人合一",将人类与环境和谐交融,使中华民族具有强大的生命力。"红岩之脊"研学将地点选在歌乐山,以自然乡土为载体,承载红色文化故事,"脊"既是歌乐山的山脊,更是精神脊梁,彰显红岩精神与山城重庆的完美契合,为学生了解家乡开辟了新的路径,厚植乡土情结。

3.田野调查充分,素材精妙有趣

充分的田野调查是研学前期准备的必要手段。沙坪坝历史悠久,许多故事蕴藏在民间,以"口耳相传"的形式存在。教师的专业知识很难覆盖研学区域的全部要素,因此前期的充分调研可以保证研学的质量。本次研学中有许多问题是教师踩点时得知的,例如南开校友在歌乐山的事迹、小萝卜头埋葬处的具体位置,均是在踩点时与群众沟通得知的。这种一手资料很难从文献资料中获取,需要教师放低姿态,踩点过程越接地气,越能保证研学素材的新鲜有趣。

4.后勤全局统筹,护航师生安全

万事安为先,师生安全是研学活动的底线和生命线。学生在校外的人身安全是家长关注的重点,任何活动都必须在保证安全性的前提下开展,尤其是研学课程经常涉及人文调研、实地考察等环节,更要提前做好预案。本次研学在筹备期间将所有可能出现危险的地点逐一标注,并准备好对应措施,例如男教师在队伍前后跟队,避免学生掉队或遗失物品;提前踩点白公馆至渣滓洞之间的湿滑路段,研学时乘车通过,避免步行;下午光照强烈,携带解暑药品;为所有参与师生购买保险;等等。每一项隐患都安排了相应的预案,使得研学过程平安顺利。

(二)教学反思

本次研学还存在两点不足之处,未来有待继续改进。

1.优化师资队伍,扩充学科类别

师资队伍是研学的智力保障,科学的师资配备为跨学科实践提供可能。研学旅行将教学环节置于室外,丰富的地理现象以实例的形式出现,学生会随机提出各类问题,并且没有学科的前提,这对于教师而言是极大的挑战。本次研学途经歌乐山多处著名景点,附近植被类型有着明显区别,而且道路旁的植物是市政部门移植于此的,在学生提问植被相关问题时教师无法第一时间回答。如果本次研学有生物教师参与,其在植被知识方面会提供足够的支持。未来研学课程应鼓励更多学科的教师参加,以便扩充教师队伍的知识容量。

2.活动劳逸结合,保证学生状态

研学旅行以学生为主体,学生状态好坏直接决定研学质量。研学在户外往往意味着长时间站立、长距离行走,对中学生身体素质和意志品质是不小的考验,教师应随时关注学生的身体和情绪状态,及时调整研学安排。本次研学前两项活动在博物馆和烈士陵园进行,场馆讲解员的介绍内容扎实、解说时间较长,导致部分学生已显疲态,此时教师没有安排休息,而是前往下一站,导致学生有所倦怠。日后在组织研学时应注意,设置足够的休息时间,选择合适的休息地点,可在休息时组织互动活动,以便学生保持旺盛精神投入研学。

案例二　初中美术手绘课的拓展研究——自然笔记的应用

重庆市南渝中学校美术教研组　张雪妮、肖雅兰

手绘课是初中美术造型与表现的基础课程,以培养学生观察能力与创意表达能力为主。手绘课作为学校活动课的热门课程之一,其课程的展开主要以实物练习、手绘图像为主,使学生用视觉、听觉等感官去感受艺术创作。手绘课可结合跨学科自然笔记的应用,把绘画与自然连接起来,从而更高效地提升学生的创作能力以及学习兴趣。

一、项目整合背景分析

手绘课是美术课程中的一个基本表现形式,如初中教材"手绘线条图像"系列课程是手绘课程中造型与表现的重要环节,要求学生学习线的表现。目前,关于手绘课程的教学经验论述需要实践结合理论执行,需要美术教师在实践中进行挖掘,学校活动课的开展则可以结合手绘图像课程进行探索。

自然笔记在手绘课中应用,教师注重各学科知识的联合培养,深入基础教育的改革。艺术与生活的学习要求学生以自主学习实践为主,在探索与观察中来完成作品。自然笔记的自主探索方式可以激发学生的兴趣,让学生在学习的过程中也能够更愉快、高效地完成艺术作品。手绘课要求线条表现自然,和谐地呈现生物作品。

二、项目整合要点分析

(一)核心知识整合

自然笔记绘画要求表现生物的形态,其绘制的过程中,也可以带入观察者的一些感想,利用艺术语言来表现物体。那么手绘课程就可以利用这一点实现学生在艺术视角下对自然物象的观察。跨学科的学习不管是对艺术的创作还是对自然科普知识的学习,都可以记录和观察生活与自然。自然笔记除了记录和探究以外,要求以艺术的形式呈现物象形态,那么手绘课程中绘画语言表达也很重要,两者之间是相互融合的。学校的活动课程注重艺术与自然的结合,也可以使学生更早地建立起对自然与人文关系的认知,使艺术与自然以最简单的方式对话。学生结合生物学科的知识和美术学科的艺术手法,以跨学科的方式来完成作品,提升综合素养。

(二)关键问题整合

关于在活动课中的自然笔记,其本身就是独立的一门课程,在手绘课程中其实是对技能学习的一个拓展应用表现。自然笔记课程主要是以大自然的动植物为观察、表现的对象,用艺术的方式来记录自然、观察自然。并且要求学生思考、交流、展示作品,丰富和改善学习方式。该课程注重实际操作和情感体验,旨在让学生形成对绘画以及对大自然的好奇心,从而探索身边的自然世界。为了提升学生的综合素养,教师在创新教育改革课程中要培养学生的学习兴趣,这要求教师与各学科之间的联系越来越紧密。这种创新素养的培育要求学校聚集各个学科的资源,进行跨学科的教学。

(三)核心素养整合

绘画本身是一种独立的艺术创作活动,教师要引导、启发、鼓励学生完成艺术作品。结合生物学科知识融合开展课程,学生对自然的观察以多角度为切入点,美术教师则用技能引导学生完成美术作业,学生可以更深入地观察物体,认识自然世界。通过各科教师的示范引导,丰富学生对周围事物的感性认识,这样对学生的绘画创作以及对科学的认知都能更大地帮助学生绘画,以一种记录形式,自主探究,使学生从生活中去观察感受自然环境。

(四)跨学科整合

手绘课程与自然笔记对接,其教学可以融合生物学科,在绘画基础训练的前提下给学生普及生物等自然科学的知识。这种学科融合的模式可以打破传统教学的壁垒和界限。教学过程中的课程资源、课程要素和整体的教学环境产生了聚焦效应,使学生有多样的学习体验和丰富的学习经历。多个学科交叉融合的思想与学习方式,可以全面提升学校的创新能力,从根本上提升学生的综合素养。两个或者多个学科融合的学习方式,使各个学科的优势相互渗透,这样的方式体现出新的课程特点,强化了多个学科的横向与纵向的融合。教师在遵循学校学生发展的规律时,结合实际和实践教学来促进特色课程的发展。

三、项目活动实施方案

在跨学科融合以及实施的过程中,教师注重学生对多个学科融合的学习交流、合作展示。学生的学习方式主要以学生的自主探究与实践为主,教师在教的过程中起引导作用,使学生以一种独立的学习思维和方式来完成自己的作品。教师首先告知学生什么是自然笔记。自然笔记是人类观察、认知、记录自然万物的一种方式,是一种科学考察、观察、实验记录,通过拍照、文字、绘画、手工制作等记录方式形成的自然观察日记。一份完整的自然笔记须有以下7个要素:时间、地点、天气、记录人、主题、文字和图画。文字和图画是自然笔记的主体,应尽量客观。与科学观察一样,自然笔记是对自然世界的客观观察记录,但受人自身的影响,每个人的笔记却是主观的。根据记录人,我们可以对笔记的客观性进行基本判断。

例如场景式的自然笔记,这个"场景"可以大至整个公园的图景,小至围绕一棵树展开的生命活动。场景中的气候、环境与动物、植物、微生物等相互影响,构成了大自然的故事。教师要引导学生观察范例的自然笔记中包含了哪些信息。以克莱尔为例,克莱尔先画下了一眼就看到的东西:一棵冬天秃得只剩了枝丫的糖槭树,远处长了叶子的常绿树。接着,她发现了许多活跃在树上的小动物,比如鸟儿和松鼠。又想到看不见的树底下还有许多小动物钻到土壤里过冬,比如蚂蚁、青蛙等。之后,克莱尔又观察到了树上的许多细节,发现了树与动物的多种联系。比如鸟儿和松鼠在树上搭窝,鼓胀的花苞是鸟儿冬季的美味,树干上的洞可能是猫头鹰和许多昆虫的家。除了发现植物与动物的关系,克莱尔还发现了植物与气候的关系。比如远方常绿树的针叶含有防冻物质，能帮助它度过寒冬，以及大树根部汲取的养分会在天气变暖时流动到叶芽中促进它们生长。学生根据示例，自己开始观察生活，进行创作。在整个教学过程中，教师要给予学生一个平台和展示的机会，让学生通过团队协作等方式来合作交流，创造一种合作的氛围。通过这种制度探究的活动方式和展示形式，可以使学生从自我学习、欣赏、演讲、交流中学到很多的知识，也可以锻炼学生自身的语言表达能力以及绘图表演能力。

四、项目整合评价反思

多元化的美术活动课能让学生通过学科之间的融合来放松心情，提高兴趣，提升对美的感受力和表现能力，提高动手能力和观察能力。"双减"吹响了教育回归初心的号角，同时我们也意识到过去单一的美术课程已经不能满足新时代学生的发展需求。我们应创立特色型、多维度、立体化的美术课。通过这些课程，既能保证学生学会美术技能，发展美术特长，提高审美能力，加深文化理解，也能促进学生的美术素养层层螺旋提升。通过自然笔记，我们可以使学生走出教室，更直观更深入地去研究自然生物，观察生活，可以引导学生敬畏生命、尊重自然、保护环境，通过自我探究的方式发现自然之美。

枯燥的学习方法早已经不适合学生，学生对事物的好奇心和对学习的积极性都是需要激发的。美术与生物结合，自然笔记的应用，让学生可以通过观察与记录自然培养严谨的科学精神，形成初步的审美情趣，培养问题探究的意识和能力。从科普知识到观察再到实践，让学生更加深入地了解自然万物。

案例三　物理光学特色实践作业

重庆市南渝中学校物理教研组　向优生

伴随着《义务教育物理课程标准（2022年版）》的正式颁布，为进一步落实立德树人的目标，结合"双减"政策的指导思想，南渝中学初中物理教研组从学科、学生学段的特点出发，积极探索并采用课外实践活动的方式提升学生的核心素养。现从"物理光学特色实践作业"活动的项目背景、核心素养和跨学科等要点、活动实施方案和反思评价四个方面出发做总结。

一、项目整合背景分析

《义务教育物理课程标准(2022年版)》要求,从生活走向物理,从物理走向社会;倡导教学方式多样化。要求通过实践活动让学生了解科学、技术、社会之间的关系,从而培养学生探索自然的内在动力。为进一步落实国家义务教育"双减"政策,学校鼓励减少重复烦琐的书面作业,多布置实践操作性的作业。结合当前的疫情形势,南渝中学物理教研组精心为学生设计了"物理光学小制作"特色作业,进一步丰富了学生的居家学习生活。

二、项目整合要点分析

(一)核心知识整合

初中物理光学知识,光沿直线传播、小孔成像、光的折射规律、凸透镜成像的规律、凸透镜成像规律在生活中的应用(放大镜、投影仪、照相机、望远镜等)。

(二)关键问题整合

1. 有效落实"双减"政策,符合"双减"指导性原则。
2. 有效发挥物理学科的育人功能。
3. 有效开展实践活动,并进行评价。

(三)核心素养整合

物理课程要培养的核心素养是:物理观念、科学思维、科学探究、科学态度与责任。

1. 物理观念

形成光学基本概念,实现光的直线传播、光的折射等物理概念和小孔成像、光的折射和凸透镜成像规律在头脑中的提炼与升华,形成解决生活实际问题的基础能力。

2.科学思维

构建"光线"的物理模型,培养能够在实际操作和应用物理知识的时候提出创造性见解的品格与能力。

3.科学探究

能够在制作的过程中,通过实验解决遇到的实际问题。

4.科学态度与责任

认识光学仪器原理的本质,了解光学基础原理与技术、社会、环节之间的关系,严谨认真、实事求是、持之以恒。

(四)跨学科整合

跨学科整合包含"物理学与日常生活""物理学与工程实践""物理学与社会发展"三个二级主题,主要目的在于发展学生跨学科运用知识的能力、分析和解决问题的综合能力、动手操作的实践能力,培养学生积极认真的学习态度和乐于实践、敢于创新的精神。

1.物理

光沿直线传播、小孔成像、光的折射规律、凸透镜成像的规律等。

2.技术

照相机、投影仪和望远镜等光学工具的制作原理及工艺,如何让实验现象更明显。

3.艺术

如何将光学小制作的外形做得美观。

(五)其他整合

1.家校共育。
2.跨越时间、空间开展物理教学实践活动。
3.网络平台与教学结合。

三、项目活动实施方案

学以致用——"物理光学小制作"评比活动方案。

(一)评选小组

南渝中学物理教研组。

(二)参赛对象

南渝中学初二年级全体学生。

(三)制作要求

1. 在网络上查找资源,了解如何制作一个小孔成像仪或选择一项挑战推荐项目。

2. 拍3—5张清晰的照片,记录你在准备过程、制作过程、成品展示中的精彩瞬间。

3. 认真、如实地填写记录表格。(如表5-4)

4. 用手机等摄影器材,记录下制作过程、演示成像的过程,并用视频剪辑软件对视频进行剪辑,最终的视频时长不能超过3分钟。

5. 视频的画面要求。

(1)摄影器材在拍摄时不能晃动或抖动,一定要固定好再进行拍摄。

(2)注意拍摄场景不能杂乱,画面中除了你的器材不能有其他杂物,可以找家中的一面白色墙壁作为背景墙,可用台灯作为补充的光源,照亮你拍摄的物体。

(3)如果使用手机拍摄,一定要横屏拍摄,不要竖屏拍摄。

(四)作品评比

学生的作业将根据以下五个方面来评比,最终会评比出年级的一、二、三等奖。

1. 颜值,在这个看脸的时代,颜值是重要的生产力。

2. 成像效果,成像要清晰可见。

3. 记录表格的填写要规范。有制作、有记录、有思考,才会有收获、有成长。

4. 视频的质量,清晰且规范标准的制作和演示视频,可以更好地跟别人分享你智慧的成果。

5.小制作的创新创意程度。

表5-4 记录表格

小制作名称　　　　　　　　　　　　　　　　班级　　　　姓名	
制作器材或材料	
请画出制作原理或光路图	
制作过程中遇到的问题	
解决问题的方法、过程,你有什么收获和感想,哪些地方还有遗憾,你的作品的创新点	
(选做)整理表格,形成一篇科技小论文(格式可以在网上搜索),期待同学们精彩的作品哦	

(五)作业上交规范

1.保留好自己的作品实物,在疫情结束后教师会通知获奖学生把作品实物统一带到学校,学校将要收存。

2.把照片、视频、记录表格统一打包,打包后的文件统一命名为"班级+姓名"。

3.把文件发送到本班钉钉物理作业群,物理科任教师会在收取作品时收集,作业主题批注为"班级+姓名+小制作名称"。

4.交作业的时间期限定在××年××月××日,周××晚××点前。如有特殊情况要延迟,须向教师申请。

(六)案例资料

1.自制小孔成像装置

小孔成像
成　倒　立、实　像。

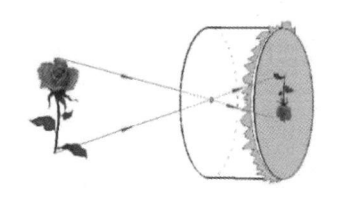

图5-3 小孔成像光路图

教师作品案例:光源可以选用电视屏幕、F光源、手机屏幕等。

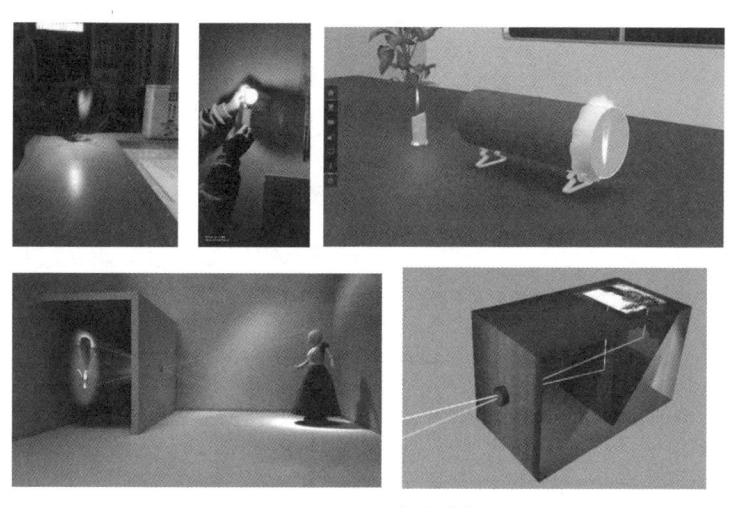

图 5-4　小孔成像现象

2.升级挑战(选做)

照相机

■照相机

实验器材：

凸透镜　　　光屏　　　拍照观察的物体

图 5-5　照相机原理演示实验需要的器材

教师作品案例一

图 5-6　教师作品案例一

211

投影仪

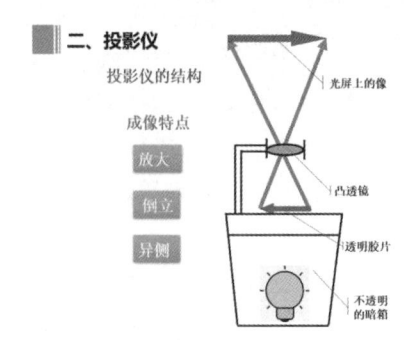

图 5-7　投影仪

教师作品案例二

图 5-8　教师作品案例二

望远镜

图 5-9　望远镜

教师作品案例三

图 5-10　教师作品案例三

纸筒望远镜学生作品案例

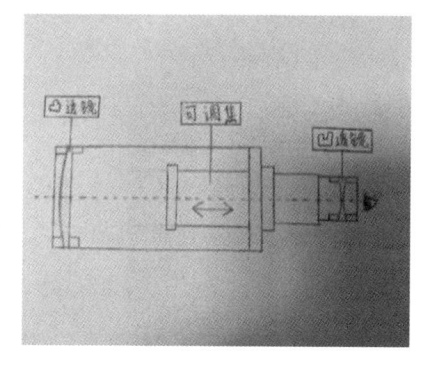

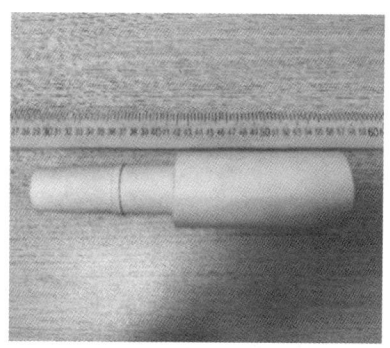

图 5-11　纸筒望远镜学生作品案例

(七)安全提示

1.一定注意实验安全,例如在使用剪刀或打火机等工具时。

2.一定注意疫情防控安全,在家长的监护下完成作品制作。

3.不建议使用蜡烛等明火作为光源,如果使用,一定在家长监护下进行实验,并且使用完后及时安全灭掉火源。

四、项目整合评价反思

(一)活动效果

此次活动得到了我校学生广泛的参与,获得了家长和学校的一致好评,锻炼了学生的动手实践能力和跨学科综合应用知识解决实际问题的能力,提升了学生学习物理的兴趣和动力,强化了学生对物理概念和规律的理解,提升了学生的物理核心素养。

活动成果还成为各班物理课程教学素材,在"公能"物理微信公众号上的推送得到了社会的广泛关注和好评。

学生通过活动完成了科技小论文、实验报告、创新制作作品,教师通过对活动的整理获得了教学素材,完成了教学研究论文等。

(二)作品

1.学生自制了照相机、投影仪、望远镜和小孔成像实验装置。

2.自制实验装置的制作过程、作品实物、演示现象的图片。

3. 实验制作过程、调试演示过程的短视频。
4. 学生实验报告。
5. 学生科技小论文。

图 5-12　学生作品

(三)学生感受

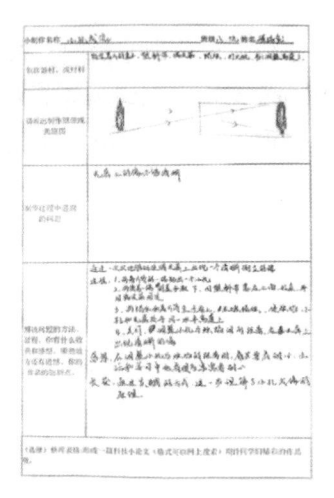

图 5-13　学生感受

(四)教师评价

从实践作业化角度评价：此次活动符合设计类型多样的作业的要求，兼顾基础与实践作业，注重评价学生的学习态度和学习成果，充分发挥了实践作业的育人功能，切实减轻了学生的课业负担，落实了"双减"政策。

从跨学科实践的角度评价：此次活动注重创设综合性、实践性和开放性的跨学科问题情境，注重保持学生的积极性和创造性，注重观察培养学生运用多学科知识和跨学科思维的能力。

案例四　生态瓶马拉松大赛

重庆市南渝中学校生物教研组　夏瑶

商店里的小型生态瓶，水草丛生，鱼虾游动，自成一方小世界，水中美丽的微景观吸引了人们的目光。很多学生都对其有所接触认知，但从未仔细思考过生态瓶其实就是一个小型生态系统，各个成分相互依存、制约，物质在其中循环往复。那么完整的生态瓶到底由哪些生物构成？各个成分占比多少？一个生态瓶可以自行运转多久？

本项目针对学习了"生物与环境组成生态系统"的初一学生，整合生物及数学、物理等学科的重要概念，和多个学科形成关联，开展"生态瓶马拉松"活动。教师引导学生从教材内容自然过渡，构建知识逻辑图，夯实生态基础知识，协同思考设计实验，并通过实验记录及分析的方式整合实验结果。与此同时，该项目要求学生使用各类技能，开展协作式、探究式学习，要使学生始终明确生态系统组成及配比的重要性，从而关注生物与环境的紧密联系。还要使学生在活动进行的同时，学习知识、建立学科联系、掌握技能、理解生物与环境之间的联系。

一、项目整合背景分析

生态系统是人教版《生物学》七年级上册第二章第二节的内容，该部分知识学生第一次接触，对生态系统各部分的构成究竟有何作用的理论的理解浮于表面，不够深入，故教师设计"生态瓶马拉松"这一活动使学生思考，在实践中认知生态系统中各部分的紧密联系,从而树立科学的生态观,学会用理性思维进行科学探究。

基于核心素养体系,学生解决问题的首要条件就是要对问题有探究的兴趣。教材"生物圈Ⅱ号"的失败案例可以自然激发学生探究的兴趣。教师引导学生总结归纳,绘制生态系统各组分框架逻辑模式图,辨清各部分之间的逻辑关系,从全方位分析生态系统的构成布局,以及各部分数量关系的平衡比例。学生在明确后,自主查阅资料,思考设计生态瓶,开展活动。此项目引导学生层层深入,留给学生思考的空白时间,培养学生合作学习的意识,锻炼学生独立理性的思维的能力,形成生命观念,增强科学探究能力。

二、项目整合要点分析

(一)核心知识整合

1.项目中的主要知识点

生物与环境的关系。

生态系统概念及组成。

食物链、食物网的概念及功能。

生态系统的稳定性。

2.学科关键概念或能力

不同类群的生物具有适应其生活方式和环境的主要特征。

生物与环境相互依赖、相互影响,形成多种多样的生态系统。

光合作用、呼吸作用及碳氧平衡等内容。

高中生物中的物质与能量观、平衡与稳态观、系统观等生命观念。

跨学科概念包括数感和量感,学生在真实情景中对于数量关系及运算结果具备直观感悟,对事物的可测量属性及大小关系具备直观感知,会针对真实情境选择合适的工具,进行换算,感知度量工具和方法可能引起的误差,能合理得到或估计度量的结果等。

另外,跨学科概念还包括数学学科的空间观念、模型观念、数据意识等,化学与资源、能源、材料、环境、健康化学等概念,以及能量守恒定律、平衡等物理核心概念。

(二)关键问题整合

1.本质问题

生态系统如何保持稳定性?

2.驱动性问题

生物实验室的水族箱里生活着水生的植物和动物,还有其他小生物。这样的水族箱能否看作一个生态系统?为什么?

一个水族箱可以称之为小型生态系统,水草作为生产者,小鱼作为消费者,水中有身为分解者的细菌,各个成分相互依存、相互制约。种类丰富的水草,生长茂密,小鱼小螺穿梭其中,自成一方小世界。小小生态瓶蕴含大智慧,现在,学生可以精心制作生态瓶,思考什么材质、形状和大小的容器适合制作生态瓶,要选取哪些生物种类和数量放入生态瓶,有哪些因素会影响生态瓶中各种生物的生存,制定怎样的方案才能让生态瓶中的各种生物存活的时间更长,在解决一系列问题后,参与专属的马拉松比赛,看看谁的生态瓶运转的时间最长。

(三)核心素养整合

生命观念:获得生物与环境的基础知识,初步形成生态观,认识具体生态系统的稳定性。

科学思维:通过对生态系统各种成分功能和营养结构关系的讨论,能初步判断不同生态系统维持其稳定性的相对能力。

探究实践:能够根据生态系统各种成分、结构以及数量关系构建稳定性生态系统模型,并制作简易生态瓶。

态度责任:能够为常见生态系统的合理利用和维持可持续发展提出有价值的建议。

(四)跨学科整合

尝试从结构与功能相适应的角度,选择材质和大小合适的容器,根据生态系统结构组成、生态系统与环境因素的关系,选取不同种类的生物放入生态瓶。

绘制生态系统各生物营养成分和能量流动关系图。

分析影响生态瓶中生物生存的因素。

推测计算各种成分的数量比例以保证生态瓶中生物存活时间更长。

展示制作的生态瓶,并建构生态系统不同生物间关系彼此影响的数学模型。

认同生态系统与非生物环境是一个统一的整体,生态系统具备一定的自我调节能力。

关注环境保护问题,讨论生态环境中各组成成分彼此间的关系,讨论人类活动对生态环境可能造成的影响,初步形成可持续发展的生态意识。

三、项目活动实施方案

(一)入项活动,创设项目情境,激发探究兴趣

讲解完生态系统的知识之后,教师举出"生物圈Ⅱ号"的失败案例,学生被这个真实的案例所吸引,为里面死亡的生物而惋惜。此时教师提示学生,人类不具备可以制造另一个生物圈的条件,再抛出疑问,是否可以尝试制作一个小型的生态系统,例如商店常见的生态瓶。教师将活动称作"生态瓶马拉松",马拉松比的是运动员的耐力,而生态瓶马拉松,顾名思义,比的是生态瓶的持久性,既生动形象又简明地概括了活动的主要内容,同时也使学生的思维发散开来。生态瓶如何"跑马拉松"?如何使生态瓶正常运转得更久?教师从"生物圈Ⅱ号"的教材案例出发,自然引出问题,将教材和活动无缝衔接,极大地激发了学生的探究兴趣,使他们从自己的角度思考如何制作一个持久的小型生态系统。(如图5-14和图5-15)

图5-14和图5-15　生态瓶马拉松宣传PPT

(二)构建框架逻辑图,明晰生态系统构成

生物实验设计环环相扣,逻辑性较强,从提出问题到分析结论,学生需以掌握扎实的生态基础知识为基础。在问题提出后,教师引导,学生总结归纳,共同

绘制生态系统各组分框架逻辑模式图(图5-16)、各组成部分关系的模式图(图5-17)。梳理两图有利于帮助学生辨清各部分之间的逻辑关系,从全方位分析生态系统的构成布局,以及各部分数量关系的平衡比例。在绘制过程中学生便可将原本零星散落的知识整合起来,清晰化、具体化,提升自己的思维能力,夯实自己的生态系统基础知识。

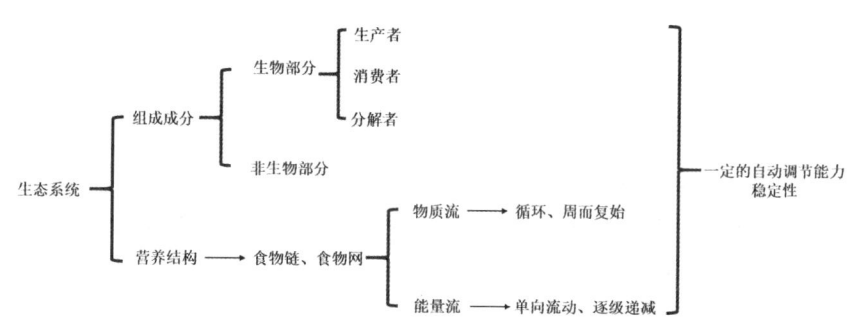

图 5-16 生态系统各组分框架逻辑模式图

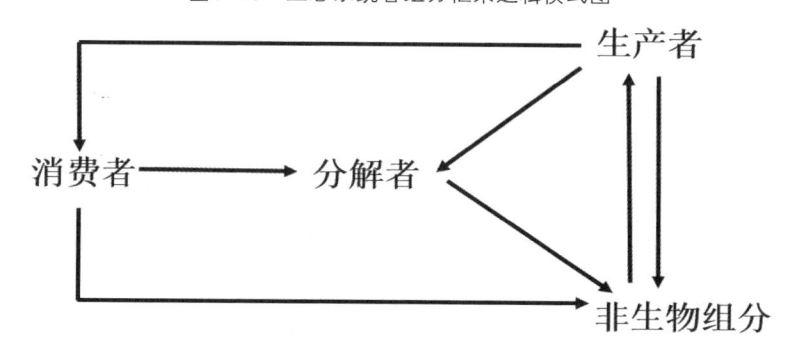

图 5-17 生态系统各组成部分关系的模式图

(三)合理设疑发散思维,小组合作设计实验

生物学是有逻辑、有推理的学科,任何实验的设计均是一个逻辑紧密、环环相扣的思维过程。初一学生接触生物学实验的时间较短,对于实验设计不够熟悉,这时教师的合理设疑对于学生设计实验尤为重要。教师在让学生设计生态瓶之前,提出了三个关键实验问题:1.一个生态瓶里必须存在的成分有哪些? 2.你选择的成分分别是什么? 3.这些成分占整个生态系统的比例如何?

学生通过思考分析以上问题,对于整个生态瓶的设计已有一定的思路与整体布局,但提出了以下的问题:1.水源取自哪里? 自来水还是河水? 2.鱼的类型选取哪种? 3.鱼的饲料来自哪里? 4.分解者从哪里来? 5.水藻和鱼的数量如何确定？6.器皿应该多大合适？7.水质混浊是否会影响鱼的生长？通过以上问题的陆续提出,学生自主查阅资料,思考设计生态瓶,开展活动。教师合理设疑,提出关键问题,引导学生层层深入,留给学生思考的时间,培养学生合作学习的意识,锻炼学生独立理性的思维能力,使学生形成正确的生命观念,增强科学探究能力。

(四)观察记录实验过程,制作研究报告

学生统一将生态瓶贴好作品标签,放置在比赛区域,在全校师生的见证下参与专属马拉松比赛。教师设立比赛细则、参观规则、参观者权利职责,公平公正地开展比赛。比赛设有淘汰区,不再正常运转的生态瓶由教师放置在淘汰区,学生自行取回。实验过程中,为了进一步明确生态系统各部分之间的关系以及稳态维持的条件,学生仔细观察生态瓶,用文字、图表、视频等形式记录下实验过程(图5-18,图5-19,图5-20,表5-4)。

图5-18 生态瓶宣传海报、比赛规则、参观规则

参赛班级	
参赛成员	
生态瓶简介	生产者
	消费者
	食物链（网）

图5-19 参赛者作品便签

图5-20　生态瓶马拉松比赛活动效果

表5-4　生态瓶实验记录表

时间(天) 变量	植物生存情况(鲜绿、发黄、死亡等)	动物生存情况(正常、异常、死亡)	有无霉菌(有、无)	生态瓶整体情况(优、良、差)	其他发现
1					
2					
3					
4					
…					

(五)公开展示实验成果,分析交流实验结果

一学期实验结束后,学生积极交流、汇报各自记录的结果,分析能量、物质在其中流动的过程,详细解释各成分在生态系统中的作用,以及各成分的比例调节对于稳态的保持有何影响。学生以研究报告、PPT等形式从多个角度出发分析结论,叙述自己的实验经历,表达实验感受。多元的结果表达进一步促进了学生综合思维的发展。

(六)评估(表5-5)

表5-5　活动评估表

评估内容	评估标准	得分(1—5分)
搜集资料,设计活动方案	明确活动指向的学科概念和跨学科概念,绘制知识图谱,建立概念间的联系;提出可探究的驱动性问题,设计具有可操作性的活动方案	

续表

评估内容	评估标准	得分(1—5分)
根据设计方案制作生态瓶	生态瓶制作过程包含着工程学和数学思想;制作的生态瓶美观且其中的不同生物能维持较长的生存时间	
观察记录生态瓶中不同生物的生长状况及变化	有翔实的观察记录过程,能依据生态瓶的实际情况建立数学模型表达生态系统稳定性	
小组展示、汇报和交流	能反思活动过程中的收获与不足,就社会现象中的生态保护问题提出自己的见解,并进行表达;提出新的探究问题	

四、项目整合评价反思

1. 学生感受

认知到想要构建一个长期稳定的生态系统不是容易的事情,里面蕴含了很多科学道理。在已知的技术条件下,我们离开了地球将难以生存。在茫茫宇宙中,人类只有地球这一处家园,因此我们要加倍珍惜它、爱护它。

2. 教师评价

科学探究是生物核心素养体系中极为重要的一部分,要求学生在生活与学习上有自主学习、自我探究,以及自我发展的能力。通过"生态瓶马拉松"这一活动,我们可以使学生明确"生态系统"的概念与构成,培养学生的生物探究兴趣,使学生学会对生物现象进行观察和提问,对实验结果进行分析和交流,从而促进学生生物核心素养的形成。

案例五 数学历史话剧特色课程

重庆市南渝中学校数学教研组 谭英、朱秀利

数学一直给部分学生以高傲、冰冷、严肃的感觉,从而造成部分学生惧怕数学,认为数学课枯燥乏味。事实上,数学是一种工具、一种语言,更是一种文化,

数学课程应该在数学文化传承方面发挥重要作用。学校通过举办数学历史话剧活动,让数学文化进入课堂,让数学文化思想渗透到教学中,并结合问卷调查,对其影响力进行跟踪调查。

一、项目整合背景分析

数学文化是指数学的思想、精神、语言、方法、观点,以及它们的形成和发展,还包括数学在人类生活、科学技术、社会发展中的贡献和意义,以及与数学相关的人文活动。简言之,数学文化是数学与人文的结合,我们除了关注数学基本知识的讲授及数学基本技能的培养外,还要重视数学素养、数学思想、数学方法、数学精神等方面的培养。

二、项目整合要点分析

(一)核心知识整合

国际上不少学者对数学文化教学做了深入研究。例如怀尔德的《数学:开放的文化系统》《数学文化论》,克莱因的《数学:开放的文化系统》《西方文化中的数学》《古今数学思想》,都是从人文的角度思考数学与文化之间的关系。其中克莱因在《数学教学要目》中提到,在数学教学过程中要关注数学与其他学科的联系,将数学文化渗透到课堂中,要重视实际的运用,不要过分重视形式化的训练。有历史背景的数学知识更容易被学生所掌握,因为比起枯燥的数学知识本身,学生更喜欢在数学故事中学习数学知识,这不仅能使学生对数学有美的感受,还能使学生明白数学家探索数学的艰辛。

(二)关键问题整合

初中阶段是学生思维能力、理解能力、创造能力,以及独立人格形成的关键时期,数学文化教育的奠基期。经查阅文献总结,目前初中数学文化渗透存在一些问题。

1.教材内容空置化

现行教材都不同程度地编入了数学史的内容,但教师在面对教学压力的时候,不得不优先考虑完成数学基础知识的教学任务,容易忽略相关数学史的内容或者让学生自行阅读,这就使实际教学效果与预期效果相去甚远。

2. 文化渗透表面化

一些教师在设计教学时，还是采取传统的教师讲学生听的方式来讲述数学史，其中的数学思想通常只在总结时被提及，未完全渗透进教学过程中，这使得数学文化渗透流于表面，形式大于内容。

3. 文化渗透章节化

部分教师存在本身对数学文化不够了解、把握不够全面、无大局观等问题，导致在教学过程中文化渗透不是自始至终的，而是时有时无的，学生无法感受到数学文化的整体感和关联性。

4. 活动受众面窄，参与度低

有一部分研究提到利用数学游戏来进行数学文化渗透，例如智力大比拼，而通常这种游戏的参与者大多是对数学有较浓兴趣的学生，因此该方法对提高全体学生的数学兴趣效果不大。因为数学文化的内涵丰富，所以教师不可能采用单一的讲解或让学生自学的方式来进行教学，更不能因为考试不考或考得不多，而对它置之不理。

(三)核心素养整合

发展学生核心素养是课改的重要目标，给中国学校课程与教学理念带来了新的变化。《义务教育数学课程标准(2022年版)》指出，数学文化作为教材的组成部分，应渗透在整套教材中。教材可以适时地介绍有关背景知识和数学发展史的有关材料，在中学阶段应开展有关数学文化的教学。李大潜院士认为，数学是一种先进的文化，是人类文明的重要基础。它的产生和发展在人类文明的进程中起着重要的推动作用，占有举足轻重的地位。顾沛以数学史、数学知识、数学观点、数学问题为载体，介绍数学思想、数学精神、数学方法，探讨数学与人文的交叉，为数学爱好者开阔视野。

针对初一年龄段学生的心理特点，应以生动有趣、富含人文精神的数学史为切入点和主载体来设计关于数学文化的特色课程，促使他们对数学史、数学文化产生浓厚的兴趣。可通过相关活动向全体学生展现国内外数学发展史的概况，促使学生初步建立对数学史的整体性、结构性和立体性认识，并从中渗透数学文化的其他方面。也可在教学过程中以每一章、每一节课为分支进行具体的目标渗透与拓展。不同于以往机械、死板的渗透，为了使数学文化渗透更契合学生的认知水平，我们设计的渗透方向由整体到局部，细化到点，设计的数学活动参与面、受众面覆盖全体学生,范围更广,并且设计的呈现方式丰富多样,更易于学生主动接纳吸收。

(四)跨学科整合

举办数学历史文化活动,学生需要查阅相关数学家的个人经历、社会背景,了解当时的历史环境,从而在语言、服装、饮食上理解历史文化。这可以使学生感受到,在历史上,数学家从发现到证明,然后提出,最终让大家接受一个定理的艰苦历程。

学生撰写剧本,需要具备一定的文学素养。要弄清如何措辞、词语使用是否恰当、怎样的语言可以体现出人物性格等问题,在《华罗庚》这一场话剧中,涉及英文台词,需要学生正确表达。而表演、服装、舞台、音乐、灯光的搭配是对"五育"中"美育"的体现,需要学生具备一定的审美能力。在制作背景视频、音频方面,学生需要掌握一定的信息技术知识。因此,本次活动跨学科融合了语文、英语、历史、美术、音乐、信息技术等学科。

(五)其他整合

本次活动是表演活动,学生在团队配合上会得到不同程度的锻炼;整场活动的舞台所需物品需要学生自己准备,这提升了学生思考问题、解决问题的能力;数次的演练、彩排也增进了学生与学生之间、学生与教师之间的沟通与了解。这在初一阶段是非常重要的。

三、项目活动实施方案

本次特色课程为中国数学历史发展的话剧表演,以时间为主轴,从数的起源开始,以各时间段代表性人物与事件为主要情节推动力。在数学发展的历史长河中,所涉事件和人物众多,而课程时间只有两个小时,所以我们将15个班分为8个组,重现8个最具典型性的事件或表演8个最具代表性的人物。其中,课程准备重难点主要在于所有的工作基本靠学生自己完成。首先,各小组成立编委会,确定负责人、编剧、导演、辅助工作者。其次,负责人组织成员一起利用网络,筛选某一历史时间段内的主要数学事件或人物,并最终敲定诠释对象。再次,由学生编剧开始编写剧本,这是非常关键的一步,因为需要渗透的不仅是数学史,还有数学的美和思想,同时尽可能做到参与面广。教师也应帮助学生优化剧本。内容确定后,学生即进入排练阶段。小演员们不仅要知道情节,还需要理解相关数学知识,这样才能演得生动形象。

整个话剧活动分四大板块:开场致辞,以历史时间为序表演,领导点评,颁奖闭幕。其中,节目有《结绳记数》《田忌赛马》《韩信点兵》《祖冲之》《张丘建》《数学家杨辉》《苏步青》《华罗庚》。

四、项目整合反思评价

本次活动结束后,为了解活动效果是否达到预期目标,我们分别对学生及部分教师进行了抽样调查。其中学生选取150名,参与学生和观影学生各半,共回答6个问题,每个问题的答案选项均分为3个档次;而针对教师的调查则采用座谈形式,包括全体组织教师和部分观影教师,目的在于了解他们的观后感,并听取相关建议。

(一)学生问卷调查结果及分析

学生问卷统计结果见表5-6。

表5-6 特色课程情况调查结果

问题	结果		
	A(肯定)	B(不确定)	C(否定)
1.你喜欢本次活动吗?	96%	3%	1%
2.你从中了解的中国数学史多吗?	90%	6%	4%
3.你觉得相比之前,你的爱国热情是否有明显增加?	92%	8%	0
4.你是否愿意了解更多的数学相关文化?	97%	3%	0
5.下一次活动你愿意参与吗?	70%	20%	10%

注:A、B、C表示对每个问题的回答分别为"肯定、不确定、否定"的人数比例

从表5-6的问题1、问题4和问题5的调查结果中不难看出,学生对本次活动的认可度是非常高的,这点燃了他们对后续课程的期待和参与热情;问题2的调查结果则表明通过此次活动,学生对中国数学史的了解得到了进一步的加深;问题3的调查结果证明活动充分发挥了数学文化渗透对学生情感、价值观升华的促进作用。

(二)教师座谈结果分析

针对教师的座谈会结果显示,观影教师对该历史话剧课程设计的认可度也非常高。首先,他们认为将数学史用这种话剧的方式进行演绎非常新颖,对学生的兴趣培养帮助很大,同时,这也是一次大规模的爱国主义教育活动,对学生的德育、美育也有渗透。其次,这次活动对非数学专业的教师也进行了一次很好的数学历史、数学知识与数学情怀的普及。最后,参与活动组织的教师反映,此次活动发掘了更多平时数学课堂上表现不那么突出的学生的优点,同时,快速拉近了教师与学生之间的距离,降低了学生对数学的恐惧感,改变了数学一贯高冷枯燥的形象,最关键的是让教师加强了对数学文化的关注,积极增强自身的数学文化修养。

由于活动的新颖性、趣味性、学习性,其在举办之后迅速得到了来自社会各界的大量关注和认可。该活动通过学校公众号发布后,得到了市级新闻媒体,如"上游新闻"的转发、宣传,大家都对这种新形式的数学文化教学表现出极大的兴趣并给予肯定。但是通过这次活动,我们也认识到数学文化渗透还可以从以下几个方面进行改进。

1.让学生充分参与是渗透数学文化的最有效途径

数学文化的渗透绝不是一朝一夕,一个人或几个人的事,也不是通过传统的教师讲学生听的方式就能渗透的。本次特色课程,基于PBL项目化学习方式,以中国数学史的再演绎为项目目标,最大限度地扩大了学生的参与面,使承担不同任务的学生都能积极参与、出谋划策,并在实现目标的同时以点带面地学习了很多相关领域知识,比如历史、音乐、美学等。实现了课内课外、跨学科知识的整合,促使数学文化实现了广而深的渗透。

2.教学的初衷应是兴趣培养高于知识传授本身

课堂教学的目的其实是发展学生的核心素养和传承数学文化。有研究表明,对数学的兴趣会直接影响数学学习效果,而此次活动中针对学生的调查显示数学文化的渗透有利于数学兴趣的培养,因此如何将该活动系统化、长期化、常态化是我们需要思考的方向。

3.深入挖掘历史,树立女数学家榜样

由于中国历史上女数学家的数量极少,且历史上关于女数学家的记载也极少,因此从性别角度来说,活动对女同学的鼓励不够明显。后续可从这一方面对国内外数学史资料进行挖掘,以进一步补充完善。

4.数学历史话剧总体上的数学思想的渗透深度不够

于学生而言,话剧中数学思想的渗透是表面的,未经实践。因此平时的课程要辅以相关内容的重点培养,实施时仍可采用项目化的方式。

案例六　策划"大师"纪念展——《语文》七年级下册第一单元项目化学习设计与实践

重庆市南渝中学校语文教研组　何金栖

项目化学习能够切合课程标准、聚焦教材目标、依托真实情境,与传统的语文教学课堂相比,具有不可比拟的优势。本项目以策划"大师"纪念展为例,对项目活动的开展进行了合理的设定,获得了有利的项目经验。

一、项目整合背景分析

(一)切合课程标准

《义务教育语文课程标准(2022年版)》中新增的"课程内容"一节,明确地将"学习任务群"作为语文课程新的内容组织与呈现方式。这种"紧扣实用性,结合日常生活的真实情境"来设计学习任务、完成实践活动、重视多维评价、发挥跨学科优势的语文课程新形式,天然地与项目化学习设计有联系。

(二)聚焦教材目标

项目化学习不是从项目或活动展开的,首先离不开的是对概念性知识的聚焦,也就是对大概念的持续性探究。这种对核心知识的关注与提取又与语文核心素养紧密地结合在了一起,使语文学科中以单元为整体的项目化学习设计成为可能。

(三)依托真实情景

此前,历史教研组已经搭建了真实的"学科特色馆",不少学生曾经通过浏览学校官网、公众号平台,实地参观,充当"学科特色馆"讲解员等形式,具体了解到了"学科特色馆"的创设目的与展区构造。由此,学生便能从真实的情景出发,以语文学科特色馆之展区策划者的身份,进入到这几篇课文的学习中。

二、项目整合要点分析

(一)核心知识整合

1. 单元知识:学习人物描写的方法;议论、抒情式的评价。
2. 单元技能:把握关键语句或段落,揣摩其含义;结合人物生平及其所处时代,把握人物特征。

(三)关键问题整合:杰出人物的"非凡气质"

(四)核心素养整合:学习精读

(五)跨学科整合:文学、传播学、博物馆学

三、项目活动实施方案

(一)项目准备

项目时长:1周。

项目准备:将学生分为三组,各小组根据意愿选择三篇文章中的一篇,以小组为单位,完成项目活动。

此次项目化学习的活动任务流程如下。

(二)项目具体任务

1. 预习任务:搜集大师资料

预习任务是项目活动不容忽视的组成部分。因此,可以给学生发布如下项目活动任务:

依据课文内容和多媒体网络资源,填写下列资料卡片(图5-21),了解邓稼先、闻一多、鲁迅所处的时代背景和生平事迹,并填写你的感悟。

图 5-21　资料卡片

2.任务一:制作展览宣传单

纪念展在开展之前往往需要宣传,而制作宣传单则是一种典型的宣传形式。借助制作展览宣传单(图5-22)的项目活动,学生得以在整体概览全文的基础上,概括出人物最重要的品质,并且依据文中人物的重要事迹,撰写宣传语。

图 5-22　展览宣传单

3.任务二:搜集展览陈列物

搜集展览陈列物的过程,就是精读课文的过程。人物陈列物,是最具代表性的纪念品,使人见之便能想起"大师"身上的典型事迹、重要品质。事实上,陈列物往往隐含在课文对人物重要事件的描述中。学生选取陈列物后,还需配备相应的文字说明,这个说明可以节选原文,也可以根据原文相关内容进行筛选与整理,考验的是学生精读课文的能力。(表5-7)

表5-7 陈列物列表

对应陈列物	重要事件概括	相关文字说明
1986年3月,邓稼先、于敏的核武器发展建议书	重病期间仍然密切关注着核武器的研究和发展	1985年8月邓稼先做了直肠癌的手术。次年3月又做了第二次手术。在这期间他和于敏联合署名写了一份关于中华人民共和国核武器发展的建议书。1986年5月邓稼先做了第三次手术,7月29日因全身大出血而逝世
……	……	……

4.任务三:布置展览墙

布置展览墙(图5-23),主要是让学生能够在设计展览墙的过程中,进一步增进对人物所处时代背景的了解,把握人物的精神品质。例如,学生在布置邓稼先纪念展背景墙的过程中,就可以在展览墙的前景设置一个LED小屏,里面循环播放中国近代百年来的历史变更影像和邓稼先的生平经历,配上教材第一、二个小标题下的课文旁白,以此展现邓稼先开展核武器研究的背景和他"鞠躬尽瘁,死而后已"的伟大品格。展览墙后景可以放置原子弹和氢弹的模型,直观地让观展者感受邓稼先的成就。

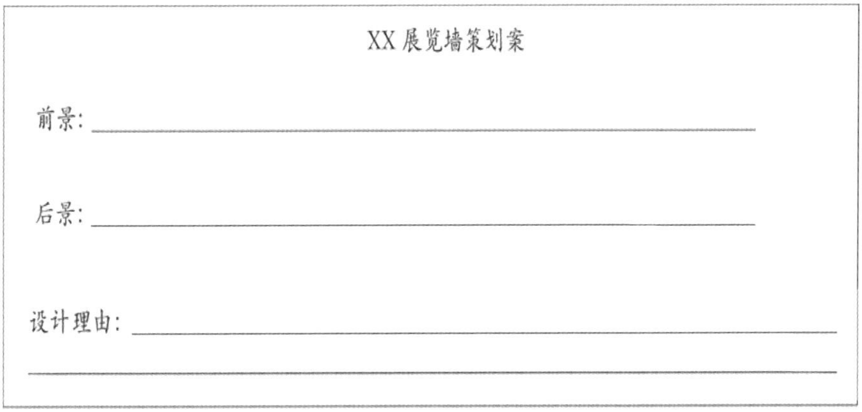

```
                XX展览墙策划案

    前景:_____

    后景:_____

    设计理由:_____
            _____
```

图5-23 展览墙

5.任务四:完善展览评价墙

学完三篇课文,要求学生选择其中一位人物,在展览评价墙处留下对大师的评价。此项目需于学生完成前三个活动后,油然生发并书写出对大师的感情。从这些课文中,学生能读到作者对"大师"的评价,因此更可以从中学生的视角、身份,对大师的精神品格进行全新的诉说。同时,在写作的过程中,也能自然地为单元写作——"写出人物的精神"安排衔接。这样,学生就可以掌握单元的另一个核心知识(读懂议论、抒情式的评价)。

(三)项目成果

结合教材的核心知识和项目的真实情景,此次"大师"纪念展主要可以发布以下三个成果。

1.展出学生分组设计的宣传单、展览墙策划案。

2.确定具体的时间、地点,在语文学科特色馆中,面向学校全体师生和社会各界人士开放"大师"纪念展。

3.利用多媒体资源,将此次策展的成果发布在学校官网、公众号上,充分宣传此次项目化学习的成果。

(四)项目评价

项目化学习评价包含过程性评价以及对项目的结果性评价。在对应的项目活动结束后,学生可以根据这一评价量规,对项目做出完善与优化。(表5-8)

表5-8 展览活动评价表

评价对象	评价维度	评价结果
制作展览宣传单	甲:标题能高度准确地概括人物精神品质,宣传语贴合人物,吸引读者	
	乙:标题能较为准确地概括人物精神品质,宣传语较为贴合人物	
	丙:宣传单的内容不完整或与人物无关	
	丁:未制作出宣传单	
搜集展览陈列物	甲:陈列物完整、恰切,附带的文字说明准确、生动	
	乙:陈列物恰切,附带的文字说明合理	
	丙:找到陈列物,但未附带文字说明	
	丁:未找到陈列物	
布置展览墙	甲:能结合人物事迹和所处时代,合理设计展览墙,凸显人物精神	
	乙:能结合人物事迹和所处的时代,较为合理地设计展览墙,说明人物精神	
	丙:能够设计出展览墙,但与人物事迹或所处时代不适配	
	丁:未能设计出展览墙	

续表

评价对象	评价维度	评价结果
完善展览评价墙	甲:结合人物的事迹、精神;综合运用议论、抒情的语言;文采斐然	
	乙:结合人物的事迹、精神;综合运用议论、抒情的语言;文字优美	
	丙:结合人物的事迹或精神;运用议论、抒情的语言;文字流畅	
	丁:未结合人物的事迹、精神;未运用议论、抒情的语言;文字粗糙	

此外,依据此次项目化学习设计,可以制定以下有关学生个人的总结性评价量规(图5-24)。

个人评价量规

恭喜你,成功完成了此次任务!

请你给自己在这一周的表现中打分:

○ 5分:很好　○ 4分:好　○ 3分:一般　○ 2分:不好　○ 1分:极不好

1.在策划展览墙前,我充分完成了预习任务。

2.我和我的组员合作确定了宣传单的标题,撰写了有吸引力的宣传语。

3.我能够清晰地找出展览墙的陈列物,并添加对应的文字说明。

4.我和我的组员设计出了合理的展览墙背景布置方案。

5.我能够读懂作者对"大师"的评价,并形成自己对"大师"的评述。

总分:_____
学生姓名:_____

图5-24　个人总结性评价量规

四、项目活动反思评价

此次项目化学习的实施,获得了学生的大力支持,也暴露出了一定的问题。现结合教研组的评价与专家评价做出如下教学反思。

(一)要引导学生充分整合课内外资源

项目化学习如何才能兼顾文本细读与文本深度呢？一个重要的任务就是，教师需要引导学生整合利用课内外资源，对学生进行充分的预习指导。在课内资源上，学生可以充分运用课文中的预习提示、思考探究、积累拓展，去了解人物的生平、职业信息、重要贡献，以及写作者与写作对象之间的关系等。也就是依托教材资源，给学生足够的时间去搜集本单元所写人物与作者的资料。除此之外，还要重视课外资源，尤其是多媒体资源。新课标指出，要"关注互联网时代语文生活的变化"[①]。互联网时代，带来了众多网络资源与新技术，语文教学的资源整合方式也应随之更新变革。例如，在整体项目活动开展之前，尤其是"完善展览评价墙"的子项目活动开展之前，应注意引导学生搜集人物评价，充分利用多媒体资源，让学生提前查找各路名家，甚至是当下普通人(自媒体、网友等)对"大师"的评价，为后续项目化学习的开展做充分的准备。

(二)项目化的问题设计要贴近学生认知

项目化学习需要充分考虑学生的认知。初中生的思维正处于概括型具体思维运算阶段，其思维发展层级和认知心理结构还没有达到很高的水准，因而更适合提出具体性的、整合性的而非抽象性的、思辨性的问题。项目化学习过程中，设置的驱动性问题层见迭出，教师需要仔细琢磨其在具体活动过程中的完成度与操作性。如果问题的设置超出了学生的认知范围，那么活动效果则会大打折扣，甚至导致活动无法推进。

此项目化学习设计最开始有另一个版本，项目活动的主题是"创建'大师'纪念馆"，其中的任务二与新方案的任务三对比如下。

原版：任务二——布置大师主题馆

根据课文内容，结合人物事迹及其所处的时代背景，为人物馆设计合理的展厅布局(背景音乐和背景展厅)，并说明理由。(要求：依据课文，添加适量创意)

新版：任务三——布置展览墙

结合人物事迹及其所处的时代背景，为陈列物所处的展览墙设计合理的前景与后景。(要求：贴合原文)

[①]中华人民共和国教育部.义务教育语文课程标准(2022年版)[S].北京：北京师范大学出版社，2022：46.

对比以上两种设计,不难发现,新版的问题设置更有合理性。原版方案期冀学生能够为纪念馆的陈列物设计"展厅布局"(包括背景音乐与背景展厅),但存在两个关键问题:一是学生对"展厅布局"的概念不熟悉;二是即使学生理解了"展厅布局"这一概念,但这个任务过难,学生在具体完成的过程中还需要参考一些建筑学、博物馆学、音乐学、传播学的专业知识,这大大超过了初一学生的知识水平和认知范畴。在此基础上,将为陈列物设计"展厅布局",修改成为陈列物设计"展览墙",也就是学生在校园内随处可见的"展板",并提供了"前景""后景"两个便于学生理解与操作的支架。这样,新版项目活动则更具可行性,学生的完成度更高。

(三)项目化的情境设计需要指向语文核心素养

项目化学习的情境设计,不是创建"空中楼阁",而是需要"脚踏实地"。在具体的教学过程中,项目化学习核心知识的落地基点,需要聚焦语文核心素养。也就是说,必须关注教材的单元人文主题与单元学习目标的制定。有时,项目化学习设计往往过于关注情境的创设,导致"为情境而情境""为任务而任务",忽视了项目开展的最初缘由,走向了看似热闹非凡,实则欠缺"语文味"的歧途。

例如,此次项目化学习设计经历过一次调整,调整之前的版本,在指向语文核心素养方面多有欠缺。以原版的任务一与新版方案的任务二进行对比。

原版:任务一——搜集大师陈列物

概括重要事件,筛选出对应的关键片段,找寻不同人物馆的陈列物,填写纪念馆陈列表。(要求:依据课文内容找出对应陈列物)

新版:任务二——搜集展览陈列物

为对应的大师展览墙,搜集最具代表性、典型性的陈列物,并配备相应的文字说明。(要求:可节选原文,也可根据原文整合相关信息)

原版的"搜集大师陈列物"这一活动,更多的是为了营造项目化的学习情境,为"创建'大师'纪念馆"这一总主题,设计一个关联性大、逻辑性强的子任务,但任务的设计过于浅显,不能指向单元学习目标中对语文核心素养的要求,没有完成语文教学的相应任务,忽视了语文学科的特质。而改进之后的任务,既是项目化情境中的一个真实环节,同时以"搜集展览陈列物"需配备文字说明的形式,弥补了原版设计不能兼顾细读文本的缺憾。学生可以在完成这一任务的过程中精读原文,并在分析陈列物合不合理的基础上,走向深度阅读——进一步思考陈列物能不能代表人物的重要事迹,陈列物可否反映人物的精神品质。这样的修改,在落实语文教学目标的同时,又融合了博物馆学、传播学等知识,真正体现了项目化学习跨学科的特色。

参考文献

著作类

[1]邱伟光.思想政治教育学概论[M].天津:天津人民出版社,1988.

[2]孙喜亭.教育原理[M].北京:北京师范大学出版社,1993.

[3]罗洪铁,董娅.思想政治教育原理与方法基础理论研究[M].北京:人民出版社,2005.

[4]教育部思想政治工作司.大学生思想政治教育理论与实践[M].北京:高等教育出版社,2009.

[5]范兆雄.课程资源概论[M].北京:中国社会科学出版社,2002

[6]陈华洲.思想政治教育资源论[M].北京:中国社会科学出版社,2007.

[7][美]拉尔夫·泰勒.课程与教学的基本原理[M].施良方,译.北京:人民教育出版社,1994.

[8]刘长林.中国系统思维[M].北京:社会科学文献出版社,2008.

[9]中国社会科学院情报研究所.科学学译文集[M].北京:科学出版社,1981.

[10]陈志刚.历史课程论[M].长春:长春出版社,2012.

[11]米·伊·加里宁.论共产主义教育和教学[M].陈昌浩,沈颖,译.北京:人民教育出版社,1957.

期刊类

[12]许德祥.系统整体观与矛盾整体观[J].毛泽东哲学思想研究动态,1986(05).

[13]文吉昌,冉清文.习近平思想政治教育"八个统一"的道德哲学基础[J].理论导刊,2020(01).

[14]曾庆珍.基于课程标准的初中道德与法治教学[J].北极光,2019(10).

[15]沈正元.基点 交点 重点——基于整合理念的校本课程开发与实施[J].江苏教育,2010(26).

[16]张培梅.实施素质教育应注意的几个方面[J].山西教育(管理),2017(01).

[17]林玉雪.重视课堂教学资源的生成[J].广西教育,2006(31).

[18]吴刚平.课程资源的理论构想[J].教育研究,2001,22(09).

[19]唐俊兵.高校思想政治教育资源开发策略的研究[J].黑龙江高教研究,2017(09).

[20]秦永芳.试论思想政治课程资源的开发与整合[J].广西师范大学学报(哲学社会科学版),2007(05).

[21]毛建儒.历史上的系统整体观[J].系统科学学报,2006(01).

[22]胡铁生.区域教育信息资源建设模式与发展趋势[J].中国教育网络,2005(07).

[23]钟绍春.人工智能支持智慧学习的方向与途径[J].中国电化教育,2019(07).

[24]郁晓华,顾小清.学习活动流:一个学习分析的行为模型[J].远程教育杂志,2013,31(04).

[25]马婧,韩锡斌,周潜,程建钢.基于学习分析的高校师生在线教学群体行为的实证研究[J].电化教育研究,2014,35(02).

[26]曹晓明,朱勇.学习分析视角下的个性化学习平台研究[J].开放教育研究,2014,20(05).

[27]柴联芝.强化学生竞争意识,调动学生学习兴趣[J].玉溪师范学院学报(社会科学版).1997,13(03).